名家视点 第8辑

智慧城市与智慧图书馆

《图书情报工作》杂志社 编

海洋出版社

2018年 · 北京

图书在版编目（CIP）数据

智慧城市与智慧图书馆/《图书情报工作》杂志社编 . —北京：海洋出版社，2018.1

（名家视点 . 第 8 辑）

ISBN 978-7-5210-0016-0

①智… Ⅱ.①图… Ⅲ.①现代化城市–城市建设–研究–中国②图书馆管理–研究–中国 Ⅳ.①F299.2②G259.2

中国版本图书馆 CIP 数据核字（2017）第 331268 号

责任编辑：高显刚

责任编辑：杨海萍 张 欣

责任印制：赵麟苏

海洋出版社 出版发行

http://www.oceanpress.com.cn

北京市海淀区大慧寺路 8 号 邮编：100081

北京朝阳印刷厂有限责任公司印刷 新华书店北京发行所经销

2018 年 4 月第 1 版 2018 年 4 月第 1 次印刷

开本：787 mm×1092 mm 1/16 印张：20

字数：348 千字 定价：52.00 元

发行部：62132549 邮购部：68038093 总编室：62114335

海洋版图书印、装错误可随时退换

《名家视点丛书》编委会

序

伴随着"狗年"的来临，由《图书情报工作》杂志社策划编辑、海洋出版社正式出版的《名家视点：图书馆学情报学档案学理论与实践系列丛书》第8辑如约而至，就要与广大读者见面了。这也是《图书情报工作》杂志社和海洋出版社联袂在狗年为广大的读者献上的一份小小的礼物。

本辑丛书包括四本书：《阅读推广的进展与创新》《面向MOOC的图书馆嵌入式服务创新》《数据管理的研究与实践》《智慧城市与智慧图书馆》。四本书所有文章均是从《图书情报工作》近些年所发表的优秀论文中遴选出来的。可以说，这四个主题都是当下学界业界所关注的热点或前沿领域，是图书馆学情报学理论与实践的新发展，也是国内近些年关于这些领域研究成果的集中体现。

《阅读推广的进展与创新》共计收录29篇文章。阅读推广是图书馆的一种重要服务模式，既是图书馆馆藏资源宣传推广的一种策略，也是拉近图书馆及其馆藏与读者之间距离的一种重要手段，更是提升公众文化素质与阅读素养的一种重要机制。从学术的角度，阅读推广的研究主题并不是创新，但实践上的异常活跃给阅读推广研究带来了新的生机与活力。本专辑的内容不仅展现了关于阅读推广的若干基本理论研究成果和多个国家阅读推广的实践经验，还重点汇集了多个图书馆在阅读推广方面的成功案例，值得学习和借鉴。

《面向MOOC的图书馆嵌入式服务创新》收录27篇文章，分"理论篇""建设篇""服务篇""综述篇"四部分，阐述了图书馆的环境下MOOC的应用与发展。MOOC在图书馆中的引入和应用已有数年的历史，但其意义和价值仍待不断地开发，其应用前景非常乐观。MOOC以其独特的教学模式深刻地影响了大学教育，也为图书馆创新服务提供了新的手段和契机。国内外图书馆在 MOOC 教学与服务方面已经有了不少的探索。本书可以说是从一个侧面反映了这些探索所取得的成果。

《数据管理的研究与实践》共收录 27 篇文章，分"理论篇""国外篇""国内篇"，一定程度上客观总结了国内外在数据管理的研究与实践方面所取得的最新进展。数据管理（或称科研数据管理、科学数据管理、数据监护等）是数据密集型科研范式（第四范式）转变的必然要求，也为图书馆信息服务、知识服务从基于文献到基于数据提供了新的机遇与新的能力。但总体而言，对国内的图书情报工作而言，数据管理还是新生事物，我们对它的认识与应用的能力还非常有限。本书所介绍的相关内容对于我们更好地理解数据管理，推动数据管理融入图书馆业务体系，建立数据管理平台与服务能力，都是很有启发价值的，特别是国内外图书馆在数据管理方面的一些探索，表明数据管理已经不是概念层面的问题，而是在实践中已经有了长足的发展。

《智慧城市与智慧图书馆》共收录论文 26 篇。"智慧"是一个非常时髦的词汇。智能技术的发展与应用，使得"智慧城市""智慧社区""智慧校园"乃至"智慧地球"成为可能。可以说，智能无处不在，智慧无所不能。同样，如果城市是智慧的，校园是智慧的，图书馆如果还不是智慧的，那图书馆是否还有存在的必要？因此，加快智慧图书馆的建设绝不是口号和噱头，而是当务之急，具有迫切的需求。2017 年，国内对智慧图书馆的讨论异常热烈，许多会议都将智慧图书馆列入探讨主题，许多期刊发表了许多篇智慧图书馆的文章。如果说将 2017 年定为"智慧图书馆元年"，也不为过。本书将为智慧图书馆的研究与实践提供助推器，希望国内图书馆更多地关注智慧图书馆，更多地参与智慧图书馆的建设，尽早实现智慧图书馆的目标。

《图书情报工作》至今已经走过 62 个年头，也处于其历史发展的最好时期。2017 年各项计量指标均名列前茅，而且还首次获得中国科学院科技期刊排行榜奖励，特别是首次获得"全国百强科技期刊"。杂志社不仅立足办好期刊，更快地发表更多的优秀成果，还积极承担传播知识的社会责任，每年举办多场学术会议和培训。出版专辑也是这样一种责任的体现，使得分散的相关主题的研究成果得以通过图书的形式再次揭示与展现，推动所发表的成果的增值和再利用。

感谢收录本专辑的各篇论文的作者的贡献，感谢广大读者对本专辑和本刊多年来的关注、厚爱和支持。在许多人的观念里，图书情报是传统行业，但这一行业在需求与技术的双驱动下，正在焕发前所未有的青春。通过创新与变革，重新定位图书情报的专业角色，重新塑造图书情报的职业形象，重新构建图书情报的职业能力，是时代赋予我们这一代图情工作者的神圣责任。

祝大家狗年"旺，旺，旺"！

初景利

中国科学院大学经济与管理学院图书情报与档案管理系主任

《图书情报工作》杂志社社长、主编，教授，博士生导师

2018 年 2 月 9 日 北京 中关村

目　次

理　论　篇

建　设　篇

服 务 篇

理　论　篇

说"智慧城市"

　　"智慧城市"（smart city）是进入 21 世纪全球城市化进程中人们对未来城市发展的新理念和新实践①。据统计，至 2011 年初，全球有不下 50 个城市（或国家）进行了智慧城市的规划和建设，成为现代城市发展的一个新趋势和新热点。中国目前也有 20 个左右的城市（或省区）在进行智慧城市的规划和建设，研究智慧城市的性质和特点、类型和内涵以及带给人们的启示，对于中国城市化的进程和建设更美好的宜居城市具有重要的理论意义和实践价值。

1　智慧城市的性质与特点

1.1　何为智慧

　　"智慧"（smart）一词解释为对事物认知、应对和创新的聪明才智和应用能力，也作"智惠"。"智慧"在中外有不同的源流。在中国，"智慧"在古代战国时期就已出现了，意为聪明才智。"智慧"也是梵语"般若"（prajna）的意译，在佛教中解释为认识世界、把握真理的最高能力，能洞察一切，如同烛光照物。智慧的古英语 smeortan，源于西日耳曼语支，与德文中的"激痛"有所关联，现在用得最多的义项是智能。1972 年，smart 一词首次被解释为"智能型的，并具备独立工作的技术设备"。根据牛津英语语料库统计，此后 smart 成为与 card（卡）搭配最多的词语[1]。从中外"智慧"词源的起始和演变分析，"智慧"主要有两层含义：一是对事物认知的识见，二是对事物应用的能力。智慧可以是就个人而言，或者就团队机构而言，也可以就城市或国家乃至地球而言。

1.2　智慧城市的性质

　　2001 年，韩国首尔制定了泛在城市的规划，成为世界上较早的智慧城市

---

　　① 智慧城市的对应英文是 smart city，有时中文翻译为智能城市，这正是本文所要讨论的概念；智慧城市的另一对应英文为 intelligent city，这是停留在技术层面的概念，与数字城市较接近，并非本文讨论的智慧城市所指。

建设案例[2]。2007年10月，欧盟委员会在发表的《欧盟智慧城市报告》中第一次对"智慧城市"的定义进行了具体界定：智慧城市可以从六大坐标维度来认识，即智慧经济、智慧流动、智慧环境、智慧人群、智慧居住和智慧管理。当一座城市既重视信息通讯技术和知识服务，又注重社会基础的应用效能和自然资源的智能管理，既将参与式管理融入其中，又将其作为共同推动城市可持续发展和提升更高品质的市民生活的要素，这样的城市可以被定义为"智慧城市"[3]。2009年，IBM商业价值研究院在其《智慧地球》的研究报告中认为："智慧的城市可以带来更高的生活质量、更具竞争力的商务环境和更大的投资吸引力"[4]。智慧城市是城市发展史上人类在把握信息技术发展趋势中对现代城市科学发展的悟性、认知和实践，智慧城市既具有数字化、网络化和智能化的特征，更体现出社会、环境、智力和参与式管理的核心功能，成为体现现代城市综合竞争力的关键要素。综观全球智慧城市发展的实践，我们可以对智慧城市作如下的定义："以数字化、网络化和智能化的信息技术设施为基础，以社会、环境、管理为核心要素，以泛在、惠民、绿色为主要特征的现代城市可持续发展韬略。"所谓韬略，来自于中国古代的兵书《六韬》和《三略》，既有战略的谋划，也有战术的应对，后引申为对事物的谋略和应对方法。智慧城市就是对现代城市科学发展的战略认知和明智应对的具体方法。

1.3 智慧城市的特点

智慧城市也是城市"持续规划"、"滚动式发展"的规划思想的产物，成为人们在思考城市可持续发展时所提出的新方案和诊断城市各类疾病中所开出的新药方。智慧城市与城市信息化、数字城市、知识城市、创意城市等既有内在的联系又形成了自己的特点，是以往这些城市发展理念的整合与升华。智慧城市的诸要素中，社会与环境这两大要素将其与技术导向的城市之间划清了界线，后者往往也被称为城市信息化、数字城市。与城市信息化相比较，智慧城市不仅仅停留在信息技术的层面，而是将技术融入城市化，在城市化的进程中注重综合管理、资源节约、市民参与和生活品质，将信息化中的信息系统发展成为无所不在的互动的感知网络。与知识城市相比较，智慧城市秉承了知识城市中的知识管理理念，将智力的要素融入到遍布城市人体细胞的泛在管网之中，使各类资源的效能最大化和最优化。与数字城市相比较，智慧城市跳出了技术藩篱，使城市发展的内容更为丰富和可持续，智慧城市将数字化、网络化和智能化融为一体，将着力点聚焦于社会与环境，注重智力、管理和市民生活的质量，较之数字城市更具有科学发展见识的新高度。

4

与创意城市相比较，智慧城市的创新更多地集中在技术、管理和资源的层面，体现出整合、互动和可持续的创新，而创意城市更多地集中在文化、艺术和设计的层面；同时两者之间在技术层面颇多相类之处，因为大量的创意就是依靠声、光、电等信息技术的综合集成应用来实现的。从城市的整体发展而言，智慧城市更注重整合协同、泛在互动、管理服务、效率效益、绿色低碳，将经济的可持续、环境的可持续和社会的可持续融为一体。从感知、记录和监控的数据演化为无所不在的联网信息，由碎片化的海量信息经过智能系统上升为知识管理和服务，进而发展成促进城市可持续发展的远见智慧，这种演进升华过程体现出了智慧城市创新发展的新境界，让人有欲穷千里目，更上一层楼之感。

1.4　智慧城市的发展阶段

智慧城市按其建设的过程大致可以分为三个阶段：①第一阶段为前智慧城市建设阶段，这一阶段的特点是注重技术的发展，其着力点是信息基础设施建设和信息通讯技术的推广，城市信息化和数字城市正是这一阶段的理念与实践。②第二阶段是智慧城市建设的初级阶段，这一阶段的特点是注重构建城市泛在网络和服务，其着力点是将城市信息化中的信息系统发展成为一体化的感知网络并藉以提供无所不在的服务，泛在的城市的 U-City 正是这一阶段的理念与实践。U 是英文"ubiquitous"的第一个字母，这个单词的意思是普遍存在的、无所不在的，即任何市民在任何时间、任何地点，通过任意的网络和设备即可获取所需要的信息和相关服务。③第三阶段是智慧城市的高级阶段，这一阶段的特点是注重社会、环境与管理，其着力点是整合、惠民、绿色。智慧城市的三个发展阶段是前后紧密相续或互相交叉或交融的。

2　智慧城市的类型与内涵

2.1　智慧城市的类型

从全球智慧城市建设发展至今的实践案例分析，智慧城市按其建设的行政区域范围广狭可以分为城市型、国家型、泛城市型、城市区域型等类型：其中城市型数量最多，如智慧普兰尼特谷（葡萄牙）、智慧布里斯班、零碳城市马斯达尔（阿联酋）、智慧上海；国家型如美国宽带计划、新加坡智慧国、中国国家电子政务总体框架；泛城市型如欧盟智慧城市规划、上海世博会智慧城市实践、智能海南岛；城市区域型如爱尔兰智慧戈尔韦湾、智慧长沙梅溪湖、智慧闵行等。智慧城市也可以按其建设的内容主题进行划分，如斯德哥尔摩智慧交通、丹麦奥胡斯智慧公众、鹿特丹水广场等。

2.2 智慧城市的内涵

智慧城市的内涵十分广泛，在欧盟六大坐标维度的基础上，结合全球智慧城市的最新实践，我们可以从以下 4 个方面来审视智慧城市的丰富内涵：

2.2.1 智慧城市 即智慧城市的理论研究，包括两个方面的内容：①智慧与智慧城市的概念、内涵与特点；②智慧城市的发展历史、现状分析与未来趋势研究。

2.2.2 智慧事业 即智慧城市建设所涉及的行业和领域，包括 7 方面的内容：①智慧经济，如智慧产业、智慧制造、智慧金融、智慧旅游、智慧海洋、智慧供应链、智慧物流、电子商务、智慧企业等；②智慧政府，如电子政府、智慧治理、智慧增长、智慧交通、城市网格化管理系统、城市公共安全、智慧城管、智慧公共服务、智慧水务、智慧气象等；③智慧环保，如智慧环境、城市环境信息系统、智慧能源数据、低碳经济等；④智慧教育，如数字校园、数字化教材、智能图书馆、网络教育等；⑤智慧健康，如数字健康工程、智慧医疗、电子健康档案、智慧食品、智慧养老等；⑥智慧生活，如智慧建筑、智慧社区、智慧社保、数字惠民等；⑦智慧公众，如知识阶层、创意阶层、智慧体验、网络文明等。

2.2.3 智慧技术 即智慧城市建设中所运用的先进信息技术，包括 5 方面的内容：①泛在网，如泛在计算、无所不在的连接、无线网络、全球定位系统、数据监控和获取系统等；②物联网，如感知计算、情景智能、射频技术、泛在定位、动态数据标准化平台等；③互联网，如城市信息基础设施、宽带、光纤、中国下一代互联网示范工程、百兆到户、三网融合、移动互联网等；④云计算，如服务器虚拟化、云计算中心等；⑤信息安全，如信息安全保障体系、网络安全等。

2.2.4 智慧实践 即中国与世界各国和地区中的智慧城市实践探索与实践案例，包括两大方面的内容：①智慧组织与机构，如世界银行、国际智慧城市论坛与峰会、电子商务研究机构和相关企业等；②全球智慧城市的实践案例，如欧洲、亚洲、北美、中国大陆及港澳台地区的智慧城市的实践案例，世界其他地区智慧城市的实践案例等。

3 智慧城市带给人们的启示

3.1 创新未来城市发展的顶层设计

智慧城市是现代城市发展的全新理念。在全球人口不断增长，自然资源日见紧缺，城市化的各类弊端日益显现的背景下，人们找到了智慧城市这一富有远见的未来发展之路。按照欧盟智慧城市的理念，一座城市的优劣不仅仅体现在硬件基础设施的禀赋，如物理的有形资本，而是越来越体现在城市的信息系统服务和城市智能建设的应用和质量，如智力资本和社会资本，而这恰恰对于城市的综合竞争力和可持续发展具有决定性作用。当我们正热衷于城市的硬件设施建设并各自为政时，智慧城市的发展概念作为城市未来发展的战略设计无疑具有重要的启示和警示意义，即城市化的进程中我们应当硬软并举，在信息通讯技术的硬建设上，更加注重社会、环境、管理等软要素的关键作用。

人们讨论的所谓"智慧城市"的一些内容，实际上早在 20 世纪末甚至更早的时间就已经存在了。但这种技术的城市化需要在城市发展的顶层设计中进行创新，智慧城市就是从总体规划高端开始的城市化发展新理念、新模式和新路径的总体构想。这种智能化的城市发展形态成为提高城市管理服务水平、提高城市密度和效能并藉以提高城市生活品质的加速器和驱动力。这种顶层设计，既是城市创新驱动的远见认知，也是城市转型发展的科学之策，使人们在新形势下感悟到城市发展的高度、深度和宽度，为行之有效地应对城市快速发展所带来的一系列问题提供了可能的破解方案和措施。

智慧城市也是智能系统升华为智能城市化的有效载体。以困扰全球城市发展的城市交通为例，美国学者詹姆斯·福钦（James W. Fortune）认为："在未来的城市里，最重要的交通系统不是汽车、地铁，甚至也不是未来主义者倡导的单轨列车，而是电梯。在人口稠密的超高层城市，垂直交通比横向交通重要得多"[5]。这一城市垂直交通的理念正是在以往单幢建筑电梯的基础上从城市的立体化和以人为本的视野对城市交通全新的整体思考，体现了智慧城市全方位、整体性和社会化的特点。被誉为当今世界上最智慧的城市是正在建造中的位于葡萄牙波尔图附近的普兰尼特谷（PlanIT Valley）[6]。其与众不同之处在于它更突出智能城市化，而非智能系统；其建设理念是构建一个智能网络，以整合各类插入式和可移动的电子服务，这样，在智能城市化的进程中，负责建设和维护软硬件系统的机构能够按需动态地重复利用各类部件并藉以重组系统，其效果是以城市的环境和市民的需求来主导技术，而不是让技术居于城市化的核心来控制城市环境。这种以服务为导向的智能网络能够实现设计、软件和硬件效益的最大化，使一体多用或单机多能，从而在设计和建造过程中节约资源，并减少人们熟视无睹的大量浪费。欧盟委员会2009年提出的建设智慧城市的计划、韩国制定的无所不在的韩国（u-Korea）计划，都体现出从技术城市走向智能城市即迈向智慧城市的发展态势。

3.2　因城而宜地推进智慧城市可持续发展

尽管智慧城市在信息化技术方面有一些共通之处，但由于全球每个城市各自的基础不同、环境不同、需求不同以及文化不同，在智慧城市建设中只倚赖一种模式或一种新技术是行不通的，应当采用实事求是的策略，因地制宜，因城而异。阿联酋阿布扎比的马斯尔达市 ［（Masdar City）］与韩国的"松岛国际商业区"（Songdo International Business District）就是两个不同的智慧城市实践[6]。马斯尔达针对城市地势高低起伏的状况，建设了更多水管和下水道设施，并从城市管理的角度建立了对包括水管理、水利用或废水处理的测量和监控，配备了相关信息传递的技术设施，使城市管理的智能化水平有所提升，正在发展成为一座绿色的零碳城市，但其几十亿美元的巨大耗资使其他城市难以效仿。松岛则在全市配备了先进感应和监控设备，城市多重任务处理系统能够开启或关闭任何设备，积极应用了各种最新绿色科技，成为若干年中填海而建的速成城市（instant city）；松岛这样的智慧城市设计被认为是及时容纳潮水般涌入的新居民而建造城市的一种选择——在2.5平方英里内塞进6.5万个常住居民，与纽约曼哈顿的密度几乎相同。松岛精选了普遍受人喜欢的城市的特征，像搭积木似的组合模仿再现了曼哈顿、威尼斯水道、萨凡纳花园，这种实用主义拼贴风格可能成为未来速成城市的样板。

可见，智慧城市建设采取了不同的规划模式，而有的模式尚处在实践探索阶段，是否具有普遍的实用价值还需要时间的检验。因此，智慧城市建设的模式不能千城一面地一刀切，需要进行度身定制，以体现实事求是的精神和实践的可操作性。如上海作为高层城市需要统筹智能化的垂直交通和城市安全，五水（钱塘江、运河、西湖、杭州湾、西溪）共导的城市杭州则需要注重将信息技术运用于水的管理，至于海南智能岛建设则应聚焦于国际旅游岛的战略目标。

3.3　加强和创新社会管理的重要路径

在城市信息化的进程中，人们以往较重视修了多少信息高速公路，建了多少信息系统，铺了多少光缆，这些都是从传统的城市信息化发展视角来看的;而从智慧城市的顶层设计的角度来观察,更要看信息化的基础设施的整体效益、智能化对自然资源的保护与利用,要看智能化的技术创新与社会、经济、文化之间的互动以及是否融入了参与式的城市社会管理与服务。

大部分的城市规模发展都受到了管理方式上的限制。现有的方式无法将由城市规模扩大所带来的机遇最大化,也无法使城市发展周期的维护成本最小化。大型城市构成复杂,对环境要求颇高,需要长期的规划和超群的管理技能。然而,许多城市的管理机构都缺乏应对城市人口增长所带来的快速变革,中国目前的657个城市中(包括287个设区城市、370个县级市)存在着一些功能障碍型城市,由于缺乏城市发展的智慧和有效的管理,城市规划缺乏长远思考,土地紧缺,生态环境恶化,城市交通拥堵,面临城市安全和生活品质的严重挑战,因城市规模扩张而引发的经济失效已经超过了所能获得的效益。城市和郊区碎片化的行政区划边界弱化了市政管理人员的管理责任。而智慧城市则从社会层面和惠民角度加强和创新了城市的社会管理,通过整合、泛在和互动规避了可能的社会风险,促进社会和谐,这种联网的城市促进了部门的精简和效率的提高。智慧城市也促进了协作性公共管理,可据以建立起信息时代的政府治理机制,整合政策制定与执行,促进资源共享。智慧城市中的信息技术为机构间跨界协作提供了机遇,通过城市各行业、各系统和各部门间的信息共享、沟通互动、无缝链接、协同服务、快速反应,整体推进,为社会和市民提供一体化的全方位社会管理与服务。智慧城市给碎片化的公共管理与公共服务的整合带来机遇,为服务型政府的深化改革提供了品质提升的机遇。在城市化的进程中,城市将成为建立未来管理新秩序的主体,这也是智慧城市发展所应具备的内涵。

3.4　构筑面向市民的泛在服务

智慧城市作为未来型的泛在的城市(Ubiquitous City),其目标是让任何市民在任何时间、任何地点,通过任意的网络和设备即可获取所需要的信息和相关服务。智慧城市将建筑物、电力线、燃气管、道路、蜂窝电话、民居系统等相互沟通,将智能化融入城市的住宅、交通出行、卫生健康、安全保卫和娱乐等城市各个要素之中,以此来实现智慧城市的价值观——更智慧的城市,更美好的生活,从而体现出智慧城市建设的灵魂和精髓所在。

智慧城市是面向公众的开放式智能管理,提供了向所有市民的开放型、泛在式的巨型整合性平台和互动管理服务,使信息、技术、创意可以在部门间和市民间进行跨时空和跨界的传递、交换和互动。美国学者萨斯基娅·萨森(Saskia Sassen)认为,智慧城市"最大的挑战是观念上的。我们必须意识到这样一种需求：设计一个系统，从而将所有技术应用于面向市民的公共服务，而非他用。……智慧城市的挑战在于使技术城市化，从而使之能够更好地响应市民需求，并扩大在市民中的可及性，因为这些技术切实影响着市民的日常生活"[6]。也就是说，智慧城市建设必须硬软并举，以人为本，注重惠民。

智慧城市开创了集体提升和合力解决问题的模式，使城市的发展成为一个活生生的巨型实验室，以测试各种城市智能技术，破解长期困扰城市发展的问题，如清洁水源、城市交通、城市安全、垃圾处理、绿色建筑以及绿色能源等。智慧城市倡导城市管理者和广大市民进行公共讨论，形成开放的智能化模式，打破了传统的城市信息化简单地由信息技术工作者来推进的封闭形态，与广大市民形成了互动和合力。麦肯锡公司董事长兼全球总裁鲍达民认为："要增加中国的自主创新能力，就要建立一个公开框架和合作网络，让大家都能够参与进来，进行尽可能多的创新活动"[7]。智慧城市正是这样的框架和网络。

让信息技术从幕后走向前台是智慧城市建设以人为本的具体实践。位于西班牙巴塞罗那的"九重天"（Cloud9）大楼被认为是科技和建筑完美融合的典范，吸引了儿童、专业人士和游客的注意，它能与普通市民和游客"交谈"，而不是简单地"指挥"他们，技术变得可见、明晰，每个路过的行人都能够感受并理解，从而推动了城市与市民的互动，使城市充满了启发性。萨斯基娅·萨森曾提出了关于提升智慧城市开放度的设想："我一直设想能够在如公交站或公共广场等显著位置，将所有主要基础设施，从下水道到输电线和宽带线，安装在透明的墙体和地板中。如果人们能够亲眼看到这些技术的存在，他们便会参与其中。今天，墙体中布满各种软件，为什么不让这些映入人们眼帘呢？我们所有的计算机系统都应该是透明的。这样，城市就将成为名副其实的公共共享空间了"[6]。萨森的这一设想极具启示意义，即智慧城市的建设中应十分重视人本理念，以开放式和透明度理念来进行城市环境的营造，让市民积极参与其中，让遍布城市的技术元素成为激发市民兴趣和参与的动力。

3.5 提供新兴产业发展的动力引擎

智慧城市蕴含着巨大的经济潜力。《中华人民共和国国民经济和社会发展第十二个五年规划纲要》第三篇第十章提到了"培育发展战略性新兴产业"，战略性新兴产业又将掀起新一轮发展浪潮并成为中国经济未来新的增长极，而智慧城市正是这些增长极的巨大平台和载体。在智能城市化的重组再造中，拥有信息沟通功能的物品能快速地大量解读和传递信息，自动对环境变化做出反应，这些智能设备能够让物品流程更高效，让普通的物品获得新功能，并创造出全新的商业模式；而广大市民在智慧城市发展中的体验与感悟中获得的新需求也是无可估量的，这里面蕴含着巨大的经济发展潜力，将在创新驱动下成为转变经济增长方式的动力引擎。诚如工业和信息化部部长苗圩所指出的："战略性新型产业的发展具有明显的创新驱动的特征，同时也遵循着技术发明、成果转化、产业兴起的基本路径"[7]。类似韩国松岛"速成城市"型的智慧城市建设就拉动了从300亿美元至600亿美元的投资，从而成为城市经济新一轮驱动的发动机。

对智慧城市进行全球视野的研究分析，把握智慧城市建设的灵魂精髓和发展趋势，借鉴世界各国和地区的有益经验，结合中国和各省市的实际，对智慧城市的理念和实践加以认知、应对和实践，这是中国深化改革开放、加快转变经济发展方式和城市化发展方式的题中应有之义，从而积极把握利用好全球智慧城市发展给我们带来的发展机遇和发展空间。

参考文献：

［1］ Oxford dictionaries ［OL］. ［2011-03-12］. http：//oxforddictionaries. com/view/entry/ m_ en_ gb0783660#m_ en_ gb0783660.

［2］ 宋正姬. 首尔：无处不在的城市 ［N］. 解放日报，2010-10-11 （14）.

［3］ Rudolf G, Fertner C, Kramar H, et al. Smart cities-ranking of European medium-sized cities ［OL］. ［2011-03-12］. http：//www. smart-cities. eu/download/smart_ cities _ final_ report. pdf.

［4］ IBM 商务价值研究院. 智慧地球 ［M］. 上海：东方出版社，2009：15.

［5］ 福钦. 21 世纪的垂直交通 ［M］. 张志，译. 国外社会科学文摘，2011，（5）：7.

［6］ 萨森. 大众的智慧城市 ［M］. 俞平，译. 国外社会科学文摘，2011，（5）：4-5.

［7］ 郭丽君，李慧. 战略性新兴产业：如何"加速跑" ［N］. 光明日报，2011-03-29 （16）.

作者简介

王世伟，上海社会科学院信息研究所所长，现主要社会兼职有：中国图书馆学会学术委员会副主任、中国图书馆学会用户研究与服务专业委员会主任、全国图书馆标准化技术委员会副主任、上海图书馆学会理事长、国际图联大都市图书馆委员会常委、上海海峡两岸学术文化交流促进会副理事长兼秘书长。在图书馆学情报学和历史文献学领域撰有

论文近 300 篇。先后担任国家社会科学基金重点项目"世界级城市图书馆指标体系研究"、"国际大都市图书馆服务体系研究"、国家哲学社会科学基金项目"上海图书馆馆藏明清尺牍研究"、文化部科研项目"公共图书馆服务标准"、日本万国博览会纪念协会基金项目"上海图书馆馆藏旧版日本文献总目"等课题组组长。曾多次应邀赴美国、日本以及香港、台湾作学术访问和学术演讲。

基于数据信息的公共图书馆
发展分析与展望

数据信息是具体、实在、生动和富有说服力的情报，历史逻辑的数据、横向比较的数据、分析研判的数据、由表及里的数据、创新引领的数据，将为事业的发展带来省悟和启迪。当然，数据信息中或有虚假数据、片面数据、陈旧数据，这在基于数据信息的分析研究中是要加以注意的，但这是另外一个研究的维度。国内外公共图书馆正在面临创新和转型发展，正在面临各类挑战和发展的机遇，正在涌现许多事业发展的新思路、新模式、新形态、新举措，这些新的发展往往通过新的数据标准体现出来；这些数据标准的信息也成为引领未来图书馆科学发展的新标杆和新追求。如中华人民共和国国家标准《公共图书馆服务规范》（以下简称《规范》，2012 年 5 月 1 日起实施）和《公共图书馆评估标准》（2013 年新版，以下简称《评估标准》）已先后出台，其中透露出不少新的数据标准的信息；同时业界内外和境内外的诸多数据信息也拓展了我们未来发展的视野和思路[1]。2012 年 11 月，中国共产党召开了第十八次全国代表大会，大会报告中所提出的中国特色社会主义道路的总体布局思路特别是完善公共文化服务体系和提高服务效能的要求，为中国公共图书馆未来的扎实推进和科学发展提供了指导。本文试图以数据信息为分析的出发点，从公共图书馆数据信息发展的 10 个转变和趋势对中国公共图书馆事业的现状与未来发展提出一些初浅的研究心得。

1　从规模数据到效益数据

公共图书馆的规模数据多少年来一直是图书馆事业发展评估的基本数据和主要数据，这些数据包括建筑面积、馆藏文献数量、经费拨款数额等。现在图书馆的排名所依据的主要也是这些数据，但在重视原有的规模数据的同时，也开始更加注重评估效益数据。

2008 年完成的《国际大都市图书馆指标体系》在指标体系框架设计的四大类型指标中，除资源条件（输入）外，其他三项即服务效能（产生）、服务成果（成果）、影响贡献（影响）等都是从效益的角度设计的[2]。

《规范》在第六部分专设了"服务效能"类，其中6.2为"服务效率"，并参照西方国家的图书馆服务标准细分出一些体现服务效能的数据：

6.2.1 文献加工处理时间：要求报纸到馆当天上架，期刊两个工作日内上架，省级馆、地级馆和县级馆分别在图书到馆 20、15、7 个工作日内上架服务。

6.2.2 闭架文献获取时间：递交调阅单到获取文献的间隔时间不超过 30 分钟，外围书库不超过 2 个工作日，古籍等特种文献另按相关规定执行。

6.2.5 "人均借阅量"条款，提出公共图书馆应分别根据有效持证读者和服务人员的总数，计算已外借文献量（册）占有效持证读者总数和服务人口总数的比例；应适时调整外借册数、借期等流通规则，并制定有针对性的服务策略，逐步提高人均借阅量。

6.2.7 文献提供响应时间和 6.2.8 参考咨询响应时间条款，都要求响应时间不超过 2 个工作日。

《评估标准》的修订宗旨也着力于业务建设，从强调资源建设转向既强调资源也强调服务，增加了大量图书馆服务工作考查指标，如免费开放、网站访问量、数字资源发布量占资源总量的比例、可远程访问资源占发布资源的比例、数据库使用情况等。以《评估标准》的省级图书馆评估为例，其注重强化对社会效益的考查，增加了部分服务效益考查的指标，如人均年到馆次数、馆藏书刊文献年外借率、每万人平均参与活动次数、可远程访问数字资源占数字资源发布总量的比例等[3]。

2 从硬件数据到软件数据

硬件数据是指公共图书馆发展的硬件要素，包括馆舍建筑和总体布局、电子信息设备（包括计算机、网络、宽带等），软件数据是公共图书馆发展的软件要素，包括人员、管理、服务等。随着中国公共图书馆文化服务体系的推进，原来十分紧缺的硬件条件有了极大的改善。据统计，1994 年全国公共图书馆首次评估时，公共图书馆公用房屋建筑面积为 409.1 万平方米，到 2009 年第四次评估时，已达 850.3 万平方米。全国每万人拥有公共图书馆面积从 2002 年的 45.4 平方米增长至 2011 年的 73.8 平方米[4]。尽管对于中国各级公共图书馆而言，硬件条件有的尚未完全到位，有的也要与时俱进，但现在更为关注的是软件建设，这也是中国公共图书馆事业与西方国家公共图书馆事业的主要差距所在。因此，更加注重软件数据成为一种趋势。

中国仍然是一个发展中国家，这是最大的国情，而发展中不平衡、不协调、不可持续的问题依然突出，中国公共图书馆事业同样如此。以公共图书馆的人力资源为例，据笔者实地调查，2012 年，四川绵竹县 81 万人口，县图书馆馆员 10 人，另有 21 个镇各有 1 个兼职馆员（兼管文化馆等）；四川绵阳北川县人口 23 万，县图书馆在编人员 4 人，另外聘请了 10 名编外人员；新疆克拉玛依市人口 45 万，新馆拟设编制 120 人左右（不包括外聘清洁保安人员）。另据《上海文化年鉴 2011》统计的信息，上海 2010 年常住人口为 2 301 万，上海市公共图书馆从业人员总计为 2 180 人[5]。从以上数据可以看出，公共图书馆人力资源存在着很大的地区差别，即使是同一地区，也有很大不同。从人力资源的软件数据分析，中国公共图书馆要全面实现公共文化服务体系建设中的基本性、均等性的发展要求，还需要下大力气才能达标。《规范》在 5.2 的人力资源中分别设置了人员要求、人员配备、人员数量、教育培训、志愿者队伍等条款，明确提出"具有相关学科背景的专业技术人员应占工作人员的 75%以上"，"每服务人口 10 000 人至 25 000 人应配备 1 名工作人员"。据悉，即将出台的《公共图书馆法》将以法律条文的形式，进一步规定每服务 10 000 人应配备 1 名图书馆员。这些软件数据的提出，将依法逐步地改善公共图书馆服务中人力资源的不平衡、不协调、不可持续等长期积累的难题。

3 从常规数据到新颖数据

常规数据体现了人们对图书馆事业传统要素的认识，如上面提到的规模数据和硬件数据等，新颖数据是指人们基于信息技术的发展和体现未来发展趋势的数据以及更加注重图书馆科学管理和社会价值的数据等。

《评估标准》中与时俱进地设置了一些较之常规数据不一样的新颖数据，如：新媒体服务（包括移动服务、数字电视服务等）、年网站访问量、本地区图书馆服务网络建设（包括本地区服务网络建设规划与效能、参与服务网络的基层图书馆的比例、服务网络内的资源共享情况）、事业发展规划、志愿者管理等。

常规数据中，原来较注重印刷文献的数量，随着数字化和网络化的发展，电子文献的比例占图书馆总采访经费的比例正在不断增加，这一比例，就属于新颖数据。据中国国家图书馆研究院提供的数据，2012 年中国国家图书馆采访经费中的电子文献采访经费的比例仅占 14%；另据深圳图书馆提供的数据，2012 年文献采访经费为 1 600 万元，其中 240 万元用于购置数字资源，约占 15%，这在趋向智慧图书馆发展的年月，是一个较低的数据，应该引起管理层的关注。因为随着数字化在图书馆的不断渗透和文献数字化进程的加快，预计到 2020 年，一些国家的 80%的期刊将以数字的单一形式问世，一些大学图书馆采访经费的 95%将用于购置电子资源。《规范》在 5.3.1.2 "馆藏文献总量"条款中也提出："公共图书馆应在确保印刷型文献入藏的基础上，逐步增加电子文献的品种和数量，"并在6.2.6"电子文献使用量"条款中提出"公共图书馆应积极宣传电子文献，举办电子文献使用辅导讲座，提升读者使用电子文献的信息素养，保持电子文献使用量逐年增长。"近年来，一些引领业界发展的公共图书馆都十分重视电子文献的采访和使用。如杭州图书馆自建了城市学数据库、杭州本地特色数据库等，购买了CNKI、KUKE数字音乐图书馆等数据库，并与浙江省图书馆合作创建了"浙江网络图书馆"，实现地区间的资源共享，加入OCLC，使用户可以检索到全球2万多个图书馆的14亿条馆藏记录，并可通过馆际互借获取。需要指出的是，在电子文献采访费比例不断增加的同时，我们对于体现图书馆时间价值的各类历史文献，无论是古今中外的何类历史记忆的只字片纸，都必须怀着敬畏之心予以收集、抢救和保存。

4 从主体数据到客体数据

主体数据是指基于图书馆自身发展的数据，而客体数据是指与图书馆事业发展直接或间接相关的其他领域的发展数据。以往公共图书馆的发展一般都聚焦于主体数据，但当代公共图书馆的发展已经呈现经济建设、政治建设、文化建设、社会建设和生态文明建设五位一体互相联系的发展特点，如果说以往公共图书馆与社会也是有密切联系的话，那么如今这种联系就更为紧密了。一些客体发展的数据成为影响公共图书馆发展的重要信息。

著名文化人南怀瑾先生在其生命的最后日子里，曾对近三个世纪人类的威胁从疾病的角度作了分析：19世纪、20世纪初期对人类威胁最大的是肺病，20世纪是癌症，21世纪则是精神病。这一分析的知识数据，为公共图书馆作为社会信息化环境下的公共文化空间的存在价值提供了新的重要依据。图书馆作为向任何市民开放的第二起居室，可以为人们提供面对面的交流机会，通过阅读、讲座、展览、音乐欣赏等形式，可以为生活节奏过快、工作压力过大的人们提供心灵的按摩和灵魂的疏导，即所谓的阅读疗法。

美国"大西洋网站"2012年11月27日以"2500万人用手机看书"为题进行了报道，报道认为中国现在有超过4亿移动网络用户，是全世界最大的智能手机市场，几乎一半的中国成年人阅读不同形式的书籍，约有25%的读者，即2.2亿人阅读电子媒体，在这些人中近1.2亿人用手机阅读，而将近2500万人只用手机阅读。这一报道中的数据信息留给我们深刻印象的主题词是"手机看书"。

另据《文汇报》2012年11月29日报道，"碎片时间成阅读黄金时间"，基于市民调查的报道显示，上海市民喜欢通过网络、手机看书；传统阅读时代养成的一些习惯特征正在淡出人们的视野；睡前、晚饭后与上下班途中，分别以52%、44%、43%的比例成为阅读者心目中的黄金阅读时间；随着手机、平板电脑或其他移动平台的普及，越来越多的人利用上下班途中的碎片时间阅读，原本的垃圾时间一跃成为阅读的黄金时间；一旦看到打动自己的文章或段落，几乎所有人都本能地选择传播给更多人；博客、微博等即时社交工具让人们得以在第一时间把自己读到的精彩文字向交际圈发布。这一报道中的数据信息留给我们深刻印象的主题词是"碎片阅读"。

无论是"手机看书"还是"碎片阅读"，这种客体数据所折射的发展趋势对公共图书馆的服务管理和阅读推广是一个重要的外在环境的变化，如果我们不研究这种外在环境并提出相应的对策，公共图书馆将在新的阅读浪潮中落伍并被边缘化。

5 从内在数据到外在数据

内在数据是指基于图书馆行业内部的统计比较的数据，而外在数据则是指跳出公共图书馆行业，将公共图书馆的发展置于外在的更广泛的环境下进行统计比较的数据。如公共图书馆的统计可以与人口统计相比较，可以与国土面积相比较。这样，公共图书馆的发展有了一个更广阔的视野。据统计，至2012年，全国有2 952个公共图书馆，平均每46.5万人拥有一个公共图书馆，平均每个公共图书馆辐射半径为32.6公里，平均每3 328平方公里才拥有一个公共图书馆。

2012年11月25日，由上海市精神文明建设委员会办公室和解放日报报业集团共同举办的第58届文化讲坛在上海解放大厦举行，讲坛透露了《上海文明单位社会责任报告白皮书》的相关信息，其中以"员工责任"、"经济与服务责任"、"诚信责任"、"社区责任"、"环境责任"5大指标为内容，收录分析了2011年度上海文明单位社会责任的履行情况；上海市文明办在3 000家文明单位中抽取了不同类型的800余家文明单位的报告进行了评估。结果显示，上海文明单位社会责任报告总体平均分为82.25分，其中机关类单位平均分最高，为84.96分；企业类紧随其后，为83.13分；事业类平均分为79.65分。公共图书馆属于事业类，与机关类和企业类在行业文明创建方面显然还有差距。这种外在的比较数据可以推动公共图书馆在更广阔的平台上进行发展的思考和竞争合作。如上海文明单位要求履行社会责任，这就为公共图书馆在未来的发展中如何体现其社会价值提供了一个更广阔的发展空间，其中包括重视员工思想道德建设、注重展示社会诚信、积极参与公益慈善、广泛开展志愿服务、主动建设资源节约型和环境友好型社会等。

1941 年，美国学者戈特曼对美国东北部城市化展开研究，并在 1961 年发表了《城市群：美国城市化的东北部海岸》，而中国城市化进程在 20 世纪下半期和 21 世纪初发展迅速，目前已有 657 个城市，在这数百个城市中，又有研究者和管理者将其分为数个都市连绵区和数十个城市群。随着互联网等信息技术的发展，跨城界的泛在网使城市群的发展数据为公共图书馆在新的基础上发展图书馆资源建设和服务的共同体提供了新机遇。中国的公共图书馆已经借助于城市群的平台，搭建起了讲座服务共同体、展览服务共同体、数字图书馆建设共同体、网上参考咨询共同体等，使原本松散型图书馆合作共享趋向于紧密型共同体的发展。

中国正迎来移动互联的新时代，互联网和手机网民数发展日新月异，截至 2012 年 12 月底，我国已建成全球最大的信息通信网络，互联网网民达到 5.64 亿人；手机网民已达 4.2 亿，用手机接入互联网的网民占比提升到 74.5%[6]。移动互联的发展，中国一些公共图书馆已经并正在将这些外在数据作为图书馆业务内在数据发展的红利，以敏感和速度赢得了主动和弯道超越。如新疆维吾尔自治区图书馆、贵州省图书馆、陕西省图书馆、重庆图书馆等西部地区图书馆近年来利用微博等社交新媒体发展了令人称奇的网上读者群。

2012 年 11 月，美国地方法院批准了美国联邦贸易委员会判罚谷歌 2 250 万美元的决定，要求谷歌彻底停止追踪用户上网习惯的侵权行为，成为一件具有里程碑意义的事件[7]。谷歌被重罚 2 250 万美元这一数据对公共图书馆的启示是，用户隐私保护有待规范，公共图书馆也应注重对读者隐私的保护，并规范相关制度。同时，公共图书馆对于广大读者也要加强信息安全的培训和宣传，在图书馆管理和服务流程中对读者个人信息加强权限管理和安全保护。无论是读者的个人注册信息还是查阅信息，无论是读者的肖像权还是具体的借阅数据，都应注意保护。图书馆的各项服务和应用，可能需要读取读者的相关数据或让读者不知不觉让渡出个人信息，这种让渡个人信息具有两面性：一方面，信息越透明，越有利于个性化需求的满足，即服务者更多地了解用户的特点，提供的服务就会更有针对性；但另一方面，信息越透明，个人隐私泄露的风险就越大。这是公共图书馆在网络服务中应加强规范管理的新问题。

6 从静态数据到动态数据

静态数据是指处于静止状态或相对固定的数据，而动态数据则是指管理和服务中正在进行的或依据实际发展相对有所变化和差异化的数据。

2013 年《评估标准》根据事业发展的现实情况及未来发展趋势，增加了部分动态发展指标，如：服务网络建设、事业发展规划、读者服务区无线网覆盖范围等；同时，立足于图书馆事业的可持续发展，增加了一些与图书馆事业密切相关的、对政府进行考核的指标，包括免费开放本地经费到位情况、财政拨款年增长率与当地财政收入增长率的比率等。服务网络建设是一项正在进行的业务，需要根据实际发展的程度来进行统计；事业发展规划有长远规划、中期规划、年度计划和项目实施方案等，这些发展规划也是一个在实际工作中处于动态的数据，规划的编制和数量质量需要根据实际的发展进行统计；读者服务区无线网覆盖范围是一项建设中的业务统计数据，且各地各馆情况均有所不同，将随着时间的推移而发展变化。

《评估标准》还根据省、地市和县市图书馆在公共图书馆服务体系中的不同地位与作用，对各级图书馆各部分分值分配进行了差异化处理，并在文献资源、服务工作、协作协调、重点文化工程等部分，为各级图书馆分别设计了不同的细化指标，这样就充分考虑了东中西部差异，将定性指标与定量指标结合了起来，将相对值指标与绝对值指标结合了起来，使西部地区图书馆能获得相应分值，在总分上尽量向中西部地区倾斜，并在必备条件设置时也对东中西部做了适当协调。《评估标准》中还对公共图书馆新增了数字图书馆推广工程、公共电子阅览室建设计划、中华古籍保护计划等重大文化工程的评估指标，结合省、市、县三级图书馆以及一般图书馆和少儿图书馆在各大工程项目实施方面承担职责和任务的不同，对各级各类图书馆的工程评估指标进行了差异化处理。

以上列举的几例动态数据与静态数据相结合的例子，进一步将定性与定量相结合、绝对与相对相结合的原则渗透到动态数据之中，将更能全面立体地反映出图书馆发展的实际状况。

7 从单一数据到综合数据

单一数据是指数据反映的内容专指性较强，往往局限于某一范围、某一领域或某一主题；综合数据则往往涉及相关联的多项内容，体现出图书馆事业全面协调可持续发展的全面性、综合性和关联性，突出了事业发展的重点和关键。

《评估标准》的框架结构分析共分为三级指标。修改后的 2013 年版，二级指标从 39 个减少至 36 个，三级指标 69 个增加到 100 个。共新增指标 50 个，删除指标 10 个。《评估标准》的这一较大程度的修改完善，跳出了各单一数据的局限，将各级各个指标放在统一的层面上加以分析和增删，三级指标的大幅度增加，体现了图书馆工作评估更加求实和具体，也体现了指标修改的综合性和整体性原则。通过各部分分值的调整，一方面突出用户服务、馆藏资源等核心业务，另一方面体现各级公共图书馆的工作重点和职能。

表1 《公共图书馆评估标准》省地县公共图书馆关联分值的比较

指标　　　分值　　　行政级别	省级	地市级	县级
一、设施设备	100	150	150
二、馆藏资源	150	150	150
三、用户服务	200	200	250
四、协作协调	150	100	100
五、管理	150	150	150
六、人员	100	100	100
七、重大文化工程建设	150	150	100

从较1表的数据可以看出，设施设备类分值更加向地县级倾斜；从用户服务而言，县级基层图书馆的服务权重更多；从协作协调而言，省级图书馆的权重更多；从重大文化工程建设而言，省地级图书馆的权重更多。这种分值的变化，体现出单一指标向关联性的综合指标发展的趋势。从单一数据向综合数据的发展，体现了兼容并包和数据互联的发展趋势。公共图书馆建设注重综合数据的发展转变，体现出公共图书馆界正在朝着复合型图书馆、智慧型图书馆的方向稳步转型。

8　从样本数据到全本数据

样本数据就是抽样的选择性数据，而全本数据则是全覆盖的不加筛选的数据，后者较之前者更能反映图书馆事业发展的真实状况。如近年来关于阅读率的调查，有研究机构进行了抽样调查，得出了相应的调查结果；也有图书馆进行了某一城市或某一地区的全员调查，将已在图书馆办证的全部读者均纳入调查的范围，同样也得出了相应的调查结果，显然，后者的可信度要比前者更高一些。图书馆管理中经常运用调查的方法来获取相关的数据信息，如果用全本数据代替样本数据，这样的调查结果会更接近事实。上海图书馆曾经委托复旦大学管理学院进行组织文化建设的调查，在对馆级管理层、中级管理层和广大员工以及读者的调查中，馆级管理层和中级管理层均采用了全本数据；对员工进行了抽样，但比例很高；读者用户的调查也设计了相当数量的样本。这样的组织文化建设的调研报告基础就比较坚实，得出的结论也令人信服。当然，全本数据只能在有限的情况下进行，多数情况下还只能采用抽样的样本数据，这也是调查的一般规律。

9 从发展数据到绿色数据

发展数据就是图书馆事业发展的数量增长和具体状况，绿色数据就是注重图书馆生态文明建设的相关数据。中国的发展经历了从注重数量的发展到注重质量效益和可持续的过程：从早期的"又快又好发展"到后来的"又好又快发展"，再上升至"平稳较快增长"，直至现在提出的"持续健康发展"，体现出以质量效益为中心，追求没有水分的增长，更加注重资源节约、环境友好和可持续发展。2012 年 11 月召开的党的十八大把生态文明建设放在了突出地位，将之融入经济建设、政治建设、文化建设、社会建设各方面和全过程，提出了努力建设美丽中国的新构想，以实现中华民族永续发展。这就要求公共图书馆的发展一定要更加自觉地珍爱自然，更加积极地保护生态，实现从发展数据向绿色数据的转型。所谓"绿色数据"，具体而言，就是指"低投入、低消耗、低排放、可循环、高效益、可持续"的数据；这些绿色数据要求公共图书馆着力推进绿色发展、循环发展、低碳发展，把资源消耗、环境影响、生态效益等指标纳入评价体系，形成图书馆节约资源和保护环境的空间格局、业务流程、管理方式、行为习惯、服务产品，通过美丽图书馆的建设，实现环境典雅、贴近自然、宁静清新、舒适安全、节能环保。近年来，中国台湾台北市北投图书馆以"绿屋"的全新理念建造了一个低碳发展、循环发展、绿色发展的图书馆，中国大陆落成不久的湖北省图书馆和天津市图书馆新馆也都开始注重绿色发展的理念并付诸实践，这是一个良好的开端。随着中国生态文明建设的发展，未来图书馆的绿色数据将会成为衡量图书馆科学发展的主要指标之一。《规范》和《评估标准》也需要据此作进一步完善之处。

10 从现实数据到目标数据

现实数据就是当前现时的发展数据，而目标数据一般指 3 年行动计划数据、5 年规划数据以及 10 年后的长远规划数据。人无远虑，必有近忧。将现实数据与目标数据结合起来加以分析，从现实数据中既看到成绩和进步，更看到不足和忧患，居安思危，迎接挑战，应是公共图书馆事业发展的重要精神状态和发展意识。党的十八大提出了确保到 2020 年实现全面建成小康社会的宏伟目标，对未来文化软实力显著增强提出了具体要求。这就需要我们从埋头现实数据中抬头展望目标数据，将社会主义核心价值体系深入人心、公民文明素质和社会文明程度明显提高、文化产品更加丰富、公共文化服务体系基本建成、中华文化走向世界迈出更大步伐、加强重大公共文化工程和文化项目建设、完善公共文化服务体系、提高服务效能、促进文化和科技融合、发展新型文化业态、增强国有公益性文化单位活力、表彰有杰出贡献的文化工作者等发展愿景和发展要求细化为脚踏实地、循序渐进的目标数据。空谈误馆，实干兴业。现实数据令人鼓舞，目标数据催人奋进，在现实数据的基础上添砖加瓦，就能一步一个脚印地迈向发展的愿景。

公共图书馆的数据信息正面临着海量大数据的挑战，从以往单一空间的有限数据正在趋向跨界互构的无限数据。从单一数据到综合数据，从样本数据到全本数据的发展趋势已透露出这一数据发展新态势的一些信息。没有数据就没有依据，因此，公共图书馆的发展应当建设在数据信息分析之上；同时数据信息也应当与图书馆的发展趋势结合起来，与大数据的发展趋势结合起来。从全球图书馆的发展趋势分析，将更加注重并体现图书馆作为时间价值即历史记忆的功能，更加注重并体现图书馆作为空间价值即跨域泛在的创新整合与资源共享，更加注重并体现图书馆作为空间价值即公共空间体系要素的作用，更加注重并体现图书馆作为社会价值即可持续发展的理念与实践，更加注重并体现图书馆作为社会价值即无限可能的知识信息中心功能。将基于数据信息的分析研究与全球图书馆这些发展趋势紧密结合起来，公共图书馆事业的发展就能创新转型，以体现健康持续的发展要求，并真正实现有质量、有效益、无水分、可持续的覆盖全社会的公共图书馆文化服务体系的发展愿景。

参考文献：

［1］ 中华人民共和国国家质量监督检验检疫总局、中国国家标准化管理委员会. 中华人民共和国国家标准. 公共图书馆服务规范. GB/T28220-2011［M］. 北京：中国标准出版社，2012.

［2］ 王世伟. 国际大都市图书馆指标体系研究［M］. 上海：上海科学技术文献出版社，2009：2-6.

［3］ 申晓娟. 第五次公共图书馆评估标准修订的思路与重点. 在2012年中国图书馆年会第19分会场"图书馆服务与评估标准"上的演讲［EB/OL］.［2013-02-18］. http：//www. lsc. org. cn/CN/News/2012-11/EnableSite-ReadNews1131362171353945600. htm/.

［4］ 张贺. 文化设施免费普惠基层群众（年终形势述评）［N］. 人民日报，2012-12-25（01）.

［5］　屠光绍. 上海文化年鉴 2011［M］. 上海：《上海文化年鉴》编辑部，2011：328 －329.

［6］　张意轩，中国手机网民四点二亿［N］. 人民日报海外版，2013-01-16（04）.

［7］　张薇. 谷歌被重罚 2250 万美元［N］. 光明日报，2012-11-29（05）.

作者简介

王世伟，上海社会科学院信息研究所研究员，所长，E-mail：swwang@ sass. org. cn。

构建面向未来的国际大都市
图书馆互联网

——关于大都市图书馆创新发展的思考*

在新加坡举办的国际图联第 79 届大会于 2013 年 8 月 19 日发布了《国际图联趋势报告》，该报告对技术发展给图书馆带来的挑战和影响予以了特别的关注，报告中论述的趋势之一就是"新技术将改造全球信息经济"，认为"高覆盖率的超链接的移动设备、网络化传感器设备和基础设施、3D 打印和语言翻译技术正在深刻地改变信息经济，现有的商业模式正面临着空前的破坏，创新不断出现。我们工作、相互沟通信息、寻求和发现新东西的方式已经永远地被改变了"。这一分析研判揭示了大数据、云计算、物联网、移动互联网、智能制造等新一代信息技术的发展正在改变整个社会的生存方式，这给大都市图书馆带来了新挑战和新机遇。这一分析研判带给我们的启示是：新技术将改变大都市图书馆的未来发展，大都市图书馆面临创新转型。中国正在建设覆盖城乡的现代公共图书馆服务体系，如何启动新的发展引擎，形成城市图书馆文化新的增长极？构建面向未来的大都市图书馆互联网就是重要的路线图之一，对此我们必须深入研究，因势而谋，顺网络空间发展之势、智慧城市建设之势、全球图书馆融合共同发展之势，构建并不断完善顺应全球社会信息化趋势的国际大都市图书馆互联网，建设国际大都市图书馆创新发展的升级版。

1　关于大都市图书馆互联网

近年来，互联网发展迅速并向各行业蔓延渗透，已经和正在形成各领域和行业的互联网，如工业互联网、能源互联网、车联网、金融互联网等，大都市图书馆互联网也在蓄势待发。根据已有的实践，可以从两个维度来分析观察大都市图书馆互联网：一是从图书馆自身来看，在传统图书馆物理空间的基础上推进图书馆的数字化、网络化、智能化和互联化，从服务管理孤岛

＊ 本文系国家社会科学基金重点项目"国际大都市图书馆服务体系研究"（项目编号：11ATQ001）研究成果之一。

的独体型转型为服务管理互联的共同体，化传统为神奇；二是从网络空间来看，互联网上的图书馆，在网络中构建起大都市图书馆的服务空间，将物联网、云计算、大数据、移动互联网、智能制造等信息技术融入其中，在网络空间中构建并展现出全新的大都市图书馆服务新业态。

法国社会学家弗雷德里克·马特尔在对全球 30 个国家、150 个城市和 1 250 位文化业界人士实地采访后对基于互联网的文化传播感慨颇深，他认为："全球化了的大众和互联网作为两个现象一并发生，而且在这两种现象里，各自的边界都消失了，这两种现象的结合构成了 21 世纪初的重大新闻。在以往几个世纪的岁月里，文化都是由公路、港口以及机场来运输和传送的，这种传播的方式需要时间、关税以及零售业。现在，文化通过信息高速公路传播，……一切都在加速了，没有什么是和过去相同的"[1]。互联网和移动互联网与大都市图书馆的结合形成了大都市图书馆的数字化、网络化形态，适应了智能化和泛在化的发展趋势，体现了绿色发展和可持续发展的发展理念；将建筑物理服务空间、社会拓展空间和网络虚拟空间融为一体，将智能技术和移动互联网技术渗透拓展到传统的图书馆服务领域和各个业务流程与服务细节，体现出科技革命和产业变革的新环境下图书馆服务空间、服务数据、服务主体与客体的日就月将的互联、高效和便捷的特征。这正是大都市图书馆互联网正在呈现出的特点。诚如社会学家格尔纳（E. Gellner）所说："过去的科学是在世界之中，现在的世界是在科学之中"[2]。如果说大都市图书馆是文明殿堂的话，那么如今的大都市图书馆注入了日新月异的信息技术的要素之后，则具有了科学文明公共空间的特征。文化与科技的深度融合，催生了大都市图书馆新兴服务业态的产生和服务格局的优化，带动了大都市服务能力、服务效益和服务品质的提升。

2　科技革命催生了大都市图书馆互联网新兴服务业态

纵观全球大都市图书馆服务体系的最新发展，图书馆互联网新兴服务业态已初露端倪，而云环境下的大数据等新的信息技术则展现了可以发展的巨大服务空间。

2.1　自助选择服务

传统图书馆的服务受到了时间、空间、形式、个性等的限制，而互联网尤其是移动互联网带来了无论是开馆或闭馆在图书馆利用时间上的随意，带来了无论是图书馆内还是图书馆外在图书馆利用空间和地点上的随意，带来了文献信息可以按照意愿喜好在文献载体选择上和阅览室座位预订上的随意，带来了根据不同情况可以采用现场方式或网络通道进行知识检索和文献获取的随意，带来了网络空间中多元化的信息通道和获取方式的随意，带来了文献信息语言、数量、载体等多样化的随意，这种以读者为中心的多重性的随意与选择，为读者带来了方便快捷的服务体验和服务效益，带来了读者自主选择的自由、平等与互动，体现出图书馆服务新业态以读者为本的服务理念的深化。基于全面感知的物联网是图书馆互联网的重要技术基础，它使身处异地的巨量图书文献有了各自易于识别的身份证，为广大读者使用一卡通就近异地借还和文献获取创造了集群化的统一信息平台，如持有智能身份证的香港居民，可在任何一所香港公共图书馆办理简单的登记手续，在智能身份证中加入图书证功能并经启用后，便可据此享用公共图书馆提供的各项服务。而深圳市城市街区 24 小时图书馆的推出更是为读者提供了自助选择服务的创新载体，为读者提供了融办证、借阅、检索等为一体的定点一揽子解决方案。各类触屏技术的发展，为图书馆自助选择服务提供了更多可以推广的项目，如图书馆指南的自助检索、图书馆报刊的自助浏览、图书馆图书的自助借还、图书馆借阅书刊的自助消毒，等等。随着大都市图书馆互联网的发展，互联网上的信息与知识也已成为图书馆关注并予以保存的重要的文化记忆和文化遗产。从 1999 年法国国家图书馆开始互联网资料呈缴备案、试验，到 2011 年 12 月 19 日政府正式通过互联网呈缴法令，法国国家图书馆在动态网络文档的抓取保存方面的机器人软件开发从未停止过。这种文化积淀的理念帮助读者在查阅印刷文献的同时，也可以按需查询呈缴保存的 Web 文档[3]327-328。

2.2 立体互动服务

在全球大都市图书馆中，上海图书馆曾进行了基于互联网的立体互动服务的成功尝试：于 2010 年 10 月富有创意地开辟了一个全新的阅读空间——"新技术体验中心"，其中有各种电子阅读器的现场体验和外借服务，同时举行丰富多彩的读者培训和读书活动；2013 年 5 月，上海图书馆又与时俱进地再次推出了作为上海文化创意产业信息中心的"创-新空间"，这个 780 平方米的主题阅览室有一个开放性设计，各个功能区域可以通过设备、灯光、主题元素等拆分组合，实现灵活过渡。其中"阅读区域"保留了图书馆传统服务模式，提供了近 90 个阅览座位，可以翻阅中外文创意设计类新书 5 000 册、新期刊 182 种；"专利标准服务空间"提供各类专利标准检索工具；"IC 共享空间"则配置多媒体投影设备，并提供近 50 个座位，意在通过讲座鼓励大众参与文化互动；"创意设计展览空间"重点展示各类设计师作品、创意产品；"全媒体交流体验空间"提供的最新的数字化新媒体，给读者带来了创新服务的体验[4]。在法国巴黎的蓬皮杜中心，内设的公共信息图书馆（BPI）成为全法国最大的百科全书式的多媒体收藏机构，除传统的印刷型书籍外，还收藏大量的法国各个重要历史时期的纪录片、留声机片、唱片等各种视听文献以及数字化信息资料，形成了远程化、数字化、信息化的服务新模式，为读者带来了立体互动的服务新体验。公共信息图书馆的服务方式催化了法国很多公共图书馆模式的改变[3]307-308。

2.3　个性推送服务

大都市图书馆互联网也迎来了大数据的发展机遇。云环境下的大数据，将催生一系列新的服务和管理模式，数据服务将成为大都市图书馆服务的新宠，微博视频、数据共享、下载服务、云端服务等，通过海量数据的挖掘与分析，将发现数据中蕴藏的各类服务机遇，可转为大都市图书馆寻求提高管理品质的依据和提升服务竞争力的重要途径。如可以通过大都市图书馆群来共建大数据服务体系，将日常服务中生成、累积的各类读者数据进行海量数据存储、各类数据深度挖掘、图像视频智能分析，并借助图书馆互联网的数据共享平台，在保障个人信息安全的基础上，通过海量的用户细分信息、文献借阅信息、上网访问信息、咨询互动信息、浏览兴趣信息、文献物流信息、地理位置信息等，进一步响应读者需求和优化个性化的主动推送服务，并藉以不断扩大读者群。

3　智能互联驱动大都市图书馆转型升级

智能互联正在驱动大都市图书馆转型升级，即实现智慧图书馆的互联、高效和便捷发展的愿景，成为数字图书馆的升级版——智能互联的图书馆。这一升级版的图书馆的最大特征就是由以往数字图书馆虚拟特征转变为智慧图书馆的互联特征，具体表现在以下 3 个方面：①突破了过去数字图书馆网络终端空间的限制，实现了泛在的网络化，为成千上万的读者提供了互动交流的可能；②突破了过去数字图书馆知识交流过程中基于静态信息的限制，实现了泛在实时的交流和互动；③突破了过去数字图书馆数据库和网络终端中的可视化的限制，实现了即时实况式和参与互动型的人和物的可视化新形态[5]。智能互联的大都市图书馆从最初的参考咨询层面扩展到服务预约、电子阅读、微博交流、社交问答等多个层面，更多的服务已从传统互联网的大屏向移动互联网的小屏转移。升级版的智慧图书馆正在逐步形成大都市图书馆全面立体感知和即时的交流互动，图书馆中的书与书、书与人、人与人之间正在进行全面的互联互通，正在为读者展现出更深、更广的泛在化、可视化、实时性、互动性特征。这一升级版的图书馆已经并将继续大幅度地提高大都市图书馆的服务与管理的效率和效能，降低成本，在图书馆践行绿色发展和可持续发展的理念。

图书馆微博的广泛应用成为大都市图书馆升级版的重要创新举措。传统互联网"钢筋水泥+鼠标"的时代正在向着"钢筋水泥+触摸屏"的移动互联网时代转变。继中国许多城市图书馆开通微博之后，2013 年 5 月中旬，中国国家图书馆也与时俱进，其新浪官方认证微博开通试运行，使国家图书馆馆员可以与"粉丝"们谈阅读、说馆藏、聊讲座、话展览，用多元的手段传递文化资讯，用专业的视角推介各类图书，以丰富的内容装点文化生活、呈现图书世界的精彩——让知识、文化的温度和力量触手可及[6]。图书馆微博为大都市图书馆的服务创新带来了令人称奇的发展空间，在短短的一年或数年时间内，有的图书馆的粉丝和听众已急剧增加至数万甚至是数十万人，成为中国东中西部各地区城市图书馆推广服务的新路径和创新服务的新平台。如表 1 所示：

表 1 中国大陆部分省市图书馆微博信息一览

微博名称	粉丝/听众数	关注/收听数	微博数/广播数	微博网站
湖北省图书馆	288 605	38	323	腾讯
贵州省图书馆	231 627	89	1 226	腾讯
上海图书馆信史	229 254	837	9 436	新浪
陕西省图书馆	148 107	152	1 430	腾讯
新疆维吾尔自治区图书馆	77 795	154	4 816	腾讯
济南市图书馆	45 627	172	373	腾讯
成都市图书馆	43 649	103	4 212	腾讯
黑龙江省图书馆	40 444	211	4 112	新浪
深圳图书馆	37 139	336	2 005	新浪
杭州图书馆	23 062	662	9 443	新浪
重庆图书馆	22 269	709	5 981	新浪
首都图书馆	15 396	297	3 002	新浪
厦门市图书馆	9 098	101	764	新浪
佛山市图书馆	8 221	926	5 442	新浪
浙江图书馆	6 849	308	1 751	新浪
国图少儿馆	6 741	220	1 639	新浪
长沙市图书馆	6 655	308	2 131	新浪

注：以上数据来自互联网，统计日期为 2013 年 11 月 24 日。

智能手机已成为大都市图书馆与市民读者之间的一个联系纽带和快速通道。诸多可携带的手机、iPad 和即将广泛流行的可穿戴设备中的眼镜、手表、服饰等智能科技产品已经并将成为丰富多彩的图书馆服务和成千上万读者的"延伸",它们为馆员和读者、文献与读者、服务与读者之间架起了快速感应和即时互动的平台。首都图书馆入选《出版人》杂志 2012 年度评选的"年度图书馆",其入选的主要理由就是该馆推出了"掌上图书馆"、上线"北京市公共图书馆 e 搜索",为读者奉献了全新的阅读体验[7]。诚如图书馆的讲座、展览从以往城市图书馆的边缘业务转变为核心业务一样,大都市图书馆互联网的服务新业态也正在由以往的图书馆服务的补充逐渐跃升为图书馆服务的重要业态甚至是主要业态,特别是对于在移动互联网和泛在网络环境下成长起来的青少年一代更是如此。随着智能手机的普及和社交新媒体的广泛应用,二维码的黑白小方块也已经进入了全球的一些大都市图书馆服务领域,出现在阅览大厅、图书杂志、多重触屏、宣传手册以及公共空间、公共交通上。二维码技术的发展,使广大读者可以通过移动互联网平台实现泛在阅读,拓展了图书馆服务的空间域和便捷度,扩大了都市图书馆的互动性和影响力。但这种黑白小方块的可持续性和信息安全也应引起业界的高度重视[8]。

4 智慧融合助推大都市图书馆互联网服务共同体的形成

世界城市的发展,已由城市集中型的发展阶段进化至多中心的大都市区群和城乡统筹一体发展的阶段。大都市图书馆资源共享、协作联合、互通联网的服务共同体正是城市发展在文化上的一种体现。如果说,信息碎片化呼唤信息的整合集群,那么,各自独体的大都市图书馆在广泛互联的信息环境下形成了创建图书馆互联网服务共同体的文化自觉。大都市图书馆的互联网具有相当程度的临界质量,即这一大都市图书馆与那一大都市图书馆,这一国家的大都市图书馆与另一个国家的大都市图书馆形成了可实现充分互动的良好环境[1]。同时,移动互联网自 2010 年起步之后,迎来了与传统行业进行跨界融合的发展新趋势,体现了移动互联网在量的积累的基础上正在形成新的移动流量变现能力的服务新模式;这种服务共同体突破了图书馆行业自身的界限,把服务共同体的触角伸向了其他的行业。随着全球城市群的发展和网络互联的不断进步,世界上的大都市图书馆正趋向形成联成一体的资源共享的服务共同体,这样的例子很多。

在亚洲的韩国,都市图书馆通过构建馆际互借的"书海网"形成了大都市图书馆服务共同体。"书海网"是韩国国内图书馆合作振兴计划中的重要组成部分。目前已经加入"书海网"的图书馆会员包括国立中央图书馆、493

个公共图书馆和123个大学图书馆。"书海网"365天、每天24小时接受个人用户和机构用户的馆际互借申请。申请成功后，最快3-4个工作日内可以送到借入馆[3] 131-132。在中国的上海，曾入选全国文化企业30强的上海盛大网络发展有限公司与上海图书馆合作，为广大读者提供了内容丰富的以文学为主要内容的泛在阅读。2012年5月，盛大文学云中书城与上海图书馆共同宣布上海市民数字阅读推广计划网站——"市民数字阅读网"正式开通。双方的这一合作标志着原生数字资源内容正式进入图书馆馆藏流通领域，这是上海图书馆顺应数字阅读大势，实践城市创新驱动、转型发展战略的一个重要的里程碑[9]。

在中国的香港地区，有连接着全港公共图书馆的1 700台终端，其中香港中央图书馆内就提供了超过480个可供阅览香港公共图书馆和互联网上电子资源的电脑工作站，让市民得以实时阅览各类文献库和欣赏影音节目。全港67所固定公共图书馆还提供政府Wi-Fi无线上网服务以及24小时网上图书馆服务。2011-2012年度，香港公共图书馆网站浏览人次超过1.526亿，成为全球都市图书馆网上访问量最多的图书馆之一[3] 100-102。在中国的台北，在继2009年推出服务年之后，将2010年定为台北"中央"图书馆的"数位拓展年"，齐心努力以云计算来构建云端服务，以资讯系统创新及资讯系统再造为着力点推进的两项工程，将"时间、空间、人与人之间"的平衡作为图书馆服务体系建设的永远不变的经营方针，并使图书馆服务有无限延伸的国际视野[3] 50-51。

在欧洲，荷兰皇家图书馆联手意大利佛罗伦萨国立中央图书馆、丹麦皇家图书馆和伦敦威康图书馆，共同推进"欧洲早期读物"整理项目；该项目旨在通过整理15-17世纪印刷物资料，积极发展与全球学者、书志学家间的合作研究关系，使公众了解欧洲早期出版物并熟悉其中具有代表意义的著作，同时为学者研究早期现代欧洲印刷物提供丰富的资源及研究平台[3] 297。

国与国之间的图书馆是如此，而一国之内的图书馆和一个城市内的图书馆之间同样如此。如在德国的柏林，城市中12个区的所有读者都可借阅从柏林公共图书馆网（Verbund der Öffentlichen Bibliotheken Berlins，简称VÖBB）书目系统中检索到的柏林州中心图书馆的图书或其他文献。读者通过互联网在线发出订单，图书馆通过邮局将图书或其他文献邮寄给读者；归还时，读者同样可将图书或文献寄给图书馆[3] 230。捷克的布拉格市立图书馆自2009年起开通了"异地通还"功能，为使服务更有效，该馆从2010年开始尝试以"漫游"的方式解决这一问题，即一本图书归还到哪个分馆就留在该分馆，不再返回它被借出的那个图书馆[3] 256。位于荷兰海牙的荷兰皇家图书馆则将"让每个人都能够通过图书馆获取在荷兰出版或者关于荷兰的一切文献图书资料"列为该馆 2010—2013 战略规划的重点之一，这一战略规划的提出正是建立在覆盖荷兰的图书馆互联网的建设基础之上的[3] 296。

5 大都市图书馆互联网与城市的互动发展

5.1 以大都市图书馆互联网助推城市智能化的发展

"图书馆互联网"通过建设数据相通的书联网、泛在互动的触屏控、整合集群的云平台成为助推城市智能化发展的动力。通过与高级计算、分析、传感技术以及互联网的高度融合，大都市图书馆的全面智能化正在逐步重构全球图书馆服务业态、激发服务效率，让图书馆服务形成全球和区域的共同体，使图书馆管理更快速、更安全、更绿色、更智慧。无论是城市图书馆异地借还的一卡通或"e 卡通"还是城市街区 24 小时自助图书馆，无论是手机图书馆服务还是图书馆微博服务，无论是云端互联还是大数据深度挖掘，无论是智能技术的现场展示还是各类信息端终的现场体验，大都市图书馆互联网的各种服务技术正在成为培育并提高市民信息素养的城市教室，也成为城市智能化和智慧城市建设中不可或缺的重要组成部分。

同时，城市所在政府的信息政策也将推进大都市图书馆互联网的进一步发展。如澳大利亚政府信息管理办公室 2013 年 8 月发布了《公共服务大数据战略》。该战略以 6 条"大数据原则"为支撑，分别为：数据属于国有资产，从设计着手保护隐私，数据完整性与程序透明度，技巧、资源共享，与业界和学界合作，强化开放数据。该战略将制定一个具体的行动安排，以便将六大原则落到实处。显然，作为城市公共文化服务的大都市图书馆也将通过大数据的发展政策得以提高和优化[10]。

5.2 将大都市图书馆互联网文化基因融入城市的生命体

2010 年上海世博会有一个名为"城市生命馆"的主题馆，其中演绎的主题思想是："城市如同一个生命活体，城市生命健康需要人类共同善待和呵护"。"城市生命馆"向人们展示了如下的城市未来发展愿景："人与城市相互依存，相互发展，相互呵护，相互砥砺，相互牵制，相互监督，构建成了另一个意义上的生命体"。展馆中有活力车站、液晶显示器组成的信息牌、循环管道、城市广场、生活街区等体现城市生命的要素展示[11]。这给我们建设大都市图书馆互联网以很好的启示。在大都市图书馆互联网的建设进程中，同样应当通过智能技术和智慧管理将大都市图书馆互联网的文化基因融入城市的生命体。通过大都市图书馆互联网和智慧图书馆的建设，给所在城市注入新的生命活力，成为全面感知的城市、立体互联的城市、共享协同的城市；成为节能低碳的城市、灵敏便捷的城市、整合集群的城市；成为无线泛在的城市、就近一体的城市、个性互动的城市，从而让城市具备新的生命结构和灵魂，使人与城市、人与环境、人与人的交往联系不断得到积极调适，以医治并预防日益恶化的各类城市疾病。

2013 年 8 月，与开幕的上海书展呼应，上海地铁营运公司联合爱知书店、沪江网等在国内率先推出"上车借下车还"的地铁读书服务，2 号线全线 16 个车站和其他线路的部分站点内，只要有爱知书店或自助借阅栏的，乘客都可以借阅图书杂志，一元钱借一本书，可以"异地车站还书"，不设门槛，无需身份信息登记和押金，只需投 1 元钱，乘客可方便借书阅读，实现"上车借下车还"的时尚阅读模式，还可以扫一扫二维码获取更多相关信息[12]。

上海普陀区早在 2005 年就提出"图书漂流、资源共享"理念，至今在社区、商务楼、办事窗口等公共场所建立了 68 个"图书漂流点"，漂流图书超过 60 万册。市民凭本人身份证、学籍卡、社保卡就可获取图书，每次图书漂流周期为 30 天。这些正是将都市图书馆互联网文化基因融入城市生命体的积极探索和尝试。

5.3 大都市图书馆互联网建设发展中应注意的两个问题

在大都市图书馆互联网的发展中有两个问题需要引起重视：一是注重克服数字鸿沟，二是注重传统与现代的融合。

2013 年 5 月在日内瓦召开的信息社会世界峰会（WSIS）论坛探讨了诸多重要议题，其中包括创建满足下一个 30 亿用户需求的技术。来自国际电信联盟的最新数据显示，全球 6 个区域中有 4 个区域的移动普及率超过 100%，移动蜂窝用户数接近 70 亿，将在 2013 年底超过全球人口数，届时将有 27 亿人（39%的世界人口）会使用互联网。根据国际电联预测，至 2013 年底，发达国家有 77%的人口在线上网，而发展中国家仅有 31%。全球仍未上网的总人数高达 45 亿，占全球人口总数的三分之二，消除数字鸿沟，任重而道远[13]。由此也给我们以启示，世界上无论是哪个国家和地区，在大都市图书馆互联网发展的同时，还要统筹兼顾地区协调发展和城乡互助发展。同时，发展大都市的互联网服务共同体应当注重传统与现代的融合。《福布斯》中文版副主编尹生曾以《自媒体+传统媒体＝前店后厂模式》为题撰文分析了信息技术与传统服务之间的融合。所谓自媒体，是指公众或机构通过现代网络技术跨时空地进行知识信息传播的即时通讯方式，如微博、微信等。尹生认为，当自媒体与传统媒体联手，并形成一种深圳早年普遍存在的前店后厂经营模式时，就有可能形成一种全新的格局：作为导弹和空军部队的自媒体专注于在前面冲杀，利用社交网络低成本地扩张其影响力，而传统媒体则在背后形成一支强大的后勤部队和地面部队，致力于读者的运营，使商业利益最大化，各自只做自己最擅长的事情[14]。尹生的这一观点，对大都市图书馆正在形成的服务新业态不无启示。

国际大都市图书馆互联网的发展有着历史的逻辑，在经济全球化和社会信息化的环境下，物物相联的物联网自然会引发书书相联的书联网，而大数据与云环境更是给图书馆互联网带来了新的助推力。当代的世界是互联的世界，图书馆置身其中，在自身发展的轨迹中也顺乎大势，自然而然地趋向了融合。这种融合，将为大都市图书馆的可持续发展带来生生不息的生命力和无限创新的活力。

参考文献：

［1］ 弗雷德里克·马特尔. 主流——谁将打赢全球文化战争［M］. 刘成富，房美，胡园园，等译. 北京：商务印书馆，2012：387.

［2］ 金耀基. 人文教育在现代大学中的位序［G］//陆挺，徐宏. 人文通识讲演录——人文教育卷. 北京：文化艺术出版社，2007：6.

［3］ 王世伟. 国际大都市图书馆服务体系述略［M］. 上海：上海人民出版社，2013.

［4］ 图书馆推开数字化大门——《中国新闻出版报》专访刘炜副馆长［OL］.［2013－11－24］. http：//www. library. sh. cn/news/list. asp? id＝5939.

［5］ 张宇. 从互联网到物联网：虚拟社会向感知社会的嬗变［J］. 新华文摘，2013（8）：18.

［6］ 国文. 国图开通官方微博［OL］.［2013－05－17］. http：//epaper. ccdy. cn/html/2013－05/17/content＿ 97358. htm.

［7］ 2012 年度评选"年度图书馆"［J］. 出版人，2012，（12）：7.

［8］ 李劲峰，周劼人，皮曙初. 二维码产值数千亿警惕沦为下个"DVD"［OL］.［2013－11－25］. http：//news. xinhuanet. com/info/2013－11/25/c＿ 132914832. htm.

［9］ 盛大文学云中书城与上海图书馆展开密切合作［OL］.［2013－11－24］. http：//www. yesky. com/ebook/174/31116174. shtml.

［10］ 澳大利亚发布《公共服务大数据战略》［OL］.［2013－08－15］. http：//news. xin-huanet. com/info/2013－08/15/c＿ 132632833. htm.

［11］ 上海世博会事务协调局，中国 2010 年上海世博会官方图册［M］. 上海：东方出版社，2010：7.

［12］　钟晖. 2 号线周日起推"上车借书下车还"［OL］.［2013-08-15］. http：//news-paper. jfdaily. com/xwcb/html/2013-08/15/content_ 1076933. htm.

［13］　2013 信息社会世界峰会论坛举行［OL］.［2013-05-16］. http：//news. xinhuanet. com/info/2013-05/15/c_ 132383589. htm.

［14］　尹生. 自媒体+传统媒体=前店后厂模式［OL］.［2013-05-17］. http：//new. ihe-ima. com/detail/2013/05/17/40665. html.

作者简介

王世伟，上海社会科学院信息研究所研究员，所长，E-mail：swwang@ sass. org. cn。

智慧城市信息安全管理的环境、挑战与模式研究[*]

1 引言

城市是一个国家或地区经济、政治、文化和科技的中心，城市内部各种要素相互关联、相互作用，共同构成一个具有复杂性的巨系统——城市系统（urban system）[1]，其复杂性主要体现在：子系统数量巨大、层次众多、关联复杂；系统生成、发展的演化过程复杂；系统内部存在自组织的演化机制；系统与外部环境之间关联复杂，等等[2]。在经济全球化和信息化的双重作用下，现代城市越来越趋向于无边界的发展[3]。现代城市本身以及组成城市的各个部分，其边界在不断变化，产生分裂、融合，甚至交叠；它们之间的关系在漂移，其联系强度也在改变。现代城市及其内部组织边界模糊化，组成城市的各个要素连接网络化，城市系统的结构也随之动态变化。

智慧城市是依附于城市本身而存在的，是城市化的高级阶段。伴随智慧城市的建设，无线互联和便携式存储设备所涉及的领域不断扩大，已经应用于各种各样的建筑物、室外空间、公共空间和私人空间[4]，城市逐渐对信息形成了不可逆转的依赖。信息通信技术的广泛应用使信息安全威胁相生相伴，深入至城市的每一个角落，城市实体性基础设施直接或间接受到破坏，个人信息与隐私保护的安全威胁倍增，信息安全威胁产生的连锁反应令人防不胜防。智慧城市规划、建设、运营，每一个阶段都面临信息安全威胁和信息安全管理的问题。

智慧城市存在技术失控、网络攻击和信息泄密的隐患[5-7]，诸多不同类型[8-9]、不同层次[10]和不同维度[11]的信息安全风险使智慧城市面临严峻的信息安全威胁[12-13]。智慧城市系统的外部威胁和内部威胁具有不同的特点，一方面传统的网络安全工具不足以防止复杂的外部攻击，如防火墙、监控系统或典型的访问控制将逐渐失效；另一方面智慧城市系统内部不同来源的数据

* 本文系国家社会科学基金重大项目"面向突发事件应急决策的快速响应情报体系研究（项目编号：13&ZD174）"研究成果之一。

源之间缺乏信任关系[14]，需要着重解决跨平台的安全性和数据共享问题[15]。智慧城市的异质性和复杂性对信息安全管理产生了重要影响[16]。

信息安全不仅是一个技术问题，更是一个管理问题。对于智慧城市的信息安全管理，范渊认为城市信息系统是松散耦合的多机构、多层次、多模块的，与传统单一机构建设的信息系统有明显区别，智慧城市的信息安全目标难以确定、信息安全政策法规滞后、信息安全评估体系缺乏、信息安全责任分担与协同机制复杂、信息安全管理体系缺失、信息安全素养不足[17]。刘彦麟、张盛建议加强对城市中的信息流的分类、收集、整合，构建城市信息安全认证、监管、报备等公共信息数据库[18]。郭娴等提出构建智慧城市信息安全管理体系，制定智慧城市信息安全管理规定，建立健全智慧城市信息安全管理工作机制，明确各方安全责任，加强对关键信息系统、数据资源的安全防护和保障[19]。F. S. Ferraz 等针对智慧城市信息系统安全提出了信息获取、信息跟踪、交叉访问等 9 个方面的问题，并且认为这些问题与城市概念和结构密切相关，其结论是智慧城市信息安全管理问题仍然处于研究的初始阶段[20]。

当把"安全"定义为"免受危险的性质或者状态"时，信息安全管理就是一种防备损害的管理[21]，其活动内容包括"管理"的各个过程，即决策、计划、组织、指导、实施、控制等，管理的视线无疑聚焦于特定组织内部。国内外信息安全管理的理论与实践多集中于对信息安全风险的管理，即采用一定的管理体制、模式、标准、方法，对组织的信息安全风险进行管理。当阿尔伯兹和多诺菲的著作 *Managing Information Security Risks* 时，其甚至被直接译为《信息安全管理》[22]。在今天这个开放互联的时代，信息安全问题层出不穷，传统的风险管理以及面向特定组织的信息安全管理模式不再能够支撑具有复杂性、交织性、动态性和综合性特征[23]的智慧城市的业务和应用，需要从顶层视角出发，重新认识信息安全管理环境的改变，分析信息安全管理面临的挑战，建立新的智慧城市信息安全管理模式，以适应和保障智慧城市的建设和发展。

2　智慧城市信息安全管理环境

李德仁等强调智慧城市的技术特征，提出智慧城市 = 数字城市 + 物联网 + 云计算，智慧城市是数字城市的升级版本[24]。国际标准化组织（ISO）、国际电工委员会（IEC）、国际电信联盟（ITU）、电子和电气工程师协会（IEEE）以及世界各主要国家发布的智慧城市相关标准均强调信息和通信技术对智慧城市业务的支撑作用。但是仅依靠技术并不足以支撑智慧城市的发展。IBM

指出智慧城市的建设运营应紧密围绕城市的 3 个主题：居民、企业和政府，以业务应用为出发点进行展开[25]。事实上，智慧城市不仅是一个新技术的载体，它更通过各项信息通信技术的综合运用，使其自身形成了独特的城市形态。技术特征与业务需求的结合使智慧城市信息安全管理环境产生了不同以往的 3 个变化：

2.1　网络的极度扩张

信息安全管理环境发生的第一个变化是网络的极度扩张，这既包括网络数量与规模的扩张，也包括不同网络之间连接能力的增强。美国政府《第 54 号国家安全政策指令》和《第 23 号国土安全总统指令》（NSPD-54/HSPD23）指出，赛博空间（cyberspace）是相互依赖的信息技术基础设施网，它包括因特网、电信网、计算机系统以及重要行业的嵌入式处理器和控制器，智慧城市无疑是建立在赛博空间的基础上的。

在智慧城市中，网络的规模正快速增长，直至变得不可思议。到 2013 年，超过 20 亿人已连接到互联网，微软公司预测这一数字将在 2020 年达到 40 亿；根据来自爱立信公司更早期的也相对保守的估计，同期物联网的规模将超过 500 亿[26]。伴随物联网的普及，信息安全面临需求与成本的矛盾，这一方面是因为传感器安全性能加强导致的成本上升，另一方面则是由于信息源和信息目的的相互关系的复杂化所导致[27]。同时，信息的权属，尤其是信源信息权的问题愈发突出[28]，甚至有学者认为物与人的隐私需要得到同等地位的保护[29]。从认识论层次上看，信息是主体所感知或表述的事物的存在方式和运动状态[30]，而当传感器遍布于城市的每个角落，甚至对不同的对象进行并行或重复感知的时候，信息源、信息系统和信息目的之间的协调就更显重要。

在智慧城市中，网络所涉及的范围愈发广泛。新的技术迎合了新的业务需求，原先不能连通的网络之间得以连接。以智能水务应用为例，为了将智能调度业务向综合管理业务以及决策层转移，传统的工业控制网络 SCADA 系统不得不与更多的、跨领域的传感器和摄像头一同被接入到更上层的业务管理平台，哪怕这并不符合传统工业控制网络的安全性能要求。人们为了创新的理由也可能放松安全管制，使原来连接性较弱的网络之间的连接得到加强。例如地方政府为行政服务创新开办一站式服务门户网站，不可否认的是，在某些业务流程的实现中，政务办公网络和互联网之间的联系加强了，但安全风险也随之而来。

2.2　信息的极度扩张

信息安全管理环境发生的第二个变化是信息的极度扩张，这既包括信息规模的扩大，又包括信息类型的多样化，尤其体现于多元信息的融合。据统计，全球在过去 3 年里产生的数据量要比以往 400 年的数据量还要多，这些数据包括文档、图片、视频、Web 页面、电子邮件、微博等不同类型，其中只有 20% 是结构化数据，其余 80% 都是非结构化数据[31]74，并且得到有效存储的数据规模每 18 个月翻一番，如何保障这些海量的多元化信息的安全成为一个巨大的挑战。在 1997 年的电影《超时空接触》中，来自织女星的外星人把加密后的工程设计图纸隐藏在一段视频图像信号中发射给地球；在现实生活中，人们可以基于高音频通讯 VOC 调制技术设计一套系统，将音视频信息隐藏在人类听觉无法企及的高频波段广播出去，并使之与移动通信终端结合用以推送广告；在未来，会有更多类型、更多层次的多元信息融合发生，信息管理的主体如何能够快速、及时地做出判断和实施管理行动呢？

影响更加深远的是来自虚拟世界和真实世界的信息融合，这既包括真实世界的虚拟化，也包括虚拟世界自身的发展以及真实与虚拟世界的融合发展。当虚拟的数字世界依靠程序或者偶尔脱离轨道产生越来越多的信息时，比如游戏人物获得的虚拟货币和装备，这些信息及其与现实世界的关联是否需要监管，监管的范围是什么，又应该由谁来监管？在世界的许多地方，建筑设计师开始使用 BIM（建筑信息模型）系统来进行建筑物的虚拟化三维设计，当许多设计师或者设计单位同时使用同一个开放式的 BIM 平台展开同一个地区的不同建筑设计时，彼此所设计的建筑信息交织在一起，信息安全的边界在哪里？这些知识成果又应该归属于谁？

2.3　业务的极度扩张

信息安全管理环境发生的第三个变化是信息化业务的极度扩张，这既包括信息系统数量和业务规模的扩大，又包括为适应这种扩张而导致的业务模式的改变。在智慧城市中，个人和组织越来越依赖于信息和信息系统，尽管信息系统的规模扩张带来了建设和运营成本的下降，但成本下降的幅度始终超越不了信息服务业务扩张带来的边际效益的递减。当传输能力、存储能力、处理能力的发展在某个时间段来不及适应社会经济发展的需要，以网络为纽带的，资源集中、能力共享的，提供服务或服务之服务的业务模式（以下简称"共性能力服务模式"）应运而生。以云计算为代表的共性能力服务模式成为智慧城市信息安全管理环境的新的要素，云计算和虚拟化的业务应用推广对信息安全认知带来了新的改变[32]。

首先是安全风险的继承和衍生。IaaS（infrastructure as a service，基础设施即服务）是所有云服务的基础，PaaS（platform as a service，平台即服务）建立在 IaaS 之上，而 SaaS（software as a service，软件即服务）又建立在 PaaS 之上，就像云服务能力是继承的那样，信息安全风险和问题也是继承的[33]。另一方面，当智慧城市提供诸如公共设计平台、游戏开发平台、终端评测平台这类生产者服务式的共性能力服务时，在共性能力服务平台上生产的新的数据和信息又衍生出了新的安全问题，信息安全管理环境变得复杂。

其次是信任边界的不可控性。云服务的信任边界迁徙到组织的控制范围之外，这种控制权的丢失，对已有的信任管理和控制模式形成了挑战[34]。更重要的是，用户试图通过合同管理确认信任边界，而这与服务商的根本利益相冲突。这一点在公有云和社群云中尤为突出，所谓"虚拟私有云"的提出，表面上强化了信息的心理安全，实际上使信息安全管理环境更加复杂。

最后是动态信任的问题。当云服务开始运行的时候，云计算系统呈现的是大量进程并行、并发运行状态，进程和进程之间的先后顺序已经变得较为模糊，也难以有效地进行界定[35]。赛博空间仅存有无时间性的时间，网络的无时间性和多进程交织造成了可信方案在智慧城市快速响应情况下的脱节与失效，而智慧城市主体的多元性以及信息和网络的极度扩张强化了这种混乱。数据的快速流动和处理是大数据区分于传统数据挖掘的显著特征，涉及感知、传输、决策、控制开放式循环的大数据，对数据实时处理有着极高要求，大数据更强调实时分析而非批量式分析[31]15。因此，当大数据技术与云服务模式结合起来，进程交织和动态信任将导致更加复杂的信息安全管理环境。

智慧城市既是新技术的部署和运用，又是面向业务需求的服务模式，它是一种新的城市形态。这一形态真实体现于信息化向智慧化的演进过程中，信息资源和信息应用的爆发式增长致使城市边界模糊化、城市活动数字化、城市结构碎片化、城市功能高级化，而网络扩张的极大化、信息扩张的极大化以及业务扩张的极大化使新技术和新业务模式交织在一起，使智慧城市背景下的信息安全管理环境产生了重大变化。

3 智慧城市信息安全管理挑战

在智慧城市中，信息被极大量地感知、交换和汇聚，分析、提炼和发展为知识，进一步升华成为各个领域面向业务应用的智慧。智慧城市依托信息通信技术，以信息和数据为基础，形成新的城市规划理念、系统建设和业务运营模式。作为一种新的城市形态，智慧城市具有与以往不同的信息安全管理环境，在此环境之下，城市信息安全管理面临 4 点挑战：

3.1 信息权属模糊

从信息管理的主体观察，智慧城市信息安全面临信息权属模糊的挑战。城市的智慧往往来源于不同领域的信息和信息系统的融合带来的碰撞火花，而这些信息和信息系统的权属又常常归于不同的主体。杨宏玲等讨论了信息产权和信息权的区别，指出信息产权是一种财产专有权，而信息权确认有关信息的一切权利，它既通过信息产权解决信息的静态归属问题，也通过知情权、自由权等解决信息的流动问题；既确认有关信息的私权，例如隐私权，也确认有关信息的公权，例如知情权[36]。向波认为信息产权缺少正当性和理论基础[37]，而张勤则称信息产权可用于统称一切现在已经或将来有可能被纳入知识产权的内容[38]。

无论如何，智慧城市所利用的各类信息，其产生、传输、处理等，是由相同或者不同的主体完成的，利益相关方确实在对信息的维护、修改、使用、转让、发布、收益等方面存在许可、被许可的关系和问题。同时，实体的角色发生变化，用户和设备不再只是信息的获取者和被动的执行指令的对象，而可能成为信息分享、贡献、收集和智慧活动的主体。信息系统本身的所有权和使用权也有分离和含混的情况，这尤其在公共部门的信息系统建设运营中大量存在。信息和信息系统权属的模糊给智慧城市主体的管理行为客观上带来了困难，给信息安全管理规则客观上带来了混乱。智慧城市信息安全管理需要澄清信息权属，或者制订规则以限制信息权属的滥用。

3.2 系统边界不确定

从管理的客体观察，智慧城市信息安全受到信息系统边界不确定的挑战。信息安全管理的客体对象既包括信息也包括信息系统，当信息系统的边界不断改变形状和渗透性，对信息安全管理的规则和行动将造成直接影响。信息系统边界的不确定，首先体现在智慧应用不断引入新的信息以支撑智能行为和智慧决策，而导致信息系统边界的形变。例如电子交易系统为增强远程交易签约阶段的可信度，调用移动终端摄像头和拾音器对签约者进行拍照和录音，进而通过人脸识别和声音识别技术将其与已存或他处调用的信息进行比对、验证身份；或者调用签约者微信账号、密码以进入领英应用，进而调用领英后台对接的芝麻信用数据，在所提供的增值服务中告知交易对手待签约者的信用记录。应该注意到这些应用本身的功能变化有相当一部分是由于系统结构性变化产生和支持的，因此这显然属于信息系统边界的扩张，而非仅

40

仅在边界不变的条件下发生的系统内外的信息交换。由于智慧城市中新的信息和网络的极度扩张，信息系统边界的变化频率远超过往。

信息系统边界的不确定，还体现在智慧城市信息系统边界渗透性的改变，并且这一渗透性是具有方向性的。凯瑟琳指出为了保护事物的完整性、自主性和整体性，边界有好几层，每一层都有各自的渗透性[39]。信息系统边界渗透性的改变往往只需要信息管理主体单方面作出决定，这将给组织以外的智慧城市的其他部分带来困扰。这一点所造成的信息安全风险，在智慧应用向公共部门或准公共部门索取或者交互信息时显得尤为突出。当智能公交管理系统尝试连接移动通信网络，使用个人用户移动终端的实时位置信息，以便更精准地预测交通流速和流量时，他们在未曾甄别这些信息和对端信息系统的安全性的情况下，就对其开放了业务专网的边界。

在不远的将来，传感器网络将遍布于城市的每个角落。智慧应用本身可能永远也无法确切知道所穿透接入的某个感知信息来源于具体哪一个传感器或者传感器网络，同一组信息完全可能在相邻的时间节点上由不同的传感器网络或节点载入，有的传感器网络只具备感知功能，有的却增加了控制功能。此时，智慧城市信息安全管理需要充分的弹性以适应信息系统边界的不断变化。

3.3 管理阶段脱节

从信息管理的过程观察，智慧城市信息利用各阶段之衔接存在安全风险。信息生命周期管理委员会将信息生命周期分解为信息的生成、获取、标引、存储、检索、分发、呈现、迁移、保护与最后处置或废弃等多个阶段[40]。从信息利用的角度出发对上述阶段进行简化与合并，可以将智慧城市信息作用的过程划分为产生、存储、处理、应用 4 个阶段。除此之外，信息在不同节点间的迁移、交换的过程可以称为"传输环节"，它始终贯穿于上述 4 个阶段之中。

智慧城市信息安全管理在城市信息利用的各个阶段侧重点不同，各阶段之间的衔接存在显著的安全风险。在智慧城市信息利用的各个阶段往往存在主体和信息系统分离的情况，信息的完整性受到威胁：在某一阶段被认为是完整的信息在下一阶段则被认为不完整，而上一阶段的不完整的信息集合则可能在下一阶段被认为是完整的，这与信息利用各个阶段的主体、方法，尤其是目的直接相关。类似地，由于信息利用各个阶段的分离，信息的可用性也受到威胁：当某一阶段需要调用上一阶段的信息时，或许会穿透多个网络和节点，跨越数个信息系统，这导致信息的可用性下降，且难以追踪到原因。

交通是信息化程度较高的业务领域之一，一般城市已经建设运行了交通卡口管理系统，其业务功能是抓拍违章车辆和配合行政执法。为了更加智能地管理道路交通和服务出行人群，有的城市建设有综合的智慧交通业务系统，它包括一个统一的智慧交通平台并承载各类应用，使交通领域的信息与其他领域（诸如气象、市政、环保、应急管理等）的信息融合以产生新的智慧。此时交通卡口管理系统所采集的信息可以作为后者的输入，包括车道、车速、车牌、视频等。这些原始数据难免存在大量错误和丢失的情况，智慧交通业务系统不得不采用各种算法排除隐含的错误数据，也要抛弃无效样本和用历史平均或相似平均来补偿数据，但这往往无济于事。事实上，只要满足抓拍违章车辆和配合行政执法的需求，交通卡口管理系统发生的样本数据的丢失和错误在一定范围内是可以接受的；而对于实时性的市内道路交通状况的统计分析和面向未来的交通拥堵情况的预测，这些丢失和错误的信息将直接导致计算结果的错误，是不可接受的。也就是说，虽然信息在交通卡口管理系统中是具有完整性和可用性的，但是在新的智慧应用中失去了完整性和可用性，如图 1 所示：

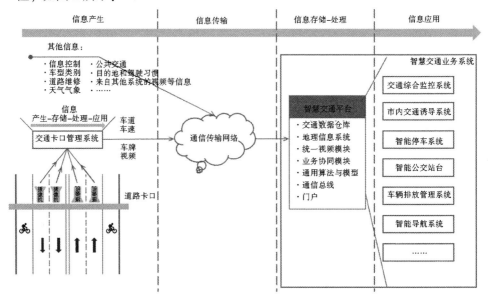

图 1　异构环境下智慧交通领域信息利用过程示意

可以看到，在交通卡口管理系统内，信息生命周期各阶段是完整且可控的。但是在新的智慧应用场景中，交通卡口管理系统对信息的作用仅处于信息产生阶段，当信息被转移到存储、处理和应用的阶段，或者信息传输的环节时，信息安全管理就失控了。为保护类似的中间平台所衍生出来的一系列智慧应用，智慧城市信息安全管理需要在不同的信息系统之间架设可以安全对话的通道。

3.4　缺乏整体目标

从管理的目的观察，智慧城市信息安全管理需要导向一致的整体性目标。智慧城市各个信息系统的安全管理并非具有统一的指向性，而是由分布于城市真实世界和虚拟世界的各个业务场景和管理主体的损益均衡所实现。信息安全管理的目的从属于信息应用的目的，由于管理主体的多元化和缺少协调，不同主体的信息安全管理的目的没有统一的指向，甚至相互矛盾，导致在不同来源和权属的信息和信息系统关联时，问题就显现出来，尤其体现在机密性和隐私方面。

由于信息利用的目的不一致，在某一信息系统发布的非隐私信息，会在另一信息系统和业务场景下触犯隐私。例如蜂窝移动通信系统公司认为发布具体用户的位置信息并将其与终端号码挂钩是不道德且触犯用户隐私的，而把一批用户的位置与其集体特征挂钩并发布是合法的，但是其他的信息系统从类似该信息集合的其他信息集合中抽取集体特征，并分析之，不断缩小目标范围，用户的位置信息与其个人特征终归会被挂钩，用户将被定位。通过对社交网络的分析研究，也可以发现用户的特征会由集体特征挖掘和推导出来，例如通过分析用户的推特信息，可以发现用户的政治倾向、消费习惯以及喜好的球队等[41]。

当传统的信息安全管理还停留在强调组织内部的计划、组织、领导和控制的时候，安全威胁已经从外部悄然侵入，抑或从内部侵向外部；当符合信息安全管理标准和体制的各个组织通过网络连接起来以后，甲的安全措施却可能成为乙的安全威胁；通过组织内一切安全管理措施监督而发布的信息，却可能在未来其被利用和再利用的某个时间节点上和业务场景中成为组织边界外或者改变了的组织边界中的重大威胁。智慧城市的整体安全性失去了保障，城市信息安全管理面临巨大挑战。

4　智慧城市信息安全管理模式

林润辉等通过对信息安全管理领域的已有文献进行梳理，发现根据社会科学中的分析单元分类，个体和组织是常见的分析单元，而基于群体的研究在信息安全管理研究领域最为匮乏[42]。英国政府在指导信息安全风险管理评估时强调，ICT 系统通常不是孤立发展，而是与项目范围外的系统相互依赖或给予控制的，因此相关的风险评估往往需要得到其他组织的认可[19]。智慧城市部署和运营相互衔接、领域融合、业务创新的信息系统，在其中各个相关的主体之间、具有共同特征的一类主体之间，或者相互关联的多类主体之间，显然存在信息安全管理的必要。智慧城市利用城市信息和信息系统相互关联的网络，持续创造不同于以往的新的智慧业务，这使得面向特定组织和特定主题的信息安全管理存在诸多风险。智慧城市需要从整体性出发考虑和解决信息安全问题，智慧城市应形成超越个体和组织、以城市为总体背景的信息安全管理模式。

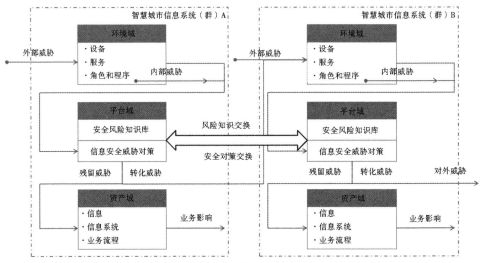

· 信息安全威胁既可能产生于环境域内部，也可能来自于外部；
· 残留威胁和转化威胁既可能影响环境域内部的信息资产，也可能影响外部信息资产；
· 信息安全风险知识库既可能在环境域内部自我学习，也可能与环境域外部的知识库交换成长

图 2　智慧城市信息安全管理平台运行机制概念图

4.1　信息安全管理平台

　　智慧城市的建设不是信息系统的集合式建设，更像一种服务以及服务者和被服务者之间关系的构建，智慧城市具有典型的社会系统的特征。因此，智慧城市信息安全不仅是工程技术的问题，也是社会科学的问题，信息安全心理对智慧城市信息安全管理具有重要意义[43]。对此，L. J. Jean 于 2003 年提

出"可信互联网"的概念，指出下一代可信互联网系统必须建立在从社会科学中获得的人类信任的概念之上，可信互联网将具有私密性、安全性和可靠性等多个尺度，必须将他们集中到信任这个统一目标上来才能有效保障网络的安全可信[44]。张佩云等认为社会网络节点可以指具体的个人，也可指一个群体、公司或其他集体性的社会单位[45]。当遵循安全机制的个人和组织与智慧城市中其他节点相连，信任的关系将蔓延开，信息安全的心理得到满足，安全姿态[46]偏向于易用性和交互能力，这将显著降低智慧城市信息安全管理的成本和提高城市信息使用的效率。

在智慧城市这样的社会系统中，既存在有对称的信任关系，又有单向的或者双向而强度不同的信任关系。本文既不考虑信任的单双向关系的区别，也不考虑信任度的差别。根据 L. F. Luna-Reyes 的信任整合理论，A 对 B 的信任首先来源于制度信任机制，即预期风险的显性化，其次是 A 对 B 的了解以及信用感知，而一个先验性的信用评估和 B 的行为与 A 的关切之间的契合程度将影响 A 对 B 的信用感知[47]。L. Kwok 等提出了一个企业风险数据库的模型，使信息环境、信息系统和信息资产可以从风险管理的角度有机结合起来[48]。智慧城市的信息安全不再是一个孤立系统中和孤立环境下的信息安全，而是同一城市乃至城市群背景下的各个信息系统或者聚合为彼此相关的各组信息系统（群）之间的信息安全。智慧城市应建立起相应的信息安全管理平台，使智慧城市各个环境域之间的信任机制得以制度化，如图 2 所示：

当 A 所配套的信息安全管理平台与 B 所配套的平台建立联络与交互机制，双方不但交换信息安全风险知识，并且交换对安全对策的了解和协调。所以，A 的边界发生改变并不影响 B 已经建立起的对 A 的信任，这种信任将自然扩散到 A 的新边界范围以内，反之亦然。另一方面，当更多的获得信任的环境域接入网络，安全信任的范围将扩大，并使信息系统边界改变对信息安全的影响进一步减小。

4.2　信息安全风险控制

传统的信息安全风险控制是以特定组织为视角的风险控制行为。王桢珍等指出信息风险控制是信息安全风险管理的基本步骤之一，依据风险评估的结果，选择和实施合适的安全措施，采取规避、转移和降低 3 种方式将信息系统的风险控制在可接受范围内，其过程包括现存风险判断、控制目标确立、控制措施选择和控制措施实施 4 个阶段[49]。北京知识安全工程中心提出风险控制是根据风险评估的结果选择和实施合适的安全措施，其基本目标是将风险始终控制在组织可以接受的范围内，以减少信息安全意外事件的发生或者降低意外事件发生后的影响[50]。在智慧城市中，主体的多元化和信息系统边界的动态变化使信息安全风险控制需要从整体性上予以考虑。

对于多元和异构的体系，R. Sharman 等提出了一种基于异质性的功能性防御的安全视角：与其保护一个孤立的系统，不如保护整体的异质性功能[51]。P. Y. Chen 等认为，内部同质的网络显著增加了多系统的并发故障，安全漏洞被同质网络上所有节点所分享，而不论节点之间是否直接相连[52]。无论从哪个角度观察，信息系统的异构性和多样化都将使信息安全风险得以有效控制。

从历史的观点看，智慧城市信息系统存在异构的特征；从发展的观点看，智慧城市信息系统建设仍应有意识地保持多样化。智慧城市信息系统的多样化应包括 3 个方面：软件系统的多样化、硬件系统的多样化以及网络连接的多样化。在软件系统的部署方面，多样化的特征是部署不同但相互兼容的软件或组件以避免产生共享安全漏洞；在硬件系统的部署方面，多样化不仅体现于存储和计算的设备与模式的多样性，也体现于同一信息系统内硬件冗余备份的异质化部署；在网络连接方面，多样化体现于不同网络之间连接的强度和密度差异以及通过网络连接的信息系统之间安全边界的渗透性差异。如图 3 所示，由于网络连接的渗透性存在差异，信息安全漏洞 A 和 B 成为高共享漏洞，而网络连接的弱渗透性使安全漏洞 C 成为共享程度相对较低的漏洞。因此，智慧城市的建设应保持并综合协调利用软件系统、硬件系统和网络连接的多样性。

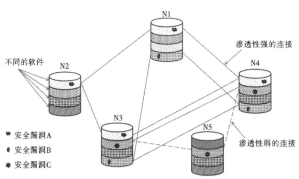

图 3　智慧城市信息系统共享信息安全漏洞示意

4.3　信息安全管理机制

智慧城市需要一套有效的机制，使智慧城市信息安全管理在信息权属模糊、系统边界不确定以及管理阶段脱节的挑战下，仍然能够适应网络极度扩张、信息极度扩张、业务极度扩张的新的信息安全管理环境，这就需要在规模、效率和安全之间找到一个支点，使信息安全管理平台在智慧城市信息系统的多样化发展中得以正确运行。

J. M. Schleicher 等总结智慧城市利益相关方可以从不同的领域，以方法、建模和中间件为支柱，建立开放、全面、跨学科的研究平台，而中间件工具是使利益相关方设计、发展和演进具有高度可重用性与可维护性的智慧城市应用的基础[53]。中间件可以为智慧城市提供管理接口，配置、维护和运营信息基础设施；也可以提供运行环境，承载各类应用并使之无缝衔接；还可以提供数据、信息和知识，使智慧应用得以使用更准确、更一致、规模更大和更有深度的数据和模型。在智慧城市的建设运营实践中，中间件正在向共性能力服务平台的形式发展和演进。业务规模的扩张和业务模式的改变使共性能力服务平台可以迅速普及于智慧城市的各个领域和各个层面以及跨接在不同领域之间。智慧城市的共性能力服务平台应同时配套信息安全管理的功能，负责平台所涵盖的环境域的安全信任机制运行。当这些平台相互连接起来，智慧城市整体性的智慧城市的信息安全得到保障。同时，由于共性能力服务平台之间也存在各种共享组件，这为信息安全漏洞打开了方便之门，所以在平台层面就应强调信息安全风险控制，以多样化的软件系统、硬件系统和网络连接作为智慧城市建设和扩展的基本原则。当共性能力服务平台与环境域信息安全管理平台共享一个物理实体，或者组成一个复合的逻辑体并相互连接至多样化的伙伴时，智慧城市的规模、效率和安全就得以平衡。

在这些信息系统和共性能力服务平台之上，智慧城市还需要一个上层的监督和协调机构或者一个分布式的组织来进一步梳理各个城市主体之间所交织混杂的信息安全管理行为并确认其合规性。这个机构（或组织）不是面向特定组织或特定主题的，而是面向整个城市以及更多城市所组成的城市群系统的。对于危害小的信息安全风险，智慧城市可以采用强化网络关系来调适；对于危害大的信息安全风险，则要弱化网络关系，或采用网络的多样化来解决。因为这些信息安全风险是混杂在一起的，在智慧城市信息利用的各个阶段往往交织或矛盾着，所以这一机构（或组织）应发布或反馈信息安全风险目录和信息安全风险知识库，使部署在共性能力服务平台上的环境域信息安全管理平台能够识别风险，并协调和仲裁各个主体之间的利益和关系，使信息在智慧城市中得以正确流动和利用。

信息安全监督和协调机构（或组织）与各个环境域信息安全管理平台协同运行，共同形成智慧城市信息安全管理机制，这一机制建立在各个环境域的信息安全管理平台的运行基础之上，使风险知识和安全对策得以实现多对多的交换和不断生长，使信任关系蔓延、安全心理扩散，信息系统安全状态偏向于效率的提高；同时这一机制得到智慧城市安全风险控制模式的支撑，软件、硬件以及网络多样化的部署使智慧城市整体保持异质性功能，形成更加坚实的安全防御基础。

最后，还需注意智慧城市中信息、知识、智慧的单向演化特点。当信息系统不能分辨信息、知识、智慧的关系和演化路径时，智慧城市信息安全管理就难以协调统一的目标和指向性。如果把知识看做是信息抽象、归纳和演绎的产物，把智慧看做是运用知识的能力和状态，那么信息——知识——智慧这一过程就是单向而不可逆的，智慧城市各主体不但应具有交互信息的能力，而且应具有学习知识的能力和启发智慧的能力，在智慧城市主体交互信息、学习知识、启发智慧的过程中，为保护信息权属的正当性以及确保必要的信息或知识的流动性，对信息系统的安全边界形态有不同的要求，总体来说是逐次缩小的边界和逐次减弱的渗透性。这是智慧城市信息安全管理的总体原则，也是上述机构（或组织）监督、协调各个环境域信息安全管理平台运行和城市整体信息安全风险控制的基本原则。

5 结语

在这个地下和建筑中布满了光导纤维、空气中交织着各种频率的无线信道、触手可及各式各样的传感器的信息时代，人类对城市的认识更加广泛、细微和具体，可以识别的物体的信息种类和数量极大增加，可以传输和利用的信息规模和效率极大增加。但是我们可以看到，信息的内涵没有本质的变化，信息和事物的关系没有本质的变化，信息和人类的关系也没有本质的变化。变化的只是人和人之间的关系，事物和事物之间的关系以及人类和事物之间的关系。这些变化都来源于信息产生、传输、解读和应用的种类、数量、规模、效率和模式的改变。而智慧城市横跨各个领域和层面的信息融合与应用创新，使主体、信息系统和信息之间的关系变得复杂。

传统的信息安全管理，其研究和应用的焦点是在组织中建立与之适应的管理体系，是通过维护信息的机密性、完整性和可用性，来管理和保护组织所有信息资产的一项体制和机制。而在智慧城市建设运营的大背景下，跳脱单一组织内向的视角，改从顶层视角观察整体性的信息安全，是智慧城市信息安全管理与传统之重大区别。

作为智慧城市规划的主体，有时也是建设和运营的主体，行政机构应促进各领域、各层面的智慧环境域的发展，规划和建设共性能力服务平台，并配套建设安全管理平台，使信息安全机制得以在不同主体之间被快速确认；还应通过各种政策杠杆，包括公共采购、新技术研发补助、反垄断立法和执法、互操作性标准等，推动智慧城市信息系统建设的多样化，避免垄断或者以国产化为名的新的垄断。另一方面，立法机构应适时对信息权属进行界定和明确，以便未来成立相关的监督和协调机构（或组织），对跨组织的信息安全管理规则和行为进行指导、评价、协调、监督和仲裁。

参考文献：

［1］ 徐静，谭章禄．智慧城市：框架与实践［M］．北京：电子工业出版社，2014：60．

［2］ 段汉明，杨大伟．城市系统复杂性的数学描述初探［J］．人文地理，2007，22（3）：112-115，86．

［3］ 郭力军．知识经济时代的城市空间结构研究［M］．天津：天津大学出版社，2008：116-117．

［4］ 卡斯特．网络社会：跨文化的视角［M］．周凯，译．北京：社会科学文献出版社，2009：12，40．

［5］ 袁艺．智慧城市的网络安全隐患及对策［J］．中国信息安全，2016，（7）：30-32．

［6］ ELMAGHRABY A S, LOSAVIO M M. Cyber security challenges in smart cities：safety, security and privacy［J］. Journal of advanced research, 2014, 5（4）：491-497.

［7］ BELANCHE-GRACIA D, CASALÓ-ARIÑO L V, PÉREZ-RUEDA A. Determinants of multi-service smartcard success for smart cities development：a study based on citizens' privacy and security perceptions［J］. Government information quarterly, 2015, 32（2）：154-163.

［8］ 李勇．智慧城市建设对城市信息安全的强化与冲击分析［J］．图书情报工作，2011，56（6）：20-24．

［9］ WANG L, JING C, ZHOU P. Security structure study of city management platform based on cloud computing under the conception of smart city［C］//IEEE. Proceedings of the 2012 fourth International conference on multimedia information networking and security. Nanjing：IEEE Conference Publications, 2012：91-94.

［10］ 邹凯，向尚，张中青扬，等．智慧城市信息安全风险评估模型构建与实证研究［J］．图书情报工作，2016，60（7）：19-24．

［11］ 罗力．我国智慧城市信息安全风险和保障研究［J］．城市观察，2016，（3）：129-136．

［12］ 王金祥．全面网络安全观下智慧城市安全保障体系建构探析［J］．电子政务，2016，（3）：20-26．

［13］ 宋璟，李斌，班晓芳，等．关于我国智慧城市信息安全的现状与思考［J］．中国信息安全，2016，（2）：107-111．

［14］　LENS－MATTHIAS B, SKARMETA A, MORENO M V, et al. SMARTIE project：secure loT data management for smart cities ［C］//IEEE. Proceedings of the 2015 International conference on recent advances in internet of things（RIoT）. Singapore：IEEE Conference Publications, 2015：1-6.

［15］　BONINO D, ALIZO M T D, ALAPETITE A, et al. ALMANAC：internet of things for smart cities ［C］//IEEE. Proceedings of the 2015 3rd International conference on future Internet of things and cloud. Rome：IEEE Conference Publications, 2015：309-316.

［16］　GARCIA-FONT V, GARRIGUES C, RIFÀ-POUS H. An architecture for the analysis and detection of anomalies in smart city WSNs ［C/OL］. ［2016-09-01］. http：//ieeexplore. ieee. org/document/7366188/.

［17］　范渊. 智慧城市与信息安全 ［M］. 北京：电子工业出版社, 2014：65-72.

［18］　刘彦麟, 张盛. 智慧城市建设中信息安全保障机制探究 ［J］. 信息通信, 2015,（6）：156.

［19］　郭娴, 李俊, 孙军. 智慧城市信息安全体系构建 ［J］. 电视技术, 2016, 40（5）：22-25.

［20］　FERRAZ F S, FERRAZ C A G. Smart city security issues：depicting information security issues in the role of a urban environment ［C/OL］. ［2016-09-01］. http：//ieeexplore. ieee. org/document/7027604/.

［21］　惠特曼, 马特奥德. 信息安全管理 ［M］. 向宏, 傅鹂, 译. 重庆：重庆大学出版社, 2005：5.

［22］　阿尔伯兹, 多诺菲. 信息安全管理 ［M］. 吴晞, 译. 北京：清华大学出版社, 2003：4-9.

［23］　王世伟. 论大数据时代信息安全的新特点与新要求 ［J］. 图书情报工作, 2016, 60（6）：5-14.

［24］　李德仁, 姚远, 邵振峰. 智慧城市中的大数据 ［J］. 武汉大学学报（信息科学版）, 2014, 39（6）：631-640.

［25］　岳梅樱, 洪锐. 智慧城市顶层设计方法论与实践分享 ［M］. 北京：电子工业出版社, 2015：5.

［26］　JOHN-GREEN M S, WATSON T. Safety and security of the smart city - when our infrastructure goes online ［C/OL］. ［2016-09-01］. http：//ieeexplore. ieee. org/document/7111726/.

［27］　雷吉成. 物联网安全技术 ［M］. 北京：电子工业出版社, 2012：34.

［28］　李俊峰. "泛在网络"社会中的信息权利确认 ［J］. 东方法学, 2015,（3）：47-59.

［29］　李联宁. 物联网安全导论 ［M］. 北京：清华大学出版社, 2013.

［30］　赵衍. 互联网时代的信息安全威胁：个人、组织与社会 ［M］. 北京：企业管理出版社, 2013：7.

［31］　张尼，胡坤，张云勇，等. 大数据安全与技术应用［M］. 北京：人民邮电出版社，2014.

［32］　LI S H, YEN D C, CHEN S C, et al. Effects of virtualization on information security［J］. Computer standards & interfaces, 2015, 42（11）：1-8.

［33］　温克勒. 云计算安全：架构、战略、标准与运营［M］. 刘戈舟，杨泽明，许俊峰，译. 北京：机械工业出版社，2012：28.

［34］　中国电信网络安全实验室. 云计算安全：技术与应用［M］. 北京：电子工业出版社，2012：69.

［35］　张焕国，赵波. 可信计算［M］. 武汉：武汉大学出版社，2011：450.

［36］　杨宏玲，黄瑞华. 信息产权的法律分析［J］. 情报杂志，2003，22（3）：2-4.

［37］　向波. 知识、信息与知识产权的对象［J］. 知识产权，2011，（1）：65-70，88.

［38］　张勤. 简析知识、信息与知识产权对象［J］. 知识产权，2011，（4）：3-14.

［39］　凯瑟琳. 一个超链接世界的界限［M］. 张元，赵科红，译. 长沙：湖南科学技术出版社，2014：6, 13.

［40］　李铭. 看国际动态 找国内差距 促技术发展［J］. 缩微技术，2002，（2）：25-29.

［41］　冯登国，张敏，李昊. 大数据安全与隐私保护［J］. 计算机学报，2014，37（1）：246-258.

［42］　林润辉，李大辉，谢宗晓，等. 信息安全管理理论与实践［M］. 北京：中国标准出版社，2015：17.

［43］　FUKUZAWA Y, SAMEJIMA M, UJITA H. Survey on risk management based on information security psychology［C/OL］.［2016-09-01］. http：//link. springer. com/chapter/10. 1007/978-3-319-21006-3_ 38.

［44］　CAMP L J. Designing for trust［C/OL］.［2016-09-01］. http：//link. springer. com/chapter/10. 1007/3-540-36609-1_ 3.

［45］　张佩云，黄波，宫秀文. 一种基于社会网络的可信服务最大覆盖方法［J］. 计算机工程与科学，2013，35（10）：36-43.

［46］　格林. 安全策略与规程——原理与实践［M］. 陈宗斌，译. 北京：清华大学出版社，2008：190.

［47］　LUNA-REYES L F. Trust and collaboration in interorganizational information technology projects in the public sector［J］. Gestión y política pública, 2013, 22（S）：173-211.

［48］　KWOK L, LONGLEY D. Information security management and modeling［J］. Information management & computer security, 1999, 7（1）：30-40.

［49］　王桢珍，谢永强，武晓悦，等. 信息安全风险管理研究［J］. 信息安全与通信保密，2007，（8）：162-164，167.

［50］　赵战生，谢宗晓. 信息安全风险评估——概论、方法和实践［M］. 北京：中国标准出版社，2007：40-43.

［51］　SHARMAN R, RAO H R, UPADHYAYA S, et al. Functionality defense by heterogeneity: a new paradigm for securing systems [C] //IEEE. Proceedings of the 37th annual Hawaii International conferenceon system sciences. Big Island: IEEE Conference Publications, 2004: 1-10.

[52] CHEN P Y, KATARIA G, KRISHNAN R. Correlated failures, diversification, and information security risk management [J]. MIS quarterly, 2011, 35 (2): 397-422.

[53] SCHLEICHER J M, VÖGLER M, INZINGER C, et al. Towards the internet of cities: a research roadmap for next-generation smart cities [C] //ACM SIGIR. The ACM first international workshop on Understanding the city with urban informatics. Vienna: Association for Computing Machinery, 2015: 3-6.

作者简介

郭骅 (ORCID: 0000-0003-3054-4028), 高级工程师, 博士研究生, E-mail: k_ hua@ sina. com; 苏新宁 (ORCID: 0000-0003-1632-8716), 教授, 博士生导师。

作者贡献说明:

郭骅: 提出研究思路和论文框架, 收集研究素材, 撰写论文并修改;

苏新宁: 确定论文选题, 提出研究思路和修改意见, 进行文字指导。

智慧城市建设对城市信息安全的强化与冲击分析

1 引　言

进入 21 世纪，建设智慧城市已成为城市发展的新焦点。虽然目前尚无已建成的智慧城市，而且其建设路径和模式仍然存在多方面的不确定性，但是实践中的共同之处在于以新一代信息技术作为城市发展的外部驱动力，通过聚合、创造知识要素而优化城市的运行，推动城市向可持续发展方式转变[1]。这一转变过程引发了城市信息安全内涵与构面的重大变化，在强化城市信息安全的同时，带来了对信息安全的多角度冲击。这两个相反方向的影响程度，依赖于城市的技术与社会基础、智慧城市建设重点领域及路径选择、信息安全管理体系等多个方面。

本文以信息系统理论和安全化理论为基础，分析智慧城市建设视角下的城市信息安全的演化，阐述这一过程对信息安全的影响，以深化城市层面的信息安全研究，并且为建设智慧城市信息安全保障体系提供设计思路。

2 新一代信息技术推动智慧城市建设的机理分析

信息社会新空间理论研究指出，信息技术正在构建新的社会—空间关系，创造了流动空间，改变着城市的运行机理。智慧城市建设是信息化、城市化不断向纵深发展，探索城市新发展模式的途径。以往的城市信息化建设如数字城市、无线城市的重点是商业、交通、能源等城市各子系统内部的纵向信息化，而智慧城市是以物联网、云计算、下一代互联网等新一代信息技术为先导，将城市中的信息基础设施与各类实体性基础设施相互连接，从而形成城市子系统之间的关联，以整合城市政府、企业、公众、非政府组织等利益相关方，构建高效、敏捷的城市运行架构，提高城市各类资源的利用率，为城市中的各类组织提供优质服务、为公众提供更高的生活品质[2]，其发展体系如图 1 所示：

这一发展体系体现了智慧城市的实质。在图 1 中，第一层次是在传统传感器的基础上，将电子标签（RFID tags）、仿生传感器等新型传感器嵌入物体

53

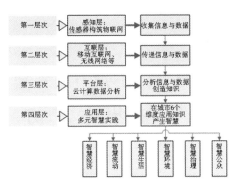

图1　智慧城市技术体系及其建设维度

并进行数字化，获取关于各类物体的属性、标识、状态、类型等方面的信息，形成能够即时收集城市各类信息的感知系统；第二层次是互联层，通过移动互联网、无线网络、各行业专用网等形成广泛连接的网络，传递感知层收集到的信息与数据；第三层次是物联网与互联网系统充分连接的处理平台，分析城市各子系统的信息与数据、创造新知识，涉及海量信息的智能处理、分布式计算、信息发现等多个方面；第四层次是通过应用信息和新知识而产生"智慧"[3]，从而提高城市在经济发展、城市治理、环境保护等6个维度的效率。因此，智慧城市建设的实质是通过连接物联网和互联网，形成"智慧"的硬件平台，基于这一平台而向企业、公众和政府等城市利益相关方提供关于城市运行的即时信息与新知识，支持各类相关方提高决策质量，增强知识要素对城市发展的驱动作用，提高城市功能与效率。其中城市"智慧"的产生受到城市社会性基础设施如创新环境、要素吸附能力等因素的影响。

在实践中，各国的智慧城市建设普遍处于物联网的初级阶段，建成泛在网络是智慧城市硬件平台的发展目标[4]。在终端设备的智能化、基础设施网络的融合、相关产业链的形成、应用创新等方面正在探索之中。已有的典型性应用领域包括城市公共安全管理、交通、电网、医疗、环境保护等领域。

3　智慧城市建设中的信息安全内涵分析

3.1　信息安全环境的演化

关于信息安全的表述，主要有"cyber security"、"information security"，和"network security"等。这些表述相互交叉，各有侧重。其中"information security"体现了研究对象的一致性和客观性，本文采用这一形式。这一表述较早见于 1991 年计算机科学研究领域的文献 *Computers at risk：Safe computing in the information age*，主要是从技术角度分析计算机网络的安全性问题[5]。认为计算机与互联网面临着系统性威胁，这种威胁来自于技术设计内在的不可预测性（inherent unpredictability）。由于起初设计计算机与互联网系统时并未重点考虑安全问题，而是更多地考虑其互操作性和使用效率，因此而产生了导致信息安全危险的内在技术缺陷[5]。其解决思路是采取技术性对策来保障信息安全，重点是通过提高程序质量、减少技术设计错误等方法，使信息系统难以被外部攻击者攻破或者渗透。

随着信息技术的快速变迁和各类信息技术在社会领域的扩散与渗透，研究发现信息安全已经从技术性问题演变成为重大的社会性问题。对信息安全的威胁不仅来自技术本身的内在风险，更多地来自于信息系统外部的主体实施的各类侵害行为和疏忽[6]。进入 21 世纪后，在社会信息化向网络化发展的进程中，大部分信息空间是基于互联网而存在的，互联网发达国家的大多数用户都遭受过计算机病毒入侵、非法盗取账户资金、黑客攻击等有意识的侵害，用户使用不当、安全意识不足也引发了大量信息安全事件。2003 年，美国政府发布研究报告 *Cyber security today and tomorrow：Pay now or pay later*，指出了信息安全侵害的严重性和紧迫性，认为有害程序、信息破坏和网络攻击已经逐渐从个体性的偶发事件向有组织地实施的专业化、商业性或者国家性事件演变，造成信息安全威胁的主要原因包括经济利益驱动、网络空间的国际管理缺陷、信息系统管理者的疏忽、终端用户使用不当等。然而在信息安全威胁大增的情况下，已有的应对策略仍以技术性工具为主要构成，从技术设计上减少网络空间的漏洞是从供给侧提出的单向性解决思路，远不足以应对涉及面广、日益趋紧的信息安全形势，迫切需要建立科学高效的管理体系，减少用户侧的侵害与威胁[7]。

3.2　城市信息安全的内涵

在上述背景下，信息安全概念处于不断扩展演化之中。已有文献对于"信息安全"的理解是多重的。从技术方面，其具体涵义是确保信息的保密性、完整性、可用性与可控性[8]；从信息资源管理角度看，是指在信息收集、制作、传播、处理等过程中保证信息资源客观性与权属的安全，防止信息被故意或偶然的非法授权泄漏、更改、破坏或者被非法系统辨识、控制；从社会信息化过程角度看，是指社会信息系统的建设及其功能不受外来威胁与侵害[9]，信息安全不仅涉及技术体系，更是融合了管理、价值观、信息化法律与应用规则等多重领域的社会性问题。这些内涵各有侧重，也存在相互涵盖的方面。

基于信息安全的多重内涵，城市信息安全体系主要包括 4 个相互关联的层面：信息系统设备安全、数据安全、内容安全和行为安全。其中城市信息系统的硬件结构与操作系统安全是信息安全的物理基础，数据安全是在信息资源管理过程中保障信息可用、可信、不中断的状态，内容安全涉及信息的合法性、真实性与可控性，行为安全是城市各类主体在使用信息过程中的行为准则，构成了保障城市信息化进程免于威胁的社会性基础。

智慧城市中的信息安全体系面临的各类风险更为突出。信息基础设施与实体性基础设施相互连接，其信息系统设备安全所涉及的硬件结构更为复杂，加剧了系统性风险。在智慧城市的双向交互模式下，信息系统的设计与应用方式是以人为中心的（human-centric），普遍的信息化、智能化个人设备的使用，使得城市信息安全日益依赖于用户的行为安全[10]。城市中信息采集和交换规模、信息用户数量大增，经济社会运行对信息系统的依赖程度日益加大，信息安全涉及城市政府、企业与公众、非政府组织等各类利益相关方，这些利益相关方之间的信息安全需求存在冲突。例如伦敦市，是采用监视器最多的城市，市政府为了保障城市安全而将中央监控系统置于警方控制之下，而英国一些组织认为这一做法侵害了个人数据安全。如何在公权力的理性使用和个人隐私保护之间取得平衡，仍然困扰着城市各方。

4 智慧城市建设对信息安全的强化

建设智慧城市能够强化对城市信息安全的保障，具体表现在以下 4 个方面：

4.1 以升级信息基础设施提高信息处理能力

发达的信息基础设施为城市信息安全建设提供了基本的保障。从图 1 可见，构建宽带、融合、泛在的新一代信息基础设施体系，可使目前困扰计算机网络安全的大量隐患得到有效控制[11]。在这一体系下，城市能够即时感知各系统的信息，用动态、互联互通的全局性信息取代传统的局部、分散的信息，通过将信息向相关方传递，提供随需应变的信息服务，提高信息的可用性和信息实时交互处理能力。云计算平台处理城市的海量数据与信息，不仅能够分析结构化的历史数据与信息，还可以分析非结构化的数据，增强了城市的信息与数据分析能力，是对城市信息安全保障的强化。

4.2　以智慧政府建设优化信息安全保障体系

国外智慧城市实践中的一个共同点在于高度重视以电子政务建设改善公共服务质量、提升政府领导力以建设智慧政府。政府在信息基础设施建设及其标准制定方面发挥直接的管理作用，投资于关键性政府信息系统的安全防护[12]。通过电子政务建设向城市公众、企业等开放整合的信息与数据库，提高了信息的可用性、可靠性与完整性；通过采取统一权限分级准入制，提高了探测恶意攻击的能力，能更有效地防止信息入侵等安全事故，避免造成信息外泄而无法确定责任源头的情况。智慧政府重视建立信息安全风险评估、等级保护、安全测评、电子认证、应急响应等监管体系，加强法规标准和信息产业等信息安全环境建设，提高了城市基础网络与重要信息系统的防护能力。

4.3　以技术创新强化信息安全的技术基础

欧盟、美国、日本和韩国等发达国家政府普遍重视智慧城市建设中的信息安全问题[13]，在信息安全研发方面进行了连续、充分的资金投入，制定了面向新一代信息技术的研发框架，确定了与信息安全相关的多个技术优先研究领域，加大力度支持信息安全产业发展、培养信息安全专业人才，在城市中不断应用新的信息安全技术和产品。IBM、惠普、思科等行业内的全球领先性企业通过长期的战略规划和技术创新，提出了多种智慧城市建设路径和安全应用方案。

4.4　以提高信息素养强化信息安全的社会性基础

智慧城市建设的一个特征在于重视提升公众的信息素养，使公众广泛参与城市发展的相关决策。多国城市在全纳教育理念引领下，通过政府、非政府组织、社区和志愿者等多方力量的协作，开展面向家庭用户、小型企业、公共服务机构的在线和线下信息素养教育与服务，普及信息安全知识，提醒用户警惕各类安全威胁，形成合理的信息使用方式，以强化保障信息安全的社会性基础。

5　智慧城市建设对信息安全的冲击

智慧城市建设对信息安全产生了多方位的冲击，主要在于以下 4 个方面：

5.1 信息基础设施安全的脆弱性增大

在智慧城市大规模的信息基础设施体系中，物联网、超级计算、云计算等关键性技术的商业化应用尚需进行安全和技术论证，信息安全前景不明确。如物联网所涉及的关键技术需要统一技术标准以实现兼容，以确保所保存和传输信息的机密性、完整性。智慧城市建设体系下复杂的网络接入环境、多样化的接入方式、数量庞大的智能接入终端，需要解决接入时的状态和身份认证，进一步加大了信息安全保障的难度[14]。物联网传递的是传感器生成的信息与数据，传感设备的存储和处理能力不一致，设备的可信度尚难以得到保障，增加了信息安全系统设计和实施的复杂度。云计算平台无法识别用户计算任务的合法性，一旦云服务平台被攻击者控制、安全漏洞被利用或云用户身份被盗用，攻击者可以利用云服务平台的庞大网络资源、用户身份资源、计算资源组织更大规模的攻击。而云服务平台由于具有动态特征，对于此类攻击难于确定和追踪，还需要从基础平台、关键技术、标准规范等多方面进行变革，在云计算的应用需求与信息安全需求之间取得平衡。

从技术能力角度分析，建设智慧城市的技术都是美国领先性企业的优势技术领域[15]，因此国外城市的动态信息将很容易被美国政府获取。例如 2011 年谷歌公司按照美国《爱国者法案》（*USA Patriot Act*）和《外国情报监视法》（*The Foreign Intelligence Surveillance Act*）的规定，将贮存在其云端服务器的欧洲资料中心的信息交给美国情报机构，对欧洲的信息安全造成了重大的潜在威胁[16]。

5.2 信息安全威胁向城市实体性基础设施领域延伸

在智慧城市建设中，城市可能遭到信息安全侵害的领域在不断扩大。信息系统与实体性基础设施如交通运输工具、管线、建筑等相互连接，传统的信息安全扩展到实体性基础设施，可以籍由信息系统侵害实体性基础设施的信息安全。城市关键信息系统由于系统复杂性、意外事故、错误操作或攻击行为等原因而可能出现信息安全问题，从而对重要的实体性基础设施造成巨大的安全威胁，导致城市日常生活中断或造成重大经济损失等。2010 年 9 月，第一个以关键性实体基础设施为目标的蠕虫病毒"震网"（stuxnet）感染了全球超过 45 000 个网络，给各国的电力部门带来了巨大的威胁和破坏。

智慧城市建设中信息安全威胁的非对称性大为提高。信息基础设施具有全球互联特性，智慧城市中横向关联的信息系统消解了城市各子系统之间的边界，外部主体可以在远距离运用最小的资源实施攻击行为，其身份、位置以及进入路径都难以确认[17]。此外，针对信息基础设施的攻击可以同时迅速传导到金融、能源、交通等部门，侵害实体性基础设施的信息安全，同时导致多个系统瘫痪，损害城市的正常运行，共时性信息安全威胁更为严重。

5.3 城市信息安全责任分担与协同机制复杂

智慧城市的发展强调与外部建立多种联系、增加对全球资源的吸引，频繁、多样、跨境的信息交互对信息安全保护提出了更高的要求。但是各国、各城市对于信息安全威胁的认识与应对方法存在显著的差异，在发现境外主体采取攻击行为时，仍然缺少可以遵循的协同管理方法[18]。

在智慧城市建设中，需要建立一种新的安全责任分担机制，确立政府、私人部门、研究机构等利益相关方的责任并通过法律形式予以明确。政府需要重新界定与私人部门的关系，让相关的私人部门参与到信息安全决策中，因为私人部门不仅是主要的信息使用者，还拥有应对信息安全威胁的技术条件和解决方案。

政府作为主要的信息安全管理者，其内部各监管机构之间也需要明确责任。以往城市对基础设施实施监管的路径通常是在建设一种新的基础设施之后，成立一个相应的监管机构，因此城市中存在相互独立的监管电信的机构、监管电网的机构以及监管交通等方面的机构。而智慧城市将实体性基础设施与信息基础设施进行全面互联，需要明确各监管机构在信息安全管理中的职责及其重要性，设计横向协同机制，以确定各类监管机构的决策层级、可采取的措施及行动边界、协同任务，相关机制设计尤为复杂。

5.4 智慧城市的信息安全目标难以确定

基于安全化理论，城市信息安全目标可分为三种类型：一是日常安全（everyday security practice），即根据保障城市信息安全的已有经验来预期可能产生的信息安全威胁，设定可接受的信息安全残余风险，进而设计信息安全保障对策与措施，使城市实现信息系统的正常运行；二是超安全化（hypersecuritization），是指超出"日常安全"水平的安全目标，其倾向是通过全面防御，应对各类可能出现的信息安全威胁，形成高水平的信息安全保护能力；三是技术导向（technification），主要通过信息技术创新、制定严格而系统化的信息化规则和信息管理制度提高信息安全水平，对信息安全侵害者进行严格的惩处[19]。

智慧城市建设面临着多元的信息安全风险，但是由于技术本身的不确定性和信息安全需求的变化，无法预先评估现存风险及其后果，而且城市信息安全保障无法达到残余风险为零的理想状态，因此也难以确立安全目标，在判断现有的信息安全保障体系能够达到何种安全水平、信息安全投入是否适当时缺少依据。例如英国将奥运会期间的信息安全保障列为安保工作的重点之一，认为最主要的挑战在于难以预测 2012 年伦敦奥运会举办时期的网络攻击类型及方式。此外，由于对信息安全的投资具有外部性，在智慧城市建设过程中提高城市各类主体的投资意愿面临着难题，而且投资规模与其所产生的信息安全效应之间并不存在线性关系，需要在投资规模、投资方式与信息安全目标选择之间进行充分的权衡。

6 结 语

智慧城市的总体建设战略中应当包括信息安全策略，在加强技术研发、促进信息安全产业发展以提供技术性工具基础上，实施多层次的社会性策略，以形成城市各利益相关方的信息安全共担机制：一是创建信息安全文化，提高全社会的信息安全意识；其二是建立多部门协同的信息安全管理体系，例如纽约建立了专门的信息安全管理机构——信息技术和电子通信部（DOITT），该部门制定了总体的信息安全计划，建立了信息安全管理平台，以支持政府其他机构提高信息安全管理能力；其三是建设细化的安全策略，分别制定电网、交通等城市关键性部门的信息安全事件预案，从人员、机构、资金和制度建设等方面形成应对信息安全事件的能力。在智慧城市建设中需要通过充分的情景描述，预测未来可能出现的包括（极端事件）在内的各类城市信息安全事件，在形成长效信息安全保障体系的同时，增强应急响应能力。

参考文献：

[1] Komninos N. Intelligent cities：Towards interactive and global innovation environments [J]. International Journal of Innovation and Regional Development，2009，1（4）：337 -355.

[2] 王世伟，李勇，王义全，等编. 智慧城市辞典 [M]. 上海：上海社会科学院出版社，2011.

[3] Rudolf G，Fertner C，Kramar H，et al. Smart cities-Ranking of European medium-sized cities [R]. Vienna University of Technology，2007.

[4] Tapia A，Maitland C，Stone M. Making IT work for municipalities：Building municipal wireless networks [J]. Government Information Quarterly，2006，23（3）：359-380.

[5]　Kirk P, Gary F, David A, et al. Information security by words alone: The case for strong security policies [J]. International Journal of Information Security and Privacy, 2009, 3 (2): 84−89.

[6]　Hong K S, Chi Y, Chao L, et al. An integrated system theory of information security management [J]. Information Management & Computer Security, 2003, 11 (5): 243 −248.

[7]　Computer Science and Telecommunications Board. Cyber security today and tomorrow: Pay now or pay later [R]. USA, Washington DC: National Academy Press, 2002.

[8]　Chesla A. Information security: A defensive battle [J]. Information System Security, 2004, 12 (6): 24−32.

[9]　Dreger H, Feldmann A, Paxson V, et al. Operational experiences with high−volume network intrusion detection [C] //Proceedings of the 2004 ACM Workshop on Formal Methods in Security Engineering. Washington DC: ACM Press, 2004: 2−11.

[10]　Abbas H, Hemani A. Addressing dynamic issues in information security management [J]. Information Management & Computer Security, 2011, 19 (1): 5−24.

[11]　Hudson H. Municipal wireless broadband: Lessons from San Francisco and Silicon Valley [J]. Telematics and Informatics, 2010, 27 (1): 1−9.

[12]　Paskaleva K. Enabling the smart city: The progress of e−city governance in Europe [J]. International Journal of Innovation and Regional Development, 2009, 1 (4): 405 −422.

[13]　Eriksson J, Giacomello G. Who controls the Internet? Beyond the obstinacy or obsolescence of the state [J]. International Studies Review, 2009, 11 (1): 205−230.

[14]　Hansen L, Nissenbaum H. Digital disaster, cyber security, and the Copenhagen school [J]. International Studies Quarterly, 2009, 53 (4): 1155−1175.

[15]　缪其浩, 党倩娜. "智慧地球" 给我们的启示: 从技术到产业的开放式创新值得关注 [N]. 科学时报, 2010−03−30 (A3).

[16]　Whittaker Z. Google admits patriot act requests: Handed over European data to U. S. authorities [EB/OL]. [2011 − 08 − 11]. http: //www. zdnet. com/blog/igeneration/ google − admits − patriot − act − requests − handed − over − european − data − to − us − authorities/12191.

[17]　Jain A, Mandviwalla M, Banker R. Government as catalyst: Can it work again with wireless Internet access? [J]. Public Administration Review, 2007, 67 (6): 993 −1005.

[18]　Rutkowski A. Public international law of the international telecommunication instruments: Cyber security treaty provisions since 1850 [J]. Info, 2011, 13 (1): 13−31.

[19]　Sun J, Punit A, Kai S K. The more secure the better? A study of information security readiness [J]. Industrial Management & Data Systems, 2011, 111 (4): 570−588.

作者简介

　　李勇，女，1973 年生，助理研究员，博士，发表论文 20 余篇，出版专著 1 部。

"智慧城市"背景下的城市应急
管理情报体系研究[*]

1 引言

虽然不同学科对"城市"有着截然不同的定义,但现代城市的集聚性尤显突出。陈友华与赵民认为城市是以人为核心,以空间与环境资源利用为手段,以聚集经济效益为特点的社会经济以及物质性设施的空间地域集聚地[1]。在现代社会中,人们对城市的理解,不能局限于物质性的视角,而应挖掘出存在于城市中的人与事物之间的关系、事物与事物之间的关系,以及人与人之间的关系。伴随社会关系和结构的日趋复杂,城市脱离了简单,保持不断变化[2],现代城市成为一个复杂系统。

在这种新的、复杂和流动的形态下,城市面临一系列经济、社会以及物质性支撑问题,它们不仅产生和影响城市的局部区域、个别组织、部分人群、城市发展的某个阶段、某个过程、城市系统的某个分支、某个层次,并且是相互影响、相互作用、交叉纠缠、互为因果、复合叠加的。在这些问题的产生和交织中,突发事件不断涌现,或不期而至、或集中爆发、或层层叠进、或如浪潮般起伏不定、暗流涌动。突发事件的危害程度大、影响范围广,对其的分析判断和响应决策要求快速而准确,因此应急决策情报体系成为突发事件应急响应的重要支撑。从整体上看,现代城市的集聚特征使突发事件具有复杂性、关联性和衍生性,城市应急管理不仅是对单一事件的应急响应,更是一个具备完整体系的管理机制,对应这一管理机制的危机决策应设有综合性的情报系统,即城市应急管理情报体系在今天尤显重要。

近年来,学术界已经对突发事件应急决策情报体系做了大量研究,形成较为普遍的共识:突发事件应急决策情报体系是为"应急决策"服务的情报体系。应急决策是在"危机状态"这一约束条件下完成的特殊决策过程[3],

————————

  [*] 本文系国家社会科学基金重大项目"面向突发事件应急决策的快速响应情报体系研究"(项目编号:13&ZD174)和中国地震局星火计划攻关项目"面向地震应急的空间智能决策方法研究"(项目编号:XH15019)研究成果之一。

应急决策情报体系面向突发事件应急决策的问题和任务[4]，对突发事件的快速响应是这一情报体系的重要前提，即强调突发事件发生之后的快速决策响应[5-6]。同时，对于应急决策情报体系的研究往往从系统的角度出发[7-8]，其情报活动围绕具体突发事件的决策主体的需求[9]，情报来源于突发事件各阶段产生的信息，以及相关基础信息资源与决策辅助信息[10]。

虽然目前仍然缺乏指导性的顶层设计和总体布局，但从整体的角度看，城市应急管理情报体系的研究也在逐渐深入。刘立松与滕五晓等认为应急管理情报体系是统一整合突发事件应急情报的灾害信息体系，是政府行政部门统一的灾情信息系统[11]，并服务于综合危机管理部门以取代分散在各职能部门的灾害管理[12]。刘铁民和杨峰等认为应急管理情报体系应在情报资源综合集成的基础上嵌入情景类型，采取情境应对的方式进行应急管理[13-14]。袁莉等认为应急管理情报体系是一个面向数据融合的复杂的自组织系统[15]，除了情报本身，还应研究情报运行过程中相关的人、事、物，以形成情报体系的观点[16]。

管理不仅是决策[17-18]，应急管理也不仅是应急决策。城市应急管理不是对单一的或者类型化的突发事件进行管理，而是一个整体性的管理体制。与之相对应，城市应急管理情报体系并不针对特定时间、特定类型、特定行业、特定领域的突发事件，而是面向城市应急管理活动的整体；其间的情报活动并不局限于特定突发事件的应急响应决策，而是全覆盖应急管理的各个阶段并发生不同的作用和承担不同的责任[19]；其构建的出发点不是信息系统本身，而是"管理主体——信息资源——情报行为"的相互关系和作用。

2 智慧城市对应急管理情报体系提出新要求

智慧城市具有全面透彻的感知、宽带泛在的互联、协同共享的集成、智能精确的应用4个特征[20-21]：①全面透彻的感知，使物联网的触角覆盖延伸至城市各个角落，从时间、空间等不同维度收集和交换各种属性、形式的信息，城市得以认识和掌握各类要素。②宽带泛在的互联，使综合信息通信网络技术在各个网络层面互联互通，形成宽带高速通道，城市得以交换和容纳跨领域的信息[22]。③协同共享的集成，以统一的技术规范、整合信息基础设施和城市信息本身，乃至抽象出共性功能服务于业务系统，促进城市开放与创新互为支撑。④智能精确的应用，基于对海量信息的处理，以智慧决策推动各个城市主体的精确化管控和自主式知识转化，城市得以管理信息和增值信息。智慧城市背景下的应急管理是一种基于数据融合、面向业务应用的，以决策和行动的智慧化、智能化为特征的集成化管理，这需要其情报体系适应管理主体的多元化、管理业务的综合化、信息资源的多样化以及智慧决策与智能响应的要求。

2.1 管理主体多元化

从城市管理主体来看，在政治国家领域、市场经济领域和公民社会领域分别形成3个部门，即以政府机构为代表的权力组织、以逐利企业为代表的市场组织、以公益性非政府组织为代表的社会组织，它们与城市市民一起构建了社会治理的架构基础[23]，并以永久或临时、正式或非正式网络的形式共同参与城市管理[24-25]。突发事件往往涉及多个、多种利益相关者，作为城市管理的一部分，应急管理主体不只限于政府机构，还应包括企业、非政府组织、媒体与社会公众[26]，甚至在某些情况下主体可能是临时自发形成的机构，尤其在事件最开始的时候更容易出现不确定主体的状态[27]，因此城市应急管理参与者之间应形成遵循合作治理原则和参与式管理办法的行为机制[28]。

从政府机构的范围来看，城市应急管理主体仍然具有多元性、动态性和多层级。一个城市往往配置公安、消防、医疗、防疫、交通、水利、地震、环保等十几乃至数十个具有应急管理职能的政府机构，以及一个或多个综合性的协调委员会、应急办公室或应急指挥中心。这些行政机构分别隶属于不同的上级行政机构，又分别管辖，甚至交叉管辖不同的下级行政机构。一方面，在突发事件发生、发展过程中，其内容、性质和范围不断变化、衍生，使主导和参与管理的政府机构主体发生变化；另一方面，即使突发事件被限定在同一区域、同一类型、同一行业范围内，参与管理的政府机构之间的关系仍具有难以言明的复杂性。这些条块分割的政府机构之间的情报往往相互交叠，或矛盾冲突，或出现信息空白，城市应急管理及其情报体系由此涉及在一个动态的组织环境中的广泛协调、沟通和整合[29]。通过信息共享交换系统的建设、业务协同信息流的贯通，以及松耦合的共性模块组合，智慧城市为多元化的管理主体提供了深度、融合的情报支撑的技术基础。

2.2 管理业务综合化

常态管理体制与应急管理体制是占据两种交替性的、互不隶属的时间结构，常态管理体制存在于日常管理过程中，当突发事件发生时，应急管理体制取代常态管理体制，当突发事件结束时，常态管理体制重新恢复，应急管理体制退居幕后[30]。然而，现代城市的自适应性使得城市常态化与应急动态化的界限变得模糊，潜在的危机事件也许已经消弭在成为突发事件之前，而新生的、同一类别的应急动态事件可能经过总结和预防化解为常态事物。在同一个城市、同一个区域、同一个行业，甚至同一段时间内，常态管理和应急管理也许会同时出现。随着背景环境不断发展变化，这种双重管理的过程也并非一成不变。尤其当突发事件衍生变化、蔓延发展时，常态环境与应急动态环境在空间、时间、人群分布和程度上都会发生变化，从而引起双重管理在管理幅度、层次、程度上的变动[31]，应急管理业务也随之变得复杂和综合。

当城市常态管理与应急动态管理交替变化并相互渗透，常态管理体制和应急管理体制的显著区别使双方的业务流程以及支撑它们运作的信息系统相互割裂，使这些信息系统所承载并产生和依附于这些业务流程上的信息相互孤立。常态管理体制和应急管理体制的密切联系又使双方存在愈发相似和共享互通的信息数据需求、快速转换的应急管理支撑能力，以及互联并行工作的信息系统。这一切形成了一个奇异的组合：一面是管理对象的重合性，另一面是管理主体的多元化；一面是业务流程需要的贯通性，另一面是系统结构现实的异构性；一面是信息需求特征的同质化，另一面是信息内容的分离和形式的异化。在智慧城市系统中，突发性已不再是突发事件需要首先强调的特性，城市应急管理也不是仅仅围绕单一事件本身或以恢复原有城市常态为目标；而是应基于对诱因的深度分析和对城市系统的深刻认识，在泛在、实时、动态的情报体系的支撑下，对突发事件本身，以及与之互为影响的相关对象进行统筹管理。

2.3 信息资源多样化

随着智慧城市的建设发展，围绕应急管理的城市信息范围不断扩大，主要包括4个方面：城市基础信息、监测检测信息、决策支持信息和职能管理信息。城市基础信息是智慧城市的构建基础，包括地理信息数据、城市部件数据、宏观经济信息、法人机构信息、个人身份信息等。监测检测信息是对城市运行状态连续、周期或随机性的监测信息，以及对突发事件诱发因素目的性的监测和检测信息，如对水文、水质、气象、地质等的监测信息和对食品安全、建筑质量等的检测信息。决策支持信息是为应急决策提供的知识储备，包括应急管理模型、应急事件仿真模型、事态发展预测算法、应急响应预案、应急管理案例、专家知识等。职能管理信息为应急管理提供体制机制、法律规范、资源保障等信息，包括组织机构、专家团队、法律条例、避险场所、物资资源等。

不同类型的应急管理主体有着不同的信息需求：政府作为管理者、决策者和收集者需要危机中所有信息和辅助决策的业务知识；非政府组织作为接收者和反馈者需要灾害信息、物资信息和政府许可信息；企业作为责任者或非责任者需要基础信息、捐赠信息；媒体作为传播者需要危机信息；公众需要危机基础信息、救援信息、自救信息、物资信息、危机发展信息和危机应对信息[32]。此外，同类型、不同层级的参与主体也存在着不同的信息需求、对信息使用的不同权限，以及使用信息的不同方式。例如，处于决策层面的主体需要掌握全局性信息和对未来的预测，具有获取法律允许范围内的所有信息的权限，并采取集中观察、统一发布信息的模式；处于执行层面的主体了解面向执行主题的信息和调度资源的信息，要求获取尽可能多和及时的信息资源，以及畅通的信息双向交互能力；处于操作层面的主体需要掌握被操作对象以及与之相关的信息，要求获取权限范围内的信息并有申请权限的通道，移动性和交互性的信息应用必不可少。

突发事件产生、发展、影响的空间尺度和时间尺度也直接关系到智慧城市应急管理所需的信息资源。从空间尺度上看，突发事件产生、发展、影响的位置和范围对基于地理位置的信息数据的内容和精度造成影响。例如，发生在城市商业中心的火灾事件，其应急管理除了常规所需信息以外，还需要建筑物内各功能区域的静态信息、基于室内定位的移动信息、建筑设计模型以及叠加其上的各种监测告警信息。从时间尺度看，突发事件产生、发展、持续的时间长度和时间节点对数据监测和检测的频率、周期甚至精度造成影响。

2.4　智慧决策和智能响应

在智慧城市中，情报体系为应急管理提供技术支撑不仅体现在管理主体、业务需求、协同能力的匹配以及多元异构信息的采集、整理、交换、共享、挖掘、利用和分配上，还应为智慧决策和智能响应提供强有力支撑。对于智慧决策而言，历史性、全局性信息以及在此基础上融合、升华和积累的知识对决策的正确性起到至关重要的作用。一方面，信息的连续性和关联性越强，辅助决策的支撑力度越大；信息的准确性与信息之间关系的完整性越强，辅助决策的效用越大。另一方面，通过对结构化数据和非结构化信息的综合处理，以应急管理业务为背景，强化对深层次、隐含的信息的认知，并将其升华和积累为知识库，对于应急管理决策能力的提升有着截然不同的意义。

对于智能响应而言，一方面，实时信息提升响应决策的及时性。在城市预防和处置特大暴雨的应急响应中，以小时为时间单位监测计量雨量、河道水位、地下管网排水量以及预报天气和通报交通流量，显然已经不能满足应急管理的需要，物联感知系统应以分钟为单位更新和传送这些信息和数据到达城市应急中心和各个业务系统。另一方面，响应行为的及时性、准确性和协同性有赖于情报体系为智能机器或智能机器系统提供双向的情报通道和知识供应，使不同的机器或机器系统得以在统一的网络时空互通信息和协调工作。

3 智慧城市应急管理情报体系建设的实践

余红艺从信息理论的视角提出了智慧城市是城市信息化发展的高级阶段[33]。从技术角度看，智慧城市是基于信息与通信技术，围绕互联和服务的解决方案[34-35]。但是仅依靠技术并不足以支撑智慧城市的发展，其长期的建设运营应紧密围绕城市的 3 个主题：居民、企业和政府，并以业务应用为出发点展开[36]。应急管理是智慧城市的重要应用之一，近年来国内外开展了一系列智慧城市信息集成建设的实践，包括应急管理情报服务体系建设。在国家战略和标准规范的指引下，这些城市的实践各具特点，也暴露出一些问题，还存在着可提升的空间。

3.1 智慧城市应急管理相关文件

在智慧城市的建设发展中，城市治理模式和政府服务能力产生了提升和变革，包括公共管理、道路交通、公共卫生、环境安全、灾害预防、设施管理、能源和水管理等多个方面[37-39]，智慧城市越来越需要规范化约束和促进标准化落实。2014 年国家发展和改革委员会联合工业和信息化部、科学技术部、公安部、财政部、国土资源部、住房和城乡建设部、交通运输部共同下发《关于促进智慧城市健康发展的指导意见》[40]，指出智慧城市是运用物联网、云计算、大数据、空间地理信息集成等新一代信息技术，促进城市规划、建设、管理和服务智慧化的新理念和新模式。2012 年住建部颁布《国家智慧城市（区、镇）试点指标体系（试行）》[41]，智慧应急作为专项应用的一个分支，成为三级指标之一。2015 年，国家标准化管理委员会联合中共中央网络安全和信息化领导小组办公室、国家发展和改革委员会共同下发《关于开展智慧城市标准体系和评价指标体系建设及应用实施的指导意见》[42]，在其中的"智慧城市标准体系框架"中，应急管理作为管理与服务的一个分支，成为三级标准之一[43]。在智慧城市建设背景下，应急管理涉及城市治理和公共服务的多个方面，政府、企业、非政府组织和市民同为参与者[44]，这是一项横跨领域、部门和业务的智慧管理活动。

国际标准化组织/国际电工委员会第一联合技术委员会（ISO/IEC JTC 1）

在 2015 年全会上通过中国提出的两项标准立项建议《智慧城市 ICT 参考框架》和《智慧城市 ICT 指标》，并于 2016 年成立直属工作组 WG 11 开展智慧城市标准的研制工作[45]，未来还将开展"智慧城市领域知识模型""智慧设施管理"和"城市规划与仿真"的研究工作，这些研究方向均与城市应急管理密切相关。

3.2 智慧城市的信息开放利用

智慧城市是不同行业、不同业务领域、不同组织机构面向信息的利益共同体，跨领域信息交换为智慧城市内部诸系统之间的信息共享、业务协同、公共服务和辅助决策实现信息和信息产品的交流与共享。跨领域的信息交换和数据融合与传统上同一组织内部的数据整合和系统集成有着本质不同，前者是利用标准和规范的手段以松耦合的形式实现系统互联，而后者更侧重于统一强制的手段以紧耦合方式来实现。[46]智慧城市的实践，正在远离传统的"封闭和自上而下"的方式，转为更加开放的模式，使城市治理更为协同、开放；城市服务更为智能、个性；技术应用更为综合、集成[47]。

2013 年，中国城市科学研究会组织编制《智慧城市公共信息平台建设指南（试行）》[48]，对实现异构系统间的资源共享和业务协同，包括信息资源分类、信息标识编码、元数据、目录管理与服务、数据交换与整合等提出推荐性的规范要求。2015 年 12 月，国家标准化管理委员会下达智慧城市体系第一批 11 项国家标准的制订计划[49]，其中直接涉及信息交换与数据融合的标准有 5 项，分别是：《智慧城市 跨系统交互 第 1 部分：总体框架》《智慧城市 跨系统交互 第 2 部分：技术要求及测试规范》《智慧城市 跨系统交互 第 3 部分：接口协议及测试规范》《智慧城市 数据融合 第 3 部分：数据采集规范》《智慧城市 数据融合 第 4 部分：开放共享要求》。除此以外，《智慧城市时空信息基础设施基本规定》等标准也与城市信息共享与交换相关。

在国际上，由于智慧城市的发展和重大危机事件的触发，类似的研究和实践相对更为深入。针对跨领域信息交换中的数据异构性问题，美国国土安全部和司法部发起研究并颁布实施的国家信息交换模型，较好地解决了信息交换中语义和语法不一致的问题，为跨领域以及同一领域内各级部门之间共享一套应急管理解决方案提供准确、实时的信息和决策支撑能力[50]。全球开放数据运动始于美国。从 2009 年起，美国建立了世界上第一个开放的数据门户网站。英国于 2010 年开始建设政府数据开放平台，并由非政府组织开发运作；欧盟于 2011 年公布开放数据战略，并于 2013 年对外开放[51]。智慧城市应急管理的信息资源来源于政府机构、企业、非政府组织和市民，政府部门和公共数据开放和利用只是信息交换与数据融合实践重要的第一步。

3.3 智慧城市应急管理情报体系建设实践

中国"大政府""强政府"的行政管理特征和欧美"小政府""公民自治"的开放服务特征使中外智慧城市应急管理及其信息集成的实践路径存在较大差异。在"中欧绿色智慧城市"合作的 30 个试点城市（中方、欧方各 15 个城市）当中[47]，中方有 6 个城市将应急管理、应急处置、应急调度、应急联动等作为典型服务和重点应用项目被纳入工作计划，其中广州市南沙区计划建设智慧城市运行指挥中心，构建起以信息化业务协同为支撑的跨部门协作平台，使区域内的城市常态管理和应急管理做到无缝衔接，深圳市前海深港合作区计划在地理空间信息资源和政务信息资源共享的基础上建设城市公共应急管理平台，成都市计划在地理空间信息资源共享的基础上建设城市应急联动平台；而欧方没有一个城市关注单独的应急管理类应用。另一方面，欧方所有城市都已经实施了开放数据基础设施项目，允许企业、非政府组织和市民自由获取城市开放数据，并自主开发创新应用，其中也包括各个领域和跨领域的应急管理类应用；而中方只有两个城市实施与计划建设相关项目。广州市南沙区建立数据存储平台供市民利用数据，这些数据的上传、下载和交换需遵循政府规范的商业模式；江苏省淮安市计划建设城市公共信息共享交换平台，向企业和市民开放非保密信息使用。

在已建成运行的项目中，智慧南京中心是一个典型案例。南京市建设统一的城市信息中心和智慧城市综合管理运行与服务平台，通过城市信息资源整合、智能挖掘分析和建模仿真预测，全面掌握城市运行状态，以大数据推进业务大协同，达成资源共享、协同管理、应用聚合的城市集中化管理模式，使城市更好地预见问题、应对危机和管理资源。南京市整合全市 20 余个行政管理部门和部分生产者服务企业的信息，包括各类结构化、非结构化和半结构化信息资源，以及实时性数据和历史性数据，在其基础上搭建城市资源线索工具和资源体系解构工具，形成基于海量城市数据的智能分析模型，尝试在城市应急管理中形成可控可管、及时响应、智能处置的集中模式，并成功应用于 2014 年第二届国际青年奥林匹克运动会的应急管理和安全疏散中。在新疆维吾尔自治区克拉玛依市将油田企业与政府行政机构合二为一，整合当地 60 个部门以及 3 万个生产设备感知终端的实时信息和非实时信息，形成信息资源共享目录，并向包括应急管理在内的业务开放应用，使油田的安全生产应急响应和城市应急管理均能获取全面的信息资源和综合的知识体系。

无论是中国行政机构的集中管理模式，还是欧美共享开放数据的协同治理模式，未来都需要智慧城市形态下信息的动态整合与知识的积累融合，城市应急管理离不开智慧化的情报体系的基础支撑。

3.4 智慧城市应急管理情报体系实践的不足

信息是管理的基础和依据，城市应急管理有赖于情报体系的支撑。在城市迈向智慧化的现阶段，城市应急管理情报体系的实践仍然主要集中于政务信息和公共信息的集成整合，并以相对紧耦合的方式为特定的管理主体和业务提供服务。在未来，智慧城市应急管理情报体系应该是一个动态结构的、松耦合和可移植的，在数据集成基础上更加智慧化的情报体系。

城市应急管情报体系的智慧化应体现在：①对现代城市的复杂性、流动性和连续性的适应能力；②对所服务主体的开放式、动态化管理的适应能力；③对业务流程离散化、信息系统异构化的适应能力；④各种不同类型的数据和信息的整合与序化的能力；⑤对各种不同来源信息的收集、处理、交互和再分配能力；⑥对海量数据的分析、挖掘和呈现的能力。随着风险诱因的增加、突发事件的频发、危机情境的异化、影响范围的扩大，城市应急管理决策和管理行为的频率、效率、可行性和有效性要求越来越高，现代城市的应急管理越来越依赖于智慧化的情报服务体系。智慧城市通过深度信息化使城市特征及城市现象得以数字化重现和智慧化认识，将为城市应急管理情报服务体系的建设、运行和发展提供新的动力，智慧城市应急管理情报体系的建设实践还存在巨大的提升空间和广阔的应用空间。

4 智慧城市应急管理情报体系研究框架

一直以来，现代城市被视为"复杂系统"，它的组织呈现出更低水平的组件层级排列的结构，它们并非是"受控制"的系统，而是动态和非均衡的[53]。在这样复杂的城市系统中，突发事件频繁发生且难以收集和总结关于其本身和对其管理行为的足够经验，一个全面、系统、高质量和可共享的[21]情报体系是智慧城市应急管理的基础和发展方向。基于开放互联和智能协同的智慧城市为应急管理情报体系的构建提供了动态性、智慧化和松耦合的整体解决方案。

4.1 以智慧为特征的情报体系

城市应急管理具有灵活性和动态性的特性，应急管理依赖于各管理主体在水平和垂直方向上的沟通和协调，而沟通协调的内容无疑是以情报为核心[53]。在智慧城市建设的背景下，城市应急管理情报体系面临严峻的挑战，也迎来应对解决问题的能力与方法。近年来，国内一些学者对面向突发事件的应急响应情报体系进行了研究，为智慧城市应急管理情报体系的进一步研究提供了重要的思考基础。苏新宁等指出突发事件应急决策的快速响应情报体系应具备如下特征：具有大数据环境的情报采集与处理能力；具有资源保障和知识普及能力；具有实现快速反应的技术保障能；具有应急决策的辅助支持能力；具有扁平化的柔性组织架构；具有对突发事件处理的评价能力[5]。朱晓峰等构建了面向突发事件的情报体系模型，并提出借助情报即时服务平台和信息可视化实现面向突发事件的情报体系[9]。李纲等提出在网络视角下，事件链、信息流、社会语义网等构成了应急决策情报体系的"智慧"建设主题，正在成为智慧城市背景下的应急决策情报体系的有效支撑[4]，并使用熵理论解释突发事件的发生机理和运动规律，构建相关的情报视角下的智慧应急基本理论模型[54]。以智慧为特征的应急管理情报体系应是一个覆盖应急管理各阶段，完整体现情报价值的过程体系，通过识别、感知、收集、传输、互联、序化、分析、挖掘和过滤等一系列情报行为，使数据抽象为信息，信息提炼为知识，知识升华为智慧。

4.2　情报活动的要素和模型

　　智慧城市应急管理情报体系是围绕"管理主体——信息资源——情报行为"整体关系的综合体系。结合活动理论研究应急管理情报体系，一方面有助于面向以用户为核心的信息系统的设计沟通；另一方面便于考察不同管理主体产生信息需求和进行情报行为的语境。活动理论把人们的视线从孤立的用户和机器之间的交互转移到人和环境之间的交互上来，使我们可以从多个层面和多个维度认识特定情境中的情报活动[55]。基于活动理论构建智慧城市应急管理情报体系的情报活动要素及其关系，这些要素包括：主体、客体、工具、规则、共同体、分工和结果，如表1所示：

表1　智慧城市应急管理情报体系情报活动要素描述

要素	一般性描述
主体	智慧城市应急管理实施主体：主体具有多元性、动态性和多层级的特征；在突发事件及其衍生事件的应急管理过程中，主体可能发生改变；参与管理的角色和层次，或者负责管理的内容可能发生改变；应急管理的实施主体可能同时也是城市常态管理的实施主体；主体并不仅限于政府机构，也包括企业等市场组织和非政府组织等

要素	一般性描述
客体	智慧城市应急管理所需信息：包括城市基础信息、监测检测信息、决策支持信息和职能管理信息4类；信息存储和传输的形式有数据、图文、图像、音频、视频等；信息来源包括政府信息、其他公共信息和临时授权或脱敏的私密信息等；信息的分布和颗粒度依赖于互联感知网络，并受到突发事件的空间尺度和时间尺度的影响；城市应急管理所需信息和城市常态管理所需信息的特征和内容日趋同质化，但在智慧城市建设的过渡阶段却呈现为信息内容的分离和形式的异化
工具	智慧城市应急管理信息系统：智慧城市系统为应急管理情报体系提供技术基础、数据资源、知识积累和共性支撑；智慧城市应急管理信息系统与城市常态管理信息系统有机嵌合为一个整体；在智慧城市建设的过渡阶段，业务流程的离散性使应急管理信息系统存在异构的特征；智慧城市系统将不同来源的信息和数据进行收集、整合、序化、分析、融合、升华为知识，并予以呈现和应用
规则	智慧城市应急管理信息规则：不同类型的管理主体存在不同的信息需求；同一类型但不同层级的参与主体存在不同的信息需求、对信息使用的不同权限，以及使用信息的不同方式；当应急管理主体进行转移时，智慧城市系统应使支撑管理业务的信息系统之间得以平滑过渡；当智慧城市应急管理与城市常态管理主体重合时，智慧城市系统应使流动于信息系统之间的信息资源得以共享
共同体	智慧城市应急管理共同体：包括政府、企业、非政府组织、公共管理机构、媒体与社会公众等；智慧城市系统为共同体提供更广泛和更有效的信息来源；在突发事件及其衍生事件的应急管理过程中，共同体和城市应急管理实施主体的身份可能发生转移；共同体可能同时成为应急管理和常态管理的管理对象或参与主体
分工	智慧城市应急管理参与者分工：由于智慧城市应急管理实施主体的多元性和动态性，以及实施主体与共同体的转移性，应急管理主体和共同体之间的分工时有交叉和交换；在确定的分工状态下，应急管理实施主体偏向于对历史信息的组织和对当前全局信息的监控，以及对未来趋势情况的预测；应急管理共同体偏向于对业务信息的收集和供应，以及对业务行为相关信息的获取
结果	智慧城市应急管理情报：应急管理情报是智慧城市应急管理全过程的基础支撑，也是应急管理各个主体之间协同运行的核心要素；在智慧城市应急管理情报体系的支撑下，管理决策和管理行为的产生频率、及时性、复杂性、准确性、执行效率、协同能力都较以往有极大提高

这6个要素形成的三角结构即为智慧城市应急管理情报体系构建的情报活动模型见图1，它是由"管理主体——信息资源——情报行为"为导向建构的。

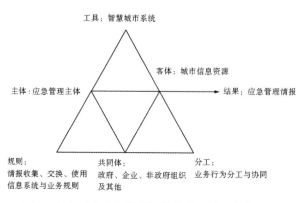

图 1 智慧城市应急管理情报体系"管理主体——
信息资源——情报行为"情报活动模型

4.3 智慧城市情报体系研究框架

在智慧城市应急管理情报体系的"管理主体——信息资源——情报行为"情报活动模型中，以主体（管理主体）、工具（信息系统）、客体（信息资源）为端点组成的小型三角结构是情报行为的活动中心。从管理主体、信息系统、信息资源这 3 个维度对智慧城市应急管理情报体系进行进一步观察，构建智慧城市应急管理情报体系的三维研究框架。如图 2 所示：

4.3.1 应急管理主体 应急管理主体可分解为 3 个方向，即主体类型、管理层级、专业领域。从主体类型上看，包括政府机构、市场组织、非政府组织和社会公众等类型；从管理层级上看，可分为国家、省、市、县（区）等集中式管理层级；从专业领域上看，可分为安全、卫生、环保、交通、水利等不同领域。不同层级的集中式管理主体需要在各自层级上统筹应急管理信息；不同专业领域的管理主体负责各自领域从信息收集到应用的全部流程。智慧城市系统不但在技术性能上，更在业务流程和建设理念上促进应急管理情报体系适应城市应急管理主体多元性、动态性和多层级的特征。

4.3.2 应急管理信息系统 信息系统可分解为 3 个方向，即系统结构、系统功能、应用技术。从面向用户的系统结构上看，可分为基础设施层、数据资源层、支撑平台层、应用系统层、交互展现层等 5 层结构；从信息系统对信息对象的处理行为上看，信息的获取和预警、信息的归纳和整合、信息的分析和提炼、信息的交互和应用形成了一个完整的功能性行为过程；从信息系统所使用的技术上看，云计算、大数据、SOA 架构、通信网、传感网等

74

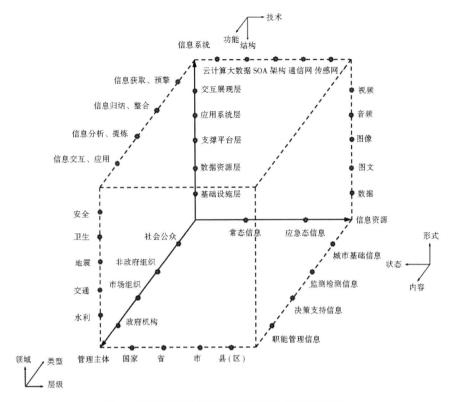

图 2　智慧城市应急管理情报体系三维研究框架

信息通信技术构成了智慧城市系统的重要技术基础，各项技术在信息系统的综合体现使各种表现形式的信息资源得以灵活处理和融合应用。

4.3.3　应急管理信息资源　信息资源可分解为 3 个方向，即信息形式、应用状态、信息内容。从信息的表现形式上看，有数据、图文、图像、音频、视频等多种形式；从面向城市管理的应用状态上看，有城市常态信息，也有应急动态信息；从应急管理的需求内容上看，现代城市应急管理信息可分为城市基础信息、监测检测信息、决策支持信息和职能管理信息。城市常态管理和应急动态管理在时间、空间上多有重合，通过对常态信息的积累，可以将突发事件潜在诱发因素显性化，城市应急动态信息只有放在常态信息的大数据背景下，才具有比较、分析、挖掘的价值和意义，才能进一步融合、升华、积累为应急管理知识。智慧城市系统为城市常态信息和应急态信息的融合提供了技术环境和应用基础。

5　结语

　　未来城市形态是由信息科技催动的网络社会的产物，快速而多重向度的变迁，以及结构性的社会与历史转化[56]，使城市承受功能与社会的碎片化，突发事件此起彼伏，看似互不关联，实则如涌泉上下相连。在新的城市环境和技术背景下，城市应急管理不再是单一主体、单一系统、单一决策、单一流程、固定分工和规则可以解决的问题，管理者必须直面城市系统的复杂性、危机事件的突生性、管理主体的多元性、业务流程的离散性，以智慧城市理念为指引，以应急管理情报体系为支撑，实现智能预测、理性决策、快速处置和全面管理。

　　情报体系处于管理活动的中心位置。在智慧城市的背景下，情报体系对城市系统和城市问题的识别能力、理解能力得到极大的加强和深化。未来城市的应急管理应依托于智慧城市应急管理情报体系，这一体系不再局限服务于某一个领域、某一个主体；不再固定依附于某一个流程、某一个系统；不再表现为某一种介质、某一种形式；不再仅仅受限于某一个状态；不再仅仅传播于某一个层级；不再仅仅投射至某一类终端。由此，智慧城市应急管理情报体系必须是一个开放的、动态的、贯通的、统筹的情报体系。

参考文献：

［1］　陈友华，赵民. 城市规划概论［M］. 上海：上海科学技术文献出版社，2000：1.

［2］　梅恩. 复合城市行为［M］. 丁峻峰，等译. 南京：江苏人民出版社，2012：15-16.

［3］　李阳，李纲. 应急决策情报体系：历史演进、内涵定位与发展思考［J］. 情报理论与实践，2016，39（4）：8-13.

［4］　李纲，李阳. 关于智慧城市与城市应急决策情报体系［J］. 图书情报工作，2015，59（4）：76-82.

［5］　苏新宁，朱晓峰. 面向突发事件应急决策的快速响应情报体系构建［J］. 情报学报，2014，33（12）：1264-1276.

［6］　郭春侠，张静. 突发事件应急决策的快速响应情报体系构建研究［J］. 情报理论与实践，2016，39（5）：53-57，68.

［7］　袁莉，杨巧云. 重特大灾害应急决策的快速响应情报体系协同联动机制研究［J］. 四川大学学报（哲学社会科学版），2014，（3）：116-124.

［8］　杨巧云，姚乐野. 协同联动应急决策情报体系：内涵与路径［J］. 情报科学，2016，34（2）：27-31.

［9］　朱晓峰，冯雪艳，王东波. 面向突发事件的情报体系研究［J］. 情报理论与实践，2014，37（4）：77-80.

［10］ 范炜，胡康林．面向突发事件应急决策的情报支撑作用研究［J］．图书情报工作，2014，58（23）：19-25．

［11］ 刘立松．创新重特大自然灾害应急管理机制［J］．中国民政，2013，（7）：50．

［12］ 滕五晓，夏剑霞．基于危机管理模式的政府应急管理体制研究［J］．北京行政学院学报，2010，（2）：22-26．

［13］ 杨峰，姚乐野，范炜．情景嵌入的突发事件情报感知：资源基础与实现路径［J］．情报资料工作，2016，（2）：39-44．

［14］ 刘铁民．重大突发事件情景规划与构建研究［J］．中国应急管理，2012，（4）：18-23．

［15］ 袁莉，姚乐野．应急管理中的"数据—资源—应用"情报融合模式探索［J］．图书情报工作，2014，58（23）：26-32．

［16］ 姚乐野，范炜．突发事件应急管理中的情报本征机理研究［J］．图书情报工作，2014，58（23）：6-11．

［17］ 包玉泽，谭力文．西蒙决策管理理论范式及思想价值［J］．经济经纬，2009，（4）：5-8．

［18］ 王乐夫．领导、管理概念异同析［J］．中国行政管理，1999，（5）：32，33．

［19］ 宋丹，高峰．美国自然灾害应急管理情报服务案例分析及其启示［J］．图书情报工作，2012，56（20）：79-84．

［20］ 丁伟，徐娜，胡艳凤，等．国家中心城市与城市的战略思维［M］．北京：中国城市出版社，2012：214．

［21］ 王辉．智慧城市［M］．北京：清华大学出版社，2010：31-34．

［22］ SCHLEICHER J M, VOGLER M, INZINGER C, et al. Towards the Internet of cities: a research roadmap for next-generation smart cities［C］//The ACM First International Workshop. Understanding the city with urban informatics（UCUI'15）. New York: ACM, 2015: 3-6.

［23］ 黄建荣．公共管理学［M］．北京：社会科学文献出版社，2008：3．

［24］ BROOKS J M, BODEAU D, FEDOROWICZ J. Network management in emergency response: articulation practices of state-level managers-interweaving up, down and sideways［J］. Administration & society, 2013, 45（8）: 911-948.

［25］ KAPUCU N, HU Q. Understanding multiplexityof collaborative emergency management networks［J］. American Review of Public Administration, 2016, 46（4）: 399-417.

［26］ 姜安鹏，沙勇忠．应急管理实务：理念与策略指导［M］．兰州：兰州大学出版社，2010：266．

［27］ 陈安，陈宁，武艳南．现代应急管理技术与系统［M］．北京：科学出版社，2011：13．

［28］ HOOSSEIN S, TANDLICH R, WHITTINGTON-JONES K, et al. Disaster management policy options to address the sanitation challenges in South Africa［J］. Journal of environmental health, 2016, 78 (7): E1-E7.

[29] DORASAMY M, RAMAN M, KALIANNAN M. Knowledge management systems in support of disasters management: a two decade review [J]. Technological forecasting & social change, 2013, 80 (9): 1834-1853.

[30] 薛澜, 钟开斌. 国家应急管理体制建设: 挑战与重构 [J]. 改革, 2005, (3): 5-16.

[31] 王骚, 李如霞. 面向公共危机与突发事件的政府应急管理 [M]. 天津: 天津大学出版社, 2013: 15.

[32] 李喜童. 政府应对突发事件的信息发布机制研究 [J]. 中国应急救援, 2011, (2): 10-13.

[33] 余红艺. 智慧城市: 愿景、规划与行动策略 [M]. 北京: 北京邮电大学出版社, 2012: 96.

[34] FERRAZ F S, FERRAZC A G. Smart city security issues: depicting information security issues in the role of a urban environment [C] //IEEE/ACM 7th international conferenceon utility and cloud computing (UCC). London: IEEE, 2014: 842-847.

[35] IEC MSB. IEC smart city orchestrating infrastructure for attractive, sustainable and resilient cities: IEC white paper on smart cities [R]. Geneva: IEC, 2014.

[36] 岳梅樱. 智慧城市顶层设计方法论与实践分享 [M]. 北京: 电子工业出版社, 2015: 5.

[37] LEE J W, LEE H J. Developing and validating a citizen-centric typology for smart city services [J]. Government information quarterly, 2014, 31 (S1), 93-105.

[38] DAVID B, CHUANTAO Y, YUN Z, et al. SMART-CITY: problematics, techniques and case studies [C] //IEEE international conference on computing technology and information management. Berlin: IEEE, 2012.

[39] ELMANGOUSH A, COSKUN H, WAHLE S, et al. Design aspects for a reference M2M communication platform for smart cities [C] //IEEE 9th interational conerence on innovations in information technology. Al Ain, UAE: IEEE, 2013: 204-209.

[40] 中华人民共和国国家发展和改革委员会. 关于印发促进智慧城市健康发展的指导意见的通知 (发改高技 [2014] 1770 号) [EB/OL]. [2015-08-27]. http://gjss. ndrc. gov. cn/gjsgz/201408/t20140829_ 684199. html.

[41] 中华人民共和国住房和城乡建设部. 住房城乡建设部办公厅关于开展国家智慧城市试点工作的通知 [EB/OL]. [2015-11-22]. http://www. mohurd. gov. cn/zcfg/jsbwj_ 0/jsbwjjskj/201212/t20121204_ 212182. html.

[42] 安徽发展研究网. 关于我国智慧城市信息安全的现状与思考 [EB/OL]. [2016-06-01]. http://www. dss. gov. cn/News_ wenzhang. asp? ArticleID=390278.

[43] 永川区电子政务网. 关于开展智慧城市标准体系和评价指标 体系建设及应用实施的指导意见 [EB/OL]. [2015-11-11]. http://dzzw. cqyc. gov. cn/art/2015/11/

11/art_ 3991_ 130325. html.

[44] 程大章. 智慧城市顶层设计导论 [M]. 北京：科学出版社，2012：121.

[45] 中国国家标准化管理委员会. ISO/IEC JTC 1 WG 11（智慧城市工作组）正式成立 [EB/OL].［2016－06－02］. http：//www. sac. gov. cn/sgybzeb/xwxc/201603/t20160301_ 201458. htm，2016.

[46] 戴剑伟. 跨领域信息交换方法与技术 [M]. 北京：电子工业出版社，2014.

[47] 中国信息通信研究院，中国欧盟政策对话支持项目. 中欧智慧城市比较研究报告 [M]. 北京：商务印书馆，2015：56.

[48] 百度文库. 住建部智慧城市文件（2013 年 4 月）：智慧城市公共信息平台建设指南（试行）［EB/OL］.［2015－04－10］. http：//wenku. baidu. com/link？url＝hh-GCGhM3R85963l6IX4Njiv
Kn3JcIXkI9cXHl4bPzZpXqStF-gts1xYweM64XEflHMN8tzqYnueKt
mkoIrf429u8R0Z2xy-DBkxTu3OWzo_ .

[49] 中国国家标准化管理委员会. 国家标准委关于下达《智慧城市 评价模型及基础评价指标体系 第 1 部分：总体框架》等 23 项国家标准制修订计划的通知 [EB/OL].［2015－12－10］. http：//www. sac. gov. cn/gzfw/jhcx/gjbzjh/201512/t20151210_ 197896. htm.

[50] 戴剑伟，冯勤群. 美国国家信息交换模型及其启示 [J]. 军事运筹与系统工程，2013，27（3）：15-19.

[51] 钱晓红，胡芒谷. 政府开放数据平台的构建及技术特征 [J]. 图书情报知识，2014，（3）：124-129.

[52] 鲍尔. 社会为何如此复杂：用新科学应对二十一世纪的挑战 [M]. 韩昊英，译. 北京：科学出版社，2015：99，131.

[53] KOZUCH B, SIENKIEWICZ-MALYJUREK K, KOZUCH A J. Communication in local emergency management networks（Part 2）［J］. International journal of contemporary management，2015，14（1）：91-104.

[54] 李纲，李阳. 情报视角下的城市智慧应急研究——兼谈熵理论的引入 [J]. 图书与情报，2015，（1）：66-71.

[55] SPASSER M A. Informing information science：the case for activity theory [J]. Journal of the American Society for Information Science，1999，50（12）：1136-1138.

[56] 卡斯特尔. 网络社会的崛起 [M]. 夏铸九，等译. 北京：社会科学文献出版社，2006：3-5.

作者简介：

郭骅（ORCID：0000-0003-3054-4028），高级工程师，博士研究生，E-mail：k_ hua@ sina. com；苏新宁（ORCID：0000-0003-1632-8716），教授，

博士生导师，教育部长江学者特聘教授；邓三鸿（ORCID：0000-0002-6910-3935），教授。

作者贡献说明：

郭骅：提出研究思路和论文框架，收集研究素材，撰写论文并修改；

苏新宁：确定论文选题，提出研究思路和修改意见，文字指导；

邓三鸿：探讨研究结论，提出修改意见，参与修订论文。

关于智慧城市与城市应急决策情报体系[*]

1 问题的提出

"智慧"本质上是一个饱含灵性的哲学概念，是人们对各种事物进行高度综合、分析、判断、选择并付诸实践的产物，是人们对各种事物及其联系的不断选择与整合的结果，包括人生经验、能力、技术、艺术、行为方式等[1]。"智慧"主要有两层含义：一是对事物认知的识见；二是对事物应用的能力[2]。"智慧"的"应用"层面涉及个人、团队机构、城市、国家乃至地球。在这些层面中，城市起到了"中心链环"的作用，这恰恰迎合了当前智慧城市构建的基本理念。智慧城市建设是当前的一个热点话题，是城市信息化的新高度，其建设目标实质上是实现"客体的智能化"以及"主体的智慧化"，并将其融为一体，为城市发展服务。城市是一个多要素的复杂系统，并不断与外界进行着物质、能量、信息的交换。然而，现阶段城市发展问题突出，由于城市人口相对比较集中，一旦受到突发事件的"干扰"，其有序平衡状态就会遭到破坏。也就是说，在智慧城市建设过程中，智慧应急是其必不可少的组成部分。所谓智慧应急，就是智慧型应急管理，具体来说，城市应急智慧化本身就是智慧城市构建过程中的重要部分，城市在迈向智慧城市过程中应对突发事件所体现出的种种技术、思维、管理等方面都是智慧化的体现，而城市应急决策本身成为智慧应急的核心与关键。在此背景下，城市应急决策就是对具有海量、多源、异构特征的城市突发事件数据经过智能分析、处理等，上升为"智慧"层面的管理和服务。面对突发事件，科学、有效的应急决策既可以更好地保障城市应急物资的合理调配，最大限度地消除与城市突发事件相关的未知隐患，还能增强政府公信力、执行力等。可以说，城市应急决策的智慧化是与当前智慧城市构建背景相融合、相对应的，对智慧型政府的构建无疑起到了推动作用。

---

* 本文系国家社会科学基金重大项目"智慧城市应急决策情报体系建设研究"（项目编号：13&ZD173）和武汉大学自主科研项目（人文社会科学）"网络视角下的应急情报体系建设主题研究"（项目编号：41050001，并受"中央高校基本科研业务费专项资金"资助）研究成果之一。

从实际看，城市突发事件发生时，大多决策属于临机决策，城市管理者常常面临信息不完备等问题。信息是应急决策的基础和保障，突发事件信息（包括内生信息与外生信息）的获取、分析、整合、传递、沟通、交流等直接影响到应急决策的实施效果。由此可见，合理有效地组织突发事件信息流是城市应急管理的必由之路，而突发事件应急管理又是城市智能化建设的重要模块。因此，在智慧城市大背景下，构建城市应急决策情报体系就变得尤为重要。该情报体系是面向突发事件应急决策任务的一种特殊的情报体系，力求将突发事件涉及的人、组织、计算机系统等资源串联成一个有机整体，并在要素的识别、体系的层次、流程的构建等方面考虑诸多复杂因素。从文献检索来看，以往的研究在城市突发事件信息需求、智慧城市与智慧应急等相关领域取得了一定的研究成果，但大多未以城市突发事件管理部门的情报需求为具体导向，也未将智慧城市的思想融入其中，难以充分利用其信息资源及其相关支撑技术。同时，传统的城市应急决策情报体系很难适应网络发展和大数据环境的需要，相关研究尚处于理论探讨阶段，也缺乏成功的范例。具体来说，第一，现有的城市应急决策常常"重事后，轻事前"，在案例库、知识库、策略库等信息资源建设较为匮乏，对情报重视明显不够，弱化了情报的决策功能，出现认识偏差。而以情报为核心的决策支持体系在信息化网络环境下可以作为其有效支撑，是该情报体系的"血液"。因此，在智慧城市背景下对情报要素（资源）进行重新认识、梳理，成为智能决策体系构建必须解决的首要问题。第二，现代信息技术的应用对城市应急起到了巨大的推进作用（也有技术瓶颈问题），但智慧应急不仅仅强调单纯的技术性问题，更强调情报服务的拓展性、系统性以及便民性，因此需要注重技术与人文的统一与结合。第三，城市应急决策情报体系涉及基层情报组织与机构以及相关情报工作人员，目前一些执行应急情报工作的基层应急办、部门指挥中心等机构存在职能定位不清、重叠等问题，甚至常常出现地方政府突发事件信息报告谎报、漏报、迟报等负面现象，严重影响了情报的有效沟通，而突发事件情境下的应急情报流的高效传递影响到事件的有效化解。从这 3 个方面看，在智慧城市背景下，重视情报的效用、情报流的产生与服务、情报流的互通成为情报体系构建的基本问题。

为了强化决策主体的情报需求和意识，促进智慧城市相关技术、平台等与突发事件情报体系的有效融合，明确城市各类情报组织在应急决策中的作用，本文撇开纯粹意义上的情报体系构建问题，仅从情报体系的角度切入，在智慧城市大背景下谈谈城市应急决策情报体系涉及的"智慧"之所在，对应以上 3 个问题，分别从智慧"源"、智慧"核"、智慧"刃" 3 个层面对该情报体系进行"智慧"解读。智慧城市的建设与发展为城市应急提供了最佳契机，对这3个层面的"智慧"解读可以促进情报体系与智慧应急深度融合，对于智慧城市语境与环境下的城市应急决策情报体系的改进与完善具有重要意义，同时也为后续的智慧城市应急决策情报体系构建作基础性铺垫和理论指导。

2 智慧之"源"解读：情报要素的定位与作用

2.1 应急决策：从信息到情报

如前所述，信息的完备程度直接影响到突发事件应急决策的结果，信息复杂、瞬变、杂乱、失真，如何识别、收集和传递关键信息成为有效应对的基础[3]。实际上，信息与情报有着一定的区别与联系，概括来说，信息多是靠近基层的"眼睛朝下"，而情报更应该是面向决策的"眼睛朝上"，情报是被激活了的特定信息，而缺失情报的应急决策如同无源之水[4]。可见，情报是应急决策的支撑，是突发事件应急决策的关键点、必备要件。应急决策的情报包括情报来源、情报流程以及情报产品3个方面，并表现为时效性、相对性、转换性等特征[5]。归根到底，我们应从突发事件各个维度信息上升到情报的高度[6]，从过程中提取情报[7]，抓住应急决策中的"主要矛盾"——将事件信息（数据）提炼成有价值的情报资源，促使其对应急决策的解释力、协助力和推测力更加有效，也更易于实现以情报为核心的突发事件应急决策体系。换句话说，以"情报—应急决策"为依托的研究模式实质上是一个信息认知、情报参照与应用、精准抉择的过程，在某种程度上是一种创新和升华。目前来看，突发事件应急决策中的情报工作存在情报源不明晰、情报实时性不够、情报质量不高等问题，这给突发事件的应急情报工作（活动）带来了困惑。也就是说，从突发事件的"信息层次"升级到"情报层次"，从"普适性变量"升格至"针对性变量"，是情报视角下突发事件应急决策的难点和重点所在。

2.2 城市应急决策中的情报要素分析

一般来说，在智慧城市背景下，城市应急信息资源是指能够支持突发事件应急决策和应急管理的各种信息资源。智慧应急信息资源主要包括城市终端采集、接触警系统、城市管理相关数据库等所形成的城市管理信息资源、互联网中与突发事件相关的信息资源以及通过人际传播的信息资源，它们是支撑快速响应情报体系的数据基础。由于智慧应急信息资源具有海量、多源、异构等特征，因此，如何有效整合这些智慧应急信息资源，将其提炼为典型的有限目标就变得尤为重要。城市应急决策的情报提炼实质上是一个基于应急信息元的转换、融合、提升等过程，即需要对城市突发事件的多信息源进行信息收集与整合，将通过不同渠道收集而来的信息进行分析处理，将无序的非结构化的数据，转换成以事件为单位的有序的结构化的可利用的信息。如城市信息化采集就具有多样化特征，因此可以对智慧城市应急信息资源进行调研，从资源类型、资源组织、内容形式、开发利用程度等多个角度分析具体城市的资源特征，并形成"资源-用户-服务"的评估体系，进而在事件突发时形成有效的情报资源储备，解决城市级海量数据的前置筛选、有效过滤问题。正如上文所说，城市应急决策的情报源包括城市信息系统（如监控系统、报警系统等）、互联网信息、人际交流信息等，而通过情报视角下的突发事件监测与识别（监测面向过程，识别侧重方法）[8]，并就此建立城市突发事件监测与识别体系，可以实现情报层次的采集、组织、分析、加工、处理、评估与利用等，成为提升城市预警能力和应急响应能力的关键。进一步来说，智慧城市的"智慧"源于大数据，智慧应急依赖大数据情报的支撑和协助，大数据环境下的情报资源开发与利用为应急情报的获取与分析带来了便利。实际上，城市突发事件的监测预警就具有大数据特性，即前文所说的综合考虑城市系统中的各种监控终端、移动服务及紧急热线等多种信息源。同时，这种大数据特性要求我们从多种城市突发事件信息源中提炼出潜在的知识，并利用大数据情报的"相关性"思维，形成城市应急情报"关联"网。然而，大数据情报的有效挖掘以及是否被有效利用，并最终能否以智能的方式可视化呈现，则是当前的一大难题。此外，突发事件知识库的构建为突发事件应急决策的知识推理和情报分析提供了必要的知识支持，一般而言，现有的应急预案主要是针对以往相似突发事件来制定的，因此，应研究现有的突发事件应急决策案例的内容，识别同类案例的特点及其之间的差异，提炼出对应急决策有重要影响的特征，构建各类突发事件的特征模型，设计关键情报的抽取流程，以支持突发事件应急决策过程中对关键情报的快速获取。

总而言之，情报资源的积累与利用可以大大提高应急决策的处置能力，情报要素在城市应急决策中起到了关键性作用；应急决策主体对情报的需求会随事态的演变而发生变化，对应急情报的"质"与"量"也提出了极高要求。因此，对情报要素的综合把握本身就体现出一种智慧，而通过智慧应急提炼而出的突发事件情报信息，将成为政府科学决策的重要依据，是智慧之"源"所在。

3 智慧之"核"解读：技术理性与人文价值的整合

3.1 城市应急决策情报体系涉及的"技术"与"人文"因素

上文中笔者提到了城市应急决策的情报本征问题，而为了支持城市突发事件应急决策中的关键情报抽取，需要利用相关的智慧城市应用技术进行相应的事件知识推理、情报分析等，以提炼出关于突发事件的情报信息资源（智慧之"源"）。实际上，基于技术的情报整合就是为了更好地挖掘出突发事件隐藏的内在机理，这包括事件识别方法、事件的要素识别、事件关系识别、事件库构建方法等。其最终目标是将这些情报信息转换到有效应急处置结果的"预测模型"，这个特征"模型"实质是对应急决策的最好服务。结合智慧城市背景，智能技术的发展、融合等改变了应急服务的很多方式、活动等，在新信息环境背景下，大数据、物联网、云计算等技术的应用为智慧应急提供了重要的技术支撑。如大数据技术为突发事件的情报收集提供了算法支持以及相关的事件信息分析与预测，利用大数据"利器"可以对城市整个"形态"进行情报跟踪，是智慧城市的"智慧引擎"；物联网技术可以整合遍布城市各处的传感器和智能设备，支持一体化控制与治理，可应用于突发事件的信息预警；云计算技术又可提供数据关联平台，提升城市突发事件信息处理效率，助推应急智慧化，等等。总的来说，在智慧城市背景下，应急决策需要通过一系列应用技术手段来感知、获取、分析、整合、协调、利用城市核心系统的各类情报资源，并实现智慧应急相关技术的高度集成。应急所需的技术依托于智慧城市，又服务于智慧城市，并反向推动城市应急管理水平的提升。

情报视角下的智慧应急依赖于情报技术的进步与突破，但"唯技术论"或片面强调情报技术的价值，就忽略了情报学应有的人文观。换句话说，智慧型应急管理不应该在技术泛化中迷失自我，还应关注决策主体的情报意识、应急情报人才队伍建设、专家咨询、知识管理、公众应对突发事件的心理和思维、网络信息安全规范体系、信息公开与公民参与、应急培训（如广泛宣传相关应急管理知识、防灾救灾知识等）、价值取向、权衡利益等。城市文化建设是城市发展必须面对的任务，智慧城市更强调这种人文价值观，在应急状况下，这种人文价值将会经受更为直接的考验。这种人文关怀的主体涉及应急决策主体、情报分析人员、民众（尤其是信息弱势群体）、情报机构、社会团体、媒体等。当然，从情报视角实施智慧型应急管理，还应防止过度的"情报越权"应急活动。比如，美国针对大规模枪击事件问题，利用街头监控摄像机与分析软件相链接，以此来发现甚至创造"异常行为"模式，以预判哪些人、哪些区域犯罪率较高，但这极易造成非法的无罪推定、"审前盘问"问题，违背了正常的情报伦理[9]。需要指出，在突发事件发生后，高效的应急资源调配是应急决策的重要环节，在对应急物资信息的获取、调度方面，需要将人力、物力等资源结合起来，基于应急救援的使命感，明确自身责任，顾及民众所需（心理、精神、生存等层面），凸显出受灾救援的人文关怀。

3.2 技术理性与人文价值的"智慧"整合

智慧型应急管理是在有效的时间内开展智慧化的应急决策处置活动，与其相关的应急决策力求明确问题与目标，选择满意方案，组织实施并跟踪检验，纠正决策过程中的失误，直至问题被彻底解决，它是一个动态的决策过程[10]。技术理性是人们追求技术规范性、合理性、有效性等体现出来的一种智慧、能力[11]。人文价值是精神层面的智慧内涵，是一种尊重个体乃至集体"人本理念"的价值观。从情报学角度研究城市应急决策应体现出情报学学科特色，技术理性与人文价值一直以来是情报学的双重语境，而从物理空间到认知空间的映射及其有效整合则是其关键[12]。笔者认为，智慧型应急管理应是多层次、跨领域的，在智慧城市背景下，技术和人文层面的智慧应急更容易实现。技术理性贯穿于突发事件应急决策整个过程之中，人文价值又是其不可或缺的重要部分，两者相互统一，不能割裂。例如，突发事件情境下的公众应急心理相对脆弱，可能会出现各种负面（信息）行为前兆（尤其是群体性突发事件），而城市突发事件信息传播过程中一旦出现变异、异化现象，势必引发公众恐慌，因此需要在"技术"与"管理"的综合下对其进行有效疏导干预，对表现出一定征兆的社会因素加以控制，实现媒体传播、群体关注、政府介入，进而实现相互推进与协作。可以说，技术层面的进步有利于对事件的控制与预测；人文层面的价值则体现出对应急智慧的追求、塑造、关怀，体现出智慧型应急服务的高效便民，人是万物之灵，又是智慧的载体，回归人文是智慧应急的必由之路。因此，城市应急决策情报体系的构建需注重"技术"与"人文"的结合，注重"主观"与"客观"的结合，并明确情报体系各要素的层次关系和关联关系。

具体来说，从情报学学科角度出发，首先，情报学为其提供关键情报资源分析、处理以及检索的方法、技术（包括相关的技术标准、规范）等，如可以构建包括领域库、案例库、预案库、问题库与模型库在内的突发事件本体知识库的系统原型，为城市突发事件应急决策提供智力支持，实际上这也是智慧之所在；其次，情报视角下的智慧应急关注情报服务中的人文因素，为应急决策提供良好的制度保障，研究多元应急环境、信息生态、决策主体认知（情报素养）、群众信息行为、突发事件相关信息政策法规等，为智慧型应急管理提供了"软环境"支撑。实际上，城市应急决策科学化归根到底是由技术初步建构起来的，在信息时代尤为明显（如地理信息技术在城市应急中的作用），但并不应该由技术来"终结"，城市管理者是应急决策的发起者，因此决策主体的应急智慧某种程度上也影响着决策方案的实施效果。一言以蔽之，城市应急决策应走向技术理性与人文价值"智慧"整合的双向均衡发展道路。为了实现时间与空间、线上与线下的有效整合，需要城市应急管理者在系统实现信息技术应用以及情报（信息）服务两方面下大工夫，坚持"技术支撑"与"内容建设"两手抓，以通过情报流来调配物资流、人员流、资金流等。具体来说，就需要继续加大智慧城市新一代信息技术的应用力度，完善相关技术支撑设施，整合城市中的交通、通信、水、电、气等公共服务，重视相关应急知识服务等，将技术与人文因素贯穿于情报体系之中并提供综合性的"智慧"服务，做到智能处理、科学分析、及时预警等，促使城市应急决策效率得到质的提升。"智"在技术，"慧"在人文，两者共同成为城市应急决策情报体系的智慧之"核"。

4 智慧之"刃"解读：快速响应与协同联动

4.1 快速响应的城市应急决策情报体系

如前所述，城市突发事件的频发给政府、企业、公众等带来了诸多负面影响，因此，如何迅速地获知不可预测的挑战并做出快速响应是亟待解决的关键问题之一，建立快速响应情报体系是应对城市突发事件并实现其战略目标的重要手段。需要指出，"响应"与"反应"存在细微差异，"响应"是一个深思熟虑的过程，更侧重于"应对自如"，"反应"则更为直接和冲动，偏"被动"，因此，用"快速响应"可以更好地表达出应急决策情报体系的科学性以及时效性。应急决策常常是临机决策，突发事件发生时，由于各种不利因素，快速收集突发事件信息以及应急物资信息变得十分艰难，这就要求整个情报体系的运转更加灵活、高效、及时。在智慧城市强调"智慧特色"的大背景下，这种应急决策情报体系更应体现出快速响应的基本要求。

快速响应的前提是警觉性和预见性的发现与认知，继而作出科学预测和危险性的评估。从现有情况来看，可以在综合把握多阶段、多主体的情报需求规律以及作用机理的前提下，充分利用城市宽带网络和分布式数据库技术，发挥城市科技资源的优势，整合分散的应急资源，做到现场及时、数据完备、通讯畅通、信息共享，以支持快速应急决策。很多城市的应急管理工作平时缺乏演练，事先准备不足，甚至没有专项预案，导致在突发事件发生时"临时抱佛脚"，而诸如突发事件情报失察带来的应急决策失误比比皆是。因此，为了做到快速接警处警，对日常异常数据信息的汇集与报送、隐患分析与预警分级、动态指挥和资源调度、功效评价等尤为重要，可以从3个方面来考虑这种"快速响应"：

（1）事前的监测预警是"第一道防线"。完善城市突发事件的监测与预警机制是快速响应机制的重要环节，这种快速响应的能力包括对应急情报的及时感知、获取、汇总、分析、整合能力以及进一步的信息传递与信息公开、共享能力等。当然，快速响应的应急决策依赖于技术的支撑，如信息可视化技术、通讯技术、遥感技术、图像处理技术等在城市信息系统中的应用可以为决策部门提供及时准确的信息。

（2）事中的快速部署和控制。根据应急情报的具体内容和特征，缩短部门之间的传递路径，避免应急过程出现时间延误，某些关键性的应急情报可以直达最高决策指挥部门。如 M. P. Kwan 就恐怖袭击问题构建了实时的智能应急响应系统（GIS for intelligent emergency response system，GIERS），以做出多层次结构的快速响应，并能依据情报设置最短路径，优化应急决策[13]，避免因层层上报而延误战机。需要指出，在应急物资上应做到及时调度，针对应急资源需求问题，引入时间因素进行动态预测。如自然灾害类突发事件的不同时期，需求的应急物资是随时间变化的。

（3）事后的及时总结和恢复重建。总结包括事件的评估、反馈等方面内容（如人员、资金、物资、损失等），实际上，对事件的评估过程是贯穿于事件处置整个过程之中的（如前期的应急预案修正等），但事后的快速总结可以做更全面的事件评估和反馈（如信息公开、突发事件信息报告等），以及对事件的妥善处置，从而更加有效地进行事后恢复与重建工作，并及时总结相关应急经验和教训。

4.2　城市应急决策情报体系中的协同联动机制

上文笔者提到，整个应急决策情报体系应是快速响应的，情报在这种快速响应的管理体系中如何流动，各管理部门如何就应急决策的相关情报进行沟通与协调，目前尚没有完整的雏形。实际上，应急决策情报体系是一个复杂的系统，涉及多元主体，包括政府、公众、非正式组织等。由于城市系统的日益复杂和脆弱，城市中各个主体所拥有的应急管理资源以及处理能力又是有限的，因而迫切需要建立一个协同联动机制来应对各类城市突发事件。

因此，从城市、典型的突发事件入手，根据自身特点，应建立总体机制协同、单项活动协同（城市统一接警、分级分类处置）、信息平台的互联互通等立体化、多样性、多层次的协同联动机制，既要"定规矩"，又要"整合与共享资源"，将参与式管理融于城市智慧应急管理之中。具体来说，政府在协同联动机制中处于主导地位，但其他社会组织体系及市民团体也能在其工作范围内起到预警防范、组织动员、社会救助的责任，并能适当、适时地填补政府和社会经济组织在相关应急工作中的空白或不足。但目前而言，这种应急协同联动机制尚不够完善，如目前很多专业性的情报机构并未被纳入到突发事件的应急情报网络之中[14]。基于此，有学者尝试构建了基于政府职能部门、军队系统、社会组织以及个人的多元主体协同联动机制，涉及决策体系（政府主导，其他参与）、保障体系（情报资源以及情报组织保障）、指挥体系（政府牵头，亦覆盖应急管理相关各部门，如地震局、消防局等具体应急单位）、控制体系（协调各部门的情报资源，做到情报共享）。在这个情报体系中，情报是分布式存在的，因此有必要通过各个主体之间的应急情报沟通、交流，实现有效的多主体、多层次的情报融合，保障情报体系高效、有序运转[15]。具体来说，在城市突发事件发生时，这种智慧应急表现为动态掌握救援队伍、应急储备物资、应急通信系统、医疗急救机构等方面的情况，通过构建相关的应急平台[16]、情报及时服务平台[17]，实现对多个城市管理部门（乃至城市群之间）关于应急情报资源的统一连接和管理，并明确各类情报组织在城市应急决策中的地位与作用。因此，还需要对城市安全各个方面的信息系统进行协同合作，这种信息平台的互联互通要求将城市中的交通、通信、商业等资源整合成相互联系的整体，促使城市突发事件应急情报资源在多个信息系统中传递、转化和交流，并实现多信息源的信息整合。

总的来说，"信息孤岛"问题是智慧应急的"瓶颈"，在智慧城市应急管理过程中，需要一套量身定制的应急决策情报体系。面向智慧城市应急决策的快速响应情报体系是一个多要素的综合有机整体，抽象层次较高，构建完整、合理、协同运作的业务流程和信息流程就变得尤为重要。归根到底，这种智慧型应急管理是要以智能感知、多媒体融合通信、视频监控系统等为基础，通过整合庞大的城市各信息系统、平台，做到智能化的快速响应、横向和纵向的协同联动。智慧城市的很多理念实质上是对城市突发事件应急决策的一种升级改造，为了积极适应和促进城市应急管理水平的提高，需要做到平战结合，以此提高应急响应效率与速度。

5 结语

城市突发事件的频繁发生对城市经济发展、社会公众的基本价值导向和行为准则等构成了严重威胁，一旦重视不够，处置不当，必将带来诸多不确定、不协调、不和谐因素，进而影响到智慧城市的规划、建设与推进。为了丰富智慧城市应急决策管理理论，并从情报视角研究信息对城市应急决策的影响，深化智慧城市应急决策情报体系的理念与思路，本文从理论上对城市应急决策情报体系涉及的若干问题进行了"智慧"解读、剖析。其中，智慧之"源"强调情报要素在城市应急决策情报体系中的地位与作用；智慧之"核"则从技术理性与人文价值角度凸显出情报的产生、挖掘、融合以及相关的人文层面的应急情报研究与关怀；智慧之"刃"则刻画出基于情报要素的快速流动、沟通、共享等机制问题，三者相互交叉、互为关联，并各有侧重，为构建一系列满足城市自身需求的智慧解决方案提供了某些思考。

城市应急是当前政府机构和学术界关注的一个重要现实问题，涵盖"安全"和"服务"两个方面。客观来说，在智慧城市大背景下，面对突发事件，城市管理者具备了得天独厚的集中力量办大事、办好事的先天优势和后发优势。从更高层次来说，城市应急决策智慧化是一门艺术，而只有经历一番情报活动，才能脱离智慧应急源中的泛、杂而乱的数据（信息）烟海。大数据时代的到来、大数据情报的产生某种程度上是对城市应急决策的进一步优化。当然，城市应急决策情报体系不应仅仅关注应急状态下的情报流问题，还应关注无灾害时期的各项"情报功能"，以凸显出"智慧"之所在。为了散发"智慧之光"，有必要在应急管理的情报源、情报要素认知、情报技术应用、情报伦理等内容上下大工夫。

在公共危机状态下，情报资源是十分有限的，并受到诸多因素约束。现有的智慧城市应急决策研究对情报支持问题未给予足够重视，而情报又是面向决策、面向服务的。因此，利用情报学科的优势、特色，确保应急情报的质量，促进城市应急中的情报与情报、情报与业务、情报与用户之间的有效融合，立足于实践，又服务于实践，在智慧城市大背景下构建面向突发事件应急决策的快速响应情报体系将具有重要的理论价值和实践意义。与此相关，在网络视角下，事件链、信息流、社会语义网等构成了应急决策情报体系的"智慧"建设主题[18]，正在成为智慧城市背景下的应急决策情报体系的有效支撑。至于该情报体系的具体框架与构成、各要素识别、各功能模块、各层级关系等，将是笔者下一步的重要研究内容。最后，笔者期待更多的情报学科相关学者加入到突发事件应急决策的研究中来，关注国家、政府重大决策问题，为情报学"大厦"添砖加瓦！

参考文献：

[1]　靖国平. 论智慧的涵义及其特征 [J]. 湖南师范大学教育科学学报，2004，3（2）：14-18.

[2]　王世伟. 说"智慧城市" [J]. 图书情报工作，2012，56（2）：5-9.

[3]　钟开斌. 应急决策——理论与案例 [M]. 北京：社会科学文献出版社，2014：70-143.

[4]　姚乐野，范炜. 突发事件应急管理中的情报本征机理研究 [J]. 图书情报工作，2014，58（23）：6-11.

[5]　范炜，胡康林. 面向突发事件应急决策的情报支撑作用研究 [J]. 图书情报工作，2014，58（23）：19-25.

[6]　Egnoto M J，Svetieva E，Vishwanath A，et al. Diffusion of emergency information during a crisis within a university [J]. Journal of Homeland Security and Emergency Management，2013，10（1）：267-287.

[7]　Schlegelmilch J，Albanese J. Applying business intelligence innovations to emergency management [J]. Journal of Business Continuity & Emergency Planning，2014，8（1）：31-40.

[8]　李纲，李阳. 情报视角下的突发事件监测与识别研究 [J]. 图书情报工作，2014，58（24）：66-72.

[9]　邱仁宗，黄雯，翟晓梅. 大数据技术的伦理问题 [J]. 科学与社会，2014，4（1）：36-48.

[10]　Walle B，Turoff M. Decision support for emergency situations [J]. Information System and E-Business Management，2008，6（3）：295-316.

[11]　莫泽瑞. 技术理性与图书馆学的发展 [J]. 图书情报工作，2005，49（7）：117-120，69.

[12]　马费成，宋恩梅，张勤. IRM-KM 范式与情报学发展研究 [M]. 武汉：武汉大学出版社，2008：339-340.

[13]　Kwan M P，Lee J. Emergency response after 9/11：The potential of real-time 3D GIS for quick emergency response in micro-spatial environments [J]. Computers，Environment and Urban Systems，2005，29（2）：93-113.

[14]　林曦，姚乐野. 我国突发事件应急管理的情报工作现状与问题分析 [J]. 图书情报工作，2014，58（23）：12-18.

[15]　袁莉，杨巧云. 重特大灾害应急决策的快速响应情报体系协同联动机制研究 [J]. 四川大学学报（哲学社会科学版），2014，（3）：116-124.

[16]　陈於立，沙志友. GIS 与智慧应急 [EB/OL].［2014-12-25］. http：//smartcity. cin. net. cn/html/2013-07/223. html.

[17] 朱晓峰，冯雪艳，王东波. 面向突发事件的情报体系研究 [J]. 情报理论与实践，2014，37（4）：77-80，97.

[18] 李纲，叶光辉. 网络视角下的应急情报体系"智慧"建设主题探讨 [J]. 情报理论与实践，2014，37（8）：51-55.

作者简介：

李纲（ORCID：0000-0002-8336-4891），中心副主任，教授，博士生导师；李阳（ORCID：0000-0002-4479-969X），博士研究生，通讯作者，E-mail：731742792@ qq. com。

作者贡献说明：

李纲：负责论文主题的选取、整体研究框架的设计与指导；

李阳：负责资料收集与整理、论文写作、后期修改。

信息管理模式的演化与发展[*]

——从数据管理到智慧管理

1 引言

近年来，哲学界、教育界和图情界先后展开了智慧理念[1]、智慧价值[2]、智慧服务[3]等方面的研究，智慧管理研究随之进入学界视野。目前，关于智慧管理的研究主要集中在两方面，即"智慧管理"和"管理智慧"。首先，"智慧管理"是指管理者运用智慧进行管理或利用人工智能管理，吕艺高等认为智慧管理就是运用人的智慧创造地战胜困难、解决问题和化解矛盾[4]；荣荣等指出以信息化技术为导向的智慧管理是教育管理的发展方向[5]；吕敏慧等认为运用人工智能可实现城市规划的智慧管理[6]。其次，"管理智慧"是指对智慧进行管理，提升智慧的运用效能。R. L. Ackoff 在知识管理的基础上，勾勒出运用信息、知识进行思考、决策、执行并反思的智慧形成和发展模式[7]；马关生等以智慧为管理对象，提出了智慧管理理念，构筑了智慧管理的内容体系[8]。本文研究的智慧管理属于第二方面，即"管理智慧"。

信息科学在经历了数据管理、信息管理、知识管理等信息管理模式之后，正在逐步迈入智慧管理时代，智慧管理成为知识管理之后学界关注的焦点。深入理解智慧管理的基本内涵和运行机制，不仅是知识管理发展的必然趋势，也是解决当前知识管理存在问题的必然结果。本文将在厘清信息管理模式发展脉络的基础上，分析智慧管理的基本内涵和运行机制，探索智慧管理对知识管理的拓展和提升。

2 信息形态的历史演进

作为情报学的最主要和最基本的研究对象，信息有广义和狭义之分：广义的信息包括自然界和人类社会的所有现象及对这些现象的认知，狭义的信

* 本文系中央高校基本科研业务费专项基金项目"上海高端智库决策影响力提升路径研究"（项目编号：WR1624001）和长三角地区高校图书馆联盟-图书情报研究基金重点项目"上海高校图书馆服务智库转型研究"（项目编号：2016A005）研究成果之一。

息则是对数据间关系的解释。广义信息研究有多种分类方法，其中代表性有"三分法"和"四分法"。

"三分法"是基于英国科学哲学家卡尔·波普尔（K. Popper）"三个世界"的理论，将信息划分为三大类：第一类是有关客观物理世界的信息，它反映事物运动状态及其变化方式；第二类是有关人类主观精神世界的信息，即主体论或认识论意义上的隐性信息，它反映人类所感受的事物运动状态及其变化方式，处于意识和思维状态；第三类是有关客观显性信息，即人类用语言、文字、图像、影视、数据等载体，表述的事物运动状态及其变化方式。"三个世界"理论提供了全面认识和准确把握广义信息分类的依据[9]。

"四分法"是基于人们对客观世界认识的信息分类方法。人类对客观世界的认识是一个由浅到深不断发展的过程，I. Nonaka、T. H. Davenport 和 L. Prusack 等国内外知识管理领域学者认为数据、信息和知识是对事实的描述，三者都被统一到对事实的认识过程中，并形成了"数据—信息—知识"依次递进的层级关系[10-11]；数据、信息、知识和情报是情报学的基础概念，情报源于信息，情报是激活的知识，从数据转化为信息、从信息转化为情报都需要知识的支撑，知识贯穿于转化全过程[12]；上官景昌从信息链理论清晰地阐述了数据、信息、知识与情报之间的关系，指出信息是有意义的数据，知识是经过推理验证的可解释的信息，情报是活化了的知识[13]。可见，学术界大多将人类对客观世界的认知划分为数据、信息和知识。随着大数据、云计算等人工智能概念的出现与运用推广，智慧成为人类对客观世界认知的第4个类型。智慧和信息、智能、情报之间的关系表现为，在情报产品的生产过程中，运用智能手段，对信息进行加工处理，进而产生智慧[14]。G. Bellinger、D. Castro、A. Mills 和王德禄的研究也认为数据、信息、知识和智慧的分类方法具有合理性。近年来，"四分法"得到了情报学界和管理学界广泛认同。

本文以广义信息的四分法为依据和视角，分析数据、信息、知识与智慧及其相互关系，研究信息管理模式的发展脉络。

2.1 数据、信息、知识与智慧的概念

国内外学者对数据、信息、知识和智慧的定义多种多样，侧重点也不尽相同。

2.1.1 数据　数据是事实的集合，是以事实、数字、图像或文本等形式反映客观事物的某种运动状态。从认识主体来看，数据是人脑对客观事物及状态的最初印象，是人脑在最浅层面与客观事物相互作用的结果。

2.1.2　信　息　信息是对数据进行加工处理，以及被解释具有某种意义的事实、数字和图像等形式的信息，分析它们之间可能存在的"4W"（why，what，where，when）关联，形成解释某个特定问题的文本，建立数据间的相互联系。正如《1998 年世界发展报告——知识促进发展》所指出的：信息是以有意义的形式加以排列和处理的数据[15]。

2.1.3　知　识　知识是客观世界物质信息与人类经验、技能、智慧相结合的产物。T. H. Davenport 与 L. Prusak 在《知识管理》中指出："知识是一种流动性质的综合体，其中包括结构化的经验、价值以及经过文字化的信息"[11]。通过概念、视角、判断、预期等方法和技能，建立信息与数据、信息与信息在实际应用中的有意义的联系，解决 1W1H（why，how）问题，实现知识生产。

2.1.4　智　慧　智慧是人类所表现出对客观事物迅速、灵活、正确地理解能力，主要表现为收集、加工、应用、传播信息和知识能力，以及对事物发展的前瞻性看法，有效解决实际问题[16]。可见，智慧是以知识为根基，将个体的应用能力、实践经验与实践能力及其所学到的知识应用于实际工作中所产生的新知识。随着知识层次的不断提高，智慧将向更高层次发展。

2.2　数据、信息、知识与智慧间的关系

数据是事实，信息是经过处理后具有相关性的规律化数据，知识是通过对信息的提取、识别、分析和归纳后建构的序列化信息，智慧则是以知识存量为基础的一种更高层次的知识创造活动。上述四者之间的关系可以从认识主体的层级性、认识对象的发展性、认识活动的递进性、认识结果的转化性、认识价值的跃迁性、认识功能演进性等方面进行展开。

2.2.1　认识主体的层级性　从思维方式看，数据是通过感觉、知觉、表象 3 种形式从感性认识的层面上对客观世界反映的产物，具有形象性和直接性的特点；信息、知识和智慧是通过概念、判断、推理等形式在理性认识层面上认识客观世界的产物，信息、知识、智慧理性认识的对象分别是数据、信息、知识与实践。从认识思维作用看，通过理解事实，事实转化为数据；通过理解数据间关系，数据转化为信息；通过理解信息类型，信息转化为知识；通过理解知识原理，知识转化为智慧。可见，随着信息层级的提升，思维作用不断深化。如图 1 所示：

2.2.2　认识对象的发展性　数据、信息、知识的认识对象都与过去和现实相关，研究已经存在什么或已知什么；而智慧的认识对象包括过去和现

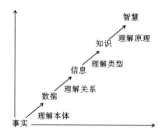

图 1 事实、数据、信息、知识和智慧的发展层级

在，但侧重于未来。数据的认识对象是已存在的客观世界，信息的认识对象是已经或者正在被记录的客观世界，知识的认识对象是已经被加工的反映客观世界的信息；智慧则以知识为基础，认识对象是客观世界过去、目前或未来存在的问题。从认识对象的发展来看，数据、信息、知识和智慧四者关系依次表现为：后者以前者为基础，后者是前者的发展和提升，具有明显的发展性（见图 2），由低层次向高层次发展，构成明显的金字塔形 FDIKW 模型。

图 2 "事实—数据—信息—知识—智慧"
（FDIKW）层次模型

2.2.3 认识活动的递进性 作为事实的最原始记录，数据只是孤立和分散地反映客观事物的某种状态，未被加工和解释，与其他数据之间没有建立相互联系，没有回答任何特定问题；信息则是经过加工与处理所得到的数据，分析和建立数据间的联系；知识是通过提取、识别、分析、归纳和发现信息中存在的规律，建立信息间的联系；智慧是将人们的知识经验、见解与技能运用到实践活动中，解决某些特定问题，并创造更高层次的知识。

2.2.4 认识结果的转化性 数据、信息、知识和智慧的认识过程是一个由低级到高级不断发展的过程，形成认识结果的转化链条。事实上，浅层次的认识结果是繁杂零散的数据；繁杂零散的数据经过分析、解释、组织和集成转化为规律化的数据，即信息；信息有目的和有意义的重构，即信息转

96

变为知识；知识的选择、评价和运用的结果就是更高层次的智能化知识，即知识转化为智慧。

2.2.5　认识价值的跃迁性　"事实—数据—信息—知识—智慧"是一个价值逐级提升的过程。在这一过程中，层级的提升伴随着认识价值的持续增加，其中人的判断能力和思维能力是认识价值增值的主要影响因素。在数据形成过程中，认识结果仅表现为记录一些用途不明确的数值和现象；信息的形成需要分析和解释，通过认识活动形成信息资源，认识价值得以显现；知识的发现离不开信息的提取、识别、分析、归纳、建构等深层次的认识活动，认识价值得以提升；智慧的生成则离不开高层次的认识研究和知识创造，认识价值在此阶段得到最大限度地增加。

2.2.6　认识功能的演进性　数据、信息、知识和智慧都具有决策支持功能。基于事实的数据是决策不可或缺的基础性支持依据，其决策支持作用具有隐蔽性或不明确性；信息的决策支持具有外部性特征，表现为间接性功能；知识的决策支持作用具有内部性特征，表现为直接性功能，而智慧是知识与实践相结合的产物，其决策支持功能是决定性的。总体来看，四者的决策支持作用呈现为不断深入的过程和趋势。如图3所示：

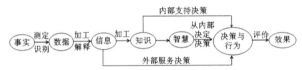

图3　事实、数据、信息、知识和智慧对决策的作用

综上所述，人们把原始数据作为形成信息和知识的源泉，知识的基础是信息，智慧的前提是知识；信息是对数据的解释，知识揭示了信息间的规律，智慧是知识的有效选择与运用。数据、信息、知识和智慧是相互依赖、逐级转化、不断提升的线性发展关系。

3　信息管理模式的发展脉络

随着信息管理技术的不断发展，对应于数据、信息和知识，信息管理对象从数据流转变为信息流，然后从信息流转变为知识流[17]，信息管理模式也由数据管理模式向信息管理模式转变，再由信息管理模式向知识管理模式转变[18]。3种管理模式逐层递进，从低级阶段向高级阶段不断演化[19]，这一演化至今持续半个多世纪。随着大数据时代的到来，数据的重要性不断提升，互联网数据资源的挖掘、分析、运用、管控被上述3种信息管理模式广泛运用。

信息管理源于数据管理，知识管理源于信息管理。信息管理模式既是信息管理发展的结果，同时也体现了信息管理的时代要求。同时信息管理模式的缺陷是其发展的动力源。厘清上述信息管理模式及其不足，有利于廓清信息管理模式的发展脉络。

3.1　数据管理及其缺陷

数据是事实的反映。数据管理按照数据的"生成—传递—存贮—配置—分析"流程，以数据源、数据流、数据库、数据网络、数据应用等为管理对象，明确数据的定义、建立数据标准、构建数据字典、优化数据结构、建设数据库、协调数据使用、发挥数据作用等，为管理和决策提供数据保障。管理者结合自身的知识、经验和技能，加工处理数据，以此辅助决策，这种管理模式就是数据管理[20]。

对于具体决策而言，数据保障最大的问题在于其作用的不确定性。即使同一数据，决策者的知识水平、经验阅历和能力技巧不同，从数据分析中得到的信息也不一样，加之具体环境差异，最终用于决策的信息及其作用差别很大。可见，通过数据保障支持管理决策，作用具有不确定性，数据管理被信息管理取代是必然趋势。

3.2　信息管理及其缺陷

信息管理是以数据管理为基础、以信息流为管理对象的信息管理模式。信息具有现实可用性[21]，通过对信息流的管理与控制，信息管理有效解决数据的多样性、复杂性、无序性，适应具体管理需求的特定性。有效开发利用信息资源，管理者能够快速获取所需信息，为决策提供信息保障[22]。

相对于数据管理，信息管理的内涵更丰富、内容更复杂。从管理层次来看，宏观信息管理包括信息的规划、组织和控制，信息技术的引入、推广和更新以及信息内容和信息技术的融合。微观信息管理内容首先是获取数据，加工数据转变为信息；其次是管理转化信息包括信息的采集、存贮、分类、组织、加工、传输、检索等全过程。从发展阶段来看，信息管理在微观层面和宏观层面上分别对应技术管理与资源管理两个阶段。从管理对象上看，信息管理不仅包括内外部的显性信息，同时包括人的思维、经验和技能等隐性知识[23]。

管理学家西蒙认为，"管理的前提是决策，决策的前提是预测"[24]。20世纪80年代，管理环境从相对稳定的线性变化时期步入剧烈波动的非线性变化时期。信息管理已经不能适应时代发展需要，其预测落后于环境变化，对用户的信息需求实质——解决问题方案关注不够，尤其是没有将知识视为重要战略资源；对难以掌握和管理却解决问题更有效、更有价值的隐性知识管理的忽视，直接导致个体和组织创新能力低下，面向现实的管理决策总是处于被动状态。信息管理的这些问题直接导致了全新管理模式知识管理的产生。

3.3 知识管理及其缺陷

知识管理是指组织或个体面对环境的不连续性、不确定性和不可预测性，以信息为基础，以技术为手段，以创新为目的的系统化、组织化的识别、获取、存储、应用和传播知识并将其转化为素质和能力的管理活动[25]。通过组织内外部知识的获取、共享、创新等管理和运用，提升组织价值创造能力[26]。

知识管理偏重于人才资源的管理，而信息资源则偏重于收集、加工和扩散；侧重于隐性知识、智力资本和知识资产的管理，尤其是隐性知识与显性知识的循环转换，而不限于显性知识的管理；侧重于组织学习、知识共享、知识创新和知识增值，而非纯粹的信息提供和信息共享。

知识管理的缺陷在于它只关注知识的获取、分享与最优化，对知识的选择、运用、制度和调适性关注较少。由于现代管理、组织环境的复杂性，K. Eisenhardt、D. Hambrick、L. Prusack 和 T. H. Davenport、J. Gosling 和 H. Mintzberg 等提出知识管理需要考虑管理之外的因素，于是智慧概念被引入到管理领域，旨在解决知识管理所存在的问题。

3.4 数据管理、信息管理与知识管理的关系

半个多世纪以来，信息管理模式从数据管理到信息管理、再到知识管理，发展呈现出阶段性和连续性并存，从信息基础向信息运用推进，由低层次到高层次持续演化。就三者间关系而言，前者是后者的基础，后者是前者的发展；后者与前者不是取代关系，而是并行关系，前者的进步推动了后者的发展；随着管理模式的发展，前者的重要性逐渐弱化，后者的地位逐步提升。

4 智慧管理：信息管理新模式

4.1 智慧管理的概念

智慧是以知识体系为基础，尤其是隐性知识，融合了智力、非智力、知识、技能、价值观等资源和要素，形成的灵活、迅速、正确解决问题的能力。

可见，智慧既是一种能力，也是一种资源和一套价值观。因此，智慧是资源、能力、价值的复合体。

2006 年 A. Rowley 开始关注知识管理存在的知识选择、知识应用和知识制度化等问题，随后 K. Eisenhardt、T. H. Davenport 和 L. Prusack 等学者将智慧引入知识管理领域，由此开启智慧管理研究时代[27]。2008 年 IBM 公司首次提出"智慧地球"概念。此后，中国学者开始关注智慧管理：蒋俊兴从管理方式角度提出：智慧管理是在经验管理和规范管理基础上实现的更高级管理形式[28]；马关生等从资源角度提出智慧管理是关于智慧资源的管理[29]；刘杨从物联网整合角度提出了基于供应链的智慧管理[30]；荣荣等从系统角度提出智慧管理是通过智慧管理云平台系统对外界需求进行智能处理[5]；王世伟从图情学角度提出智慧图书馆是未来图书馆的新模式[31]。

从上述研究可以看出，智慧管理是以智慧为管理对象，而智慧地球、智慧城市和智慧图书馆都是以信息技术、通信技术和智能技术为手段和方法，对地球、城市和图书馆等进行智能化或智慧化管理；智慧管理的目的在于挖掘和提升智慧使用的效能，而智慧地球、智慧城市和智慧图书馆的主要目的在于管理的智能化。

4.2　智慧管理的内涵

相对于知识管理聚焦大众式管理，智慧管理则侧重精英式管理。智慧管理以智慧为管理对象，主要包括智慧资源、智慧能力和智慧运用等，以此提高智慧在决策管理中的作用。

4.2.1　智慧资源　作为精英式管理，智慧管理的对象是智慧资源。智慧资源虽然不如数据资源、信息资源、知识资源广泛，但却是战略决策的核心资源。智慧资源是建立在知识和经验基础上的创新思维、创新技法以及事物发展规律的海量知识、信息及工具的总成，主要包括决策者、个体、群体、组织以及外部环境拥有的智慧资源。

（1）决策者智慧资源。决策者智慧资源包括知识资源、经验资源、精神资源（创新精神、进取精神和冒险精神）和特质资源（风险偏好、价值观、性格情感、交际网络、特异感官等），这是一种特殊智力资源和长期的经验与知识累积。

（2）个体智慧资源。个体智慧资源主要指员工个体丰富的知识资源、较高的技能资源和特质化的创新资源。作为知识的集成者和创新者，具有较高知识与技能综合运用的员工能够解决实践中的关键技术难题[32]。

（3）群体智慧资源。J. Smith 提出群体智慧是共同信念指引产生的群体凝聚力和智慧库。C. Kaplan 和 S. Krause 强调了群体智慧在解决问题、稳妥决策以及通过交互方式获取并整合不同类型信息等方面个体认知难以比拟的优势；J. M. Leimeister 认为群体成员运用知识去学习、理解和适应环境、解决问题，能够形成智慧资源。可见，群体智慧资源包括员工团体共有共享的信息资源、知识资源、技能资源、思想资源、智慧资源等。

（4）组织智慧资源。组织智慧是指一个组织以共同价值观为核心基础，通过决策者、个体和群体智慧的组织学习、沟通碰撞所形成的智慧资源。组织智慧资源是建立在个体、决策者和群体智慧基础上的组织化、共享化的数据、信息、知识及其挖掘所形成的智慧资源，它对于组织适应环境、主动变革、自我超越、应变决策、执行决策具有决定性作用。

（5）外部智慧资源。外部智慧资源是相对于内部智慧资源而言的，它包括从外部有偿或无偿获得的智慧资源，包括现实社会的社会网络智慧资源、网络社会智慧资源、咨询机构或智库的智慧资源等，这种智慧资源可无限放大组织或个体的智慧资源，对于组织或个体的管理和决策具有重要支持作用。

4.2.2 智慧能力　智慧管理不仅是资源管理，更是能力管理。智慧能力是智慧资源运用的外在体现，包括个体智慧能力、群体智慧能力、组织智慧能力、外部智慧能力等。

（1）个体智慧能力。个体智慧能力主要是指个体依据所占有的数据、信息、知识进行创新的技能和经验、价值观和伦理规范等能力。面对复杂的环境和变化的信息，个体具有提出较高价值的见解、解释、决策方案和解决关键技术难题的能力。决策者作为个体，除了拥有个体智慧能力外，还必须具备决策者应拥有的信息和知识的转化能力、组织能力、管理能力和创新能力，这些能力对于组织的正常运行和快速发展具有决定性影响。

（2）群体智慧能力。群体智慧能力是指群体有目的地行动、合理地思考、高效地处理周围环境的稳定或全局性的能力[8]，这种能力的形成是具有知识和智能的群体在共同理念指引和完成某项任务过程中形成的智慧累积和集成，并形成新的智慧增值，提升智慧管理水平。它是群体在共同价值观指导下完成任务所运用知识去学习、理解和适应环境、生成智慧解决问题的能力和优势。

（3）组织智慧能力。组织智慧能力是指一个组织以其共同价值观为核心，通过组织成员间智慧的组织学习、沟通碰撞形成的"6C+1S"能力，即价值能力、决策能力、创造能力、应变能力、协同能力、文化能力、反省能力，即组织必须培养自由包容的组织文化、开放卓越的领导能力、科学决策和高效执行能力、经验与教训总结能力，履行符合伦理的社会责任，确保组织适应环境和回避危险，满足组织发展的战略需求。

（4）外部智慧能力。外部智慧能力主要表现为从外部获取智慧资源以实现科学决策和高效解决问题的能力，即外部智慧的系统协同能力。这种能力需要通过多种协作方式，与外部个体、群体、组织、环境等进行沟通、协作、调适和传播，获取、整合、集成外部智慧资源及要素，包括拥有数据、信息、知识等，与组织环境和具体情势相结合，实现智慧资源创新，并转化为解决实际问题的能力（见图4）。

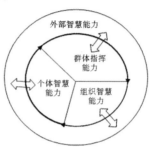

图4　智慧能力的构成与转化

4.2.3　智慧运用　在数据管理、信息管理和知识管理的技术基础上，智慧管理形成了以大数据、云计算、互联网、物联网等技术为支撑的智慧运用技术体系，涉及大数据的采集与预处理、存储与管理、计算模式与系统、分析与挖掘、可视化分析及隐私与安全等方面。

在智慧运用的技术体系中，大数据居于重要地位。从"建立元数据标准—数据抽取集成—数据整合分析—数据挖掘提取—数据分析结果的可视化与交互式呈现"流程看，数据处理分析是大数据技术的核心，包括深度学习、知识计算、可视化等各种技术。其常用的大数据处理系统有批量处理、流式处理、交互处理等，这些技术对于提高深度学习精度、挖掘知识计算深度、促进社会计算认知、推动可视化辅助决策等作用显著。就该技术体系的发展趋势而言，引擎专用化、平台多样化、计算实时化是当前智慧管理中大数据处理系统的三大发展趋势。

4.3　智慧管理的运行机制

智慧管理核心是运行机制，要通过人才激励机制、资源析出机制、能力培育机制、共享扩散机制、整合创新机制、效果评估机制以及价值实现机制的有效运行来推动智慧管理的实施（见图5）。从宏观层面看，智慧管理的目标将智慧资源和智慧能力运用于工作和实践，以实现和提升智慧的价值；从微观层面看，将个体智慧和组织智慧等相结合，将个体智慧通过激励、培育、扩散、转化等，上升为组织决策智慧，提升组织决策的科学性；从工具层面看，通过管理系统实现智慧的碰撞、提升、转化，为组织提供智慧资源，并将其转化为智慧能力，运用于具体实践，为组织发展提供有效的智慧保障。

图5　智慧管理的运行机制

4.3.1　人才激励机制　智慧管理是决策者和高级职员将自身的知识、经验与技能等智慧资源和智慧能力嵌入到实践的管理。鉴于智慧管理涉及这些人才的主观能动性，实施激励机制有助于推动人才智慧资源和智慧能力作用的发挥，提升智慧管理水平。

4.3.2　资源析出机制　智慧资源具有隐秘性特征，其作用的发挥是需要通过设计科学的方法析出智慧资源，并融入个体、组织、制度、平台等载体中，扩大组织智慧资源，便于组织者和决策者在决策时能够有效调用智慧资源，提高智慧资源的利用水平和利用效率。

4.3.3　能力培育机制　智慧资源是智慧能力的基础，智慧资源转化为智慧能力有多重路径。通过建立问题关注、交互学习、研究促进等培育方式，促进智慧资源转化智慧能力。同时，智慧资源和智慧能力的提升，强化了智慧资源的析出、整合、共享和扩散，为新一轮智慧能力的形成奠定了更高的基础。

4.3.4　整合创新机制　组织及其内部网络存在多种智慧资源与智慧能力，这些资源和能力具有碎片化特征，因而整合智慧资源与能力为管理决策所用不可或缺。应建立统一的管理范式，聚合组织内外智慧，协同各类智慧资源和智慧能力，提升智慧管理的操作性和适应性，提升智慧管理效能，并生成新的智慧资源和智慧能力。

4.3.5　共享扩散机制　新的智慧资源和智慧能力形成后，开发利用成为智慧管理的下一个目标。个体智慧资源和能力通过扩散成为群体智慧和能力，并上升到组织智慧资源和能力。这一过程需要智慧管理战略及策略支持，以推动智慧共享扩散。个体智慧具有隐性特征，需要设计和维护科学的组织体制与机制来实现智慧扩散。

4.3.6　效果评估机制　智慧管理是否发挥了作用、作用的层次和深度如何，需要设计合理的智慧管理效果评价机制，以利于对智慧资源和智慧能力的作用、过程、效果等进行系统评价，发现智慧管理存在的问题，提出问题解决对策，为提升智慧管理水平奠定基础。

4.3.7　价值实现机制　智慧管理的最重要功能就是实现智慧资源的增值和智慧能力的提升。智慧管理中，智慧资源是价值实现的基础，智慧能力是价值实现的目标，智慧运用是价值实现的工具。实现智慧的价值增值，必须构建智慧资源与智慧能力的转化与价值实现体系。

5　智慧管理对知识管理的提升

5.1　回归管理对象

知识管理是以知识及其流转为管理对象，对知识本体、知识人才、知识组织和知识技术等实施的管理[33]，侧重点在于知识资源、知识共享、知识创新等活动。鉴于知识存在的普遍性及其管理对象的广泛性，知识管理涉及知识本身的管理以及与知识有关的各种资源和无形资产的管理等全方位和全过程的管理[34]，知识管理对象缺乏集聚力，从而导致管理实施难度较大。

相对于知识管理，智慧管理对象则更加集中，仅涉及智慧资源、智慧能力及智慧运用。智慧管理利用精英人才与精英文化形成的吸附力和凝聚力，突出智慧资源与能力的自组织，对高端知识资源（智慧资源）和重要知识活动（智慧能力）加以管理，推动智慧生产。

就两者的管理对象而言，知识管理虽然强调管理中人的因素，即人对知识管理活动的影响和作用，但其重点在知识；智慧管理则更强调人在管理中的主观能动性，尤其是在知识的选择、运行和目的方面，突出人作为知识拥有者的作用和功能，管理主体成为关注焦点。因此，从管理对象分析，智慧管理强调"人本"而非"知本"。

5.2　提升管理定位

知识管理作为一个跨学科、综合性的研究领域，其研究目的是要解决信息管理中存在的问题，主要包括非结构化知识和隐性知识的管理、显性知识和隐形知识之间的转化管理，以及与知识管理相关因素，包括信息技术、组织文化和实践因素的研究。知识存在的领域和范围极其广泛，研究对象涉及一般知识资源和知识员工，因而，知识管理定位为大众化管理[35]。

相对而言，智慧管理针对现代管理的复杂性、组织环境的多变性，研究知识的选择、运用、制度和调适性等问题。智慧管理强调知识运用，为高端知识管理，涉及决策者和高级管理与技术人员，在管理对象、层次、作用和实践方面是从高端层面实现对企业智慧资源与智慧能力的管理，提升管理层次，增加管理价值，因此定位为精英化管理。所有高端与宏观决策都属于智慧管理范畴。

5.3 聚焦管理内容

知识管理的内容涵盖了知识的发现与获取、分类与整理、共享与学习、综合与创新等管理全过程，涉及知识人员、知识组织、知识系统、知识活动、知识资产等管理模块，包括静态要素管理、动态过程管理、管理技术和管理方法等维度。可见，管理内容存在泛化现象。

比较知识管理，智慧管理内容更为聚焦和精简。具体而言，智慧管理侧重于知识管理的特定资源与能力。从管理层次来看，首先是关注具有较高层次的知识拥有者的资源和能力管理；其次，聚焦具有较高价值知识的管理；最后，侧重较为宏观的知识载体、系统和环境的管理。因而，智慧管理强调管理的针对性，即高层次的、高价值的和宏观性的知识及其应用。精准管理内容，有利于明确管理思路，强化管理操作性。

5.4 细化管理目标

知识管理的主要目标是实现知识创新、知识增值、知识资产价值最大化以及价值创造能力提升。通过静态知识和动态知识的组织与整合，推动知识的发现、共享、学习和创新。具体而言，管理目标包括：通过知识获取、知识组织、知识整合进行知识重组，发掘和发现新知识；通过对隐性知识和显性知识的共享、学习，实现知识创新。

相对知识管理的目标单一性，智慧管理具有多重目标。智慧管理以智慧为管理对象，包括智慧资源、智慧能力和智慧运用等管理活动，实现智慧主体、本体、属性和应用4个方面的管理目标：从智慧主体来看，培养智慧主体的资源生产与增值能力；从智慧本体来看，实现智慧的生产和创新能力；从智慧属性来看，实现智慧资源的价值增加；从智慧运用来看，提升智慧能力，发挥智慧管理作为战略决策核心资源的决定性作用。

5.5 微化管理组织

知识存在的普遍性及其管理对象的广泛性,决定了知识管理具有规模化特征;知识的发现、获取、组织、共享、学习、整合与创新等一系列的管理活动具有全过程特征;知识管理涉及文化氛围、跨部门协同、社会网络和社会资本,具有组织扩散化的特征。因而,知识管理组织的大众性特征明显。

相对而言,智慧管理组织具有小众化特征。从智慧本体看,其管理的对象属于高端知识资源,这一资源占知识资源的比重极低;从智慧主体看,管理仅限于精英人才和高端管理层,其涉及人员较知识管理人员少得多;从智慧活动看,管理侧重于知识的选择、运用和智慧创造,远小于知识管理范围。基于智慧管理本体、主体和活动三方面的交集,智慧管理组织的小众特征更加明显。

5.6 优化管理技术

知识的广泛性导致管理需要运用多层次的管理技术。从知识表示、组织、存储、集成、检索等常用技术到元知识和元数据的基础管理技术以及数据挖掘等较复杂的管理技术,这些管理技术体现在知识管理过程中。总体看来,知识管理技术立足于微观层面和基础层面。

智慧管理继承了知识管理的相关技术,但更加突出智慧管理技术的宏观性和智能性。管理技术不仅包括知识的分类、筛选,还包括智慧的析取、培育、扩散与创新,其技术侧重于大数据、云计算和物联网等,突出数据处理技术的智能化,并配合管理者和决策者的逻辑思维方式,强调海量信息的多层面、深层次挖掘。

6 结论

信息管理模式在历经数据管理、信息管理和知识管理之后,进入了新的管理阶段——智慧管理阶段。作为情报学的主要研究对象,数据管理、信息管理、知识管理和智慧管理之间存在并行和递进的关系。

智慧管理是以解决知识管理存在的问题为动力,以高层次知识运用为目的,在知识管理基础上发展起来的。智慧管理的研究和实施首先需要分析知识管理存在的问题和不足,厘清智慧管理的概念、内涵和运行机制,据此提出智慧管理未来关注的研究重点,实现智慧管理对知识管理的提升。智慧管理的提出传承和提升了知识管理,通过聚焦智慧资源与智慧能力的管理,使其定位更为准确,重点更为突出。

从情报学的角度看，智慧管理是学科未来发展的新趋势，它提供了一种更为有效的管理思路和全新的视角，为突破当前知识管理的困境开辟了新的路径。但是，智慧管理概念及其研究从提出到现在，研究成果并不丰硕；智慧管理的理论和实践都非常欠缺，研究尚处在起步阶段。情报学界需要研究智慧形成及其复杂的认知过程，继续厘清智慧和知识的关系边界，探讨智慧的内涵和形成机理，在明晰智慧理念的基础上，不断深化智慧管理研究，聚焦智慧管理的理论体系和方法体系，逐步构建完善的理论框架和开发具体的使用方法，同时将管理理论和管理实践相结合，以提升智慧管理效率。这就需要有更多学界同行在理论和实践方面开展长期深入的协同研究，共同推动智慧管理研究的发展。

参考文献：

［1］　张汝伦. 重思智慧［J］. 杭州师范大学学报（社会科学版），2010，（3）：1-9.

［2］　靖国平. 知识与智慧：教育价值的演化［J］. 教育理论与实践，2010，（1）：12-15.

［3］　程焕文. 新世纪中国大学图书馆发展之我见（之五）——中山大学图书馆馆长程焕之访谈录. 大学图书馆学报，2001，（6）：2-5.

［4］　吕艺高. 论机械管理与智慧管理［J］. 安徽工业大学学报（社会科学版），2008，25，（5）：86-87.

［5］　荣荣，杨现民，陈耀华，等. 教育管理信息化新发展：走向智慧管理［J］. 中国电化教育，2014，（3）：30-37.

［6］　吕敏慧，詹庆明，郭华贵. 大数据视角的城市规划智慧管理途径探索［C］//中国城市规划学会、贵阳市人民政府. 新常态：传承与变革——2015中国城市规划年会论文集（04城市规划新技术应用）. 北京：中国城市规划学会，2015：13.

［7］　ACKOFF R L. From data to wisdom［J］. Journal of applied systems analysis, 1989, 16：3-9.

［8］　马关生，刘越. 新的管理理念：智慧管理［J］. 科技进步与对策，2013，30（4）：1-7.

［9］　丁蔚. 从信息管理到知识管理［J］. 情报学报，2000，19（2）：124-129.

［10］　NONAKA I, TAKEUCHI H. 创造知识的企业：日美企业持续创造的动力［M］. 李萌，高飞，译. 北京：知识产权出版社，2006.

［11］　DAVENPORT T H, PRUSACK L. Working knowledge：realizing your company's true value by finding its hidden brainpower［M］. New York：Harper Business, 1998：177-189.

［12］　化柏林，郑彦宁. 情报转化理论（上）——从数据到信息的转化［J］. 情报理论与实践，2012，35（3）：1-4.

［13］　上官景昌，陈思. 知识管理研究中数据、信息、知识概念辨析［J］. 情报科学，

2009，（8）：1152-1156.

[14] 王延飞，赵柯然，何芳. 重视智能技术凝练情报智慧——情报、智能、智慧关系辨析［J］. 情报理论与实践，2016，39（2）：1-4.

[15] 世界银行世界发展报告编写组. 1998 年世界发展报告——知识促进发展［M］. 北京：中国财政经济出版社，1999. 02.

[16] 樊治平，康壮. 智慧导向型知识管理的一种分析框架［J］. 南开管理评论，2003，6（4）：66-69.

[17] 陈晨. 企业信息管理模式发展研究：数据到知识转变［J］. 中国商贸，2012，（25）：114-115.

[18] 赵馨. 浅析知识管理的模型框架［J］. 科技信息（科学教研），2007，（36）：206-207.

[19] 王玮. 从信息管理到知识管理［J］. 广东青年干部学院学报，2002，16（2）：59-62.

[20] 肖勇. 企业信息管理模式的发展与演化——从数据管理到知识管理［J］. 情报理论与实践，2001，24（1）：19-23.

[21] 张立. 试论"非资源"信息及其管理［J］. 情报科学，1999，17（3）：327-330.

[22] 邱均平，段宇锋，岳亚. 论知识管理与信息管理［J］. 中国图书馆学报，1999，（6）：12-18.

[23] 任彦华. 知识管理环境下的信息管理创新研究［J］. 现代妇女（下旬），2014，（11）：154.

[24] 西蒙. 管理行为［M］. 杨烁，韩春立，徐立，译. 北京：北京经济学院出版社，1988.

[25] 朱晓峰，肖刚. 知识管理基本概念探讨［J］. 情报科学，2000，18（2）：129-131.

[26] 郁义鸿. 论知识管理的内涵［J］. 商业经济与管理，2003，（1）：4-7.

[27] 徐佳. 高等教育中的智慧管理——基于智慧平衡理论的分析［J］. 中国人民大学教育学刊，2013，（1）：26-41.

[28] 蒋俊兴. 智慧管理的实践与思考［J］. 教书育人，2010，（5）：20-21.

[29] 马关生，刘越. 新的管理理念：智慧管理［J］. 科技进步与对策，2013，30（4）：1-7.

[30] 刘杨. 飞航产品制造与物联网的整合——供应链的智慧管理［J］. 物流科技，2011，34（12）：24-27.

[31] 王世伟. 论智慧图书馆的三大特点［J］. 中国图书馆学报，2012，38（6）：22-28.

[32] 郑俊生，谢婷，张永新. 图书情报学视野下的智慧与智慧管理［J］. 晋中学院学报，2014，（1）：115-118.

[33] 柯平. 知识管理学［M］. 北京：科学出版社，2007：133.

[34] 邱均平，文庭孝，张蕊，等. 论知识管理学的构建［J］. 中国图书馆学报，2005，（3）：11-16.

［35］　杨峰. 知识管理中隐性知识显性化激励机制的探讨［J］. 现代情报，2004.

作者简介

任福兵（ORCID：0000-0002-9688-1484），副所长，副研究员，博士，硕士生导师，E-mail：fbren@ecust. edu. cn。

大数据时代智慧政府主导的中小企业竞争情报服务供给研究

大数据具有数据量大、数据类型多样、数据增长速度快[1]等特点。在这样一种更加复杂多变的环境中，在信息、情报对于中小企业的影响日益重要的时代，中小企业比以往更需要通过开展竞争情报工作来取得竞争优势，这就需要建立一个科学的、可持续的竞争情报服务体系。但是，由于中小企业自身的特点及其客观存在的弱点，要想建立、维持一个功能强大、高效运转的竞争情报体系并不是一件容易的事。为此，需要政府为中小企业竞争情报体系的建立与发展奠定一个必要的基础。这个基础既是重要的保障，又是一个必要的过渡。在政府信息管理能力得到提升的基础上，政府需要承担公共信息管理职能，可建立高效的公共型中小企业竞争情报服务体系，承担中小企业竞争情报服务供给之责，促进中小企业竞争情报的发展。

1 中小企业竞争情报研究进展

1.1 国内主要研究进展

国内学者宋新平、郑彦宁等对中小企业竞争情报的需求进行了研究，他们认为与大型企业相比，中小企业的竞争情报需求具有明显的特殊性，竞争情报需求针对性强、类型多种多样，并且从其自身情况来看，这种需求具有明显的行业特征以及内部差异[2-3]。吕著红指出，中小企业竞争情报需求的实现往往依赖外部竞争情报服务机构且需要竞争情报分析服务[4]。周英等认为，由于中小企业人员相对较少、加之资金与技术的束缚，中小企业竞争情报系统更适合采用联合构建的方式[5]。宋新平等指出，中小企业竞争情报系统应以构建动态竞争优势为主线[6]。赵筱媛、郑彦宁、张丽玮、詹淑琳等人认为，为中小企业提供竞争情报服务供给是推动中小企业竞争情报工作发展的有效途径，政府能够在竞争情报服务供给中发挥重要的积极作用，一方面因为政府提供的竞争情报本身具有公共物品属性，另一方面是因为政府在资源、政策制定、信息渠道、社会影响力等方面具有无可比拟的优势[7-9]。

1.2 国外主要研究进展

国外学者也较为关注中小企业的竞争情报建设。如 K. Mike 指出竞争情报作为工具可以促进企业增强竞争力，提升创新能力[10]。N. Melo 等指出构建 CIS 能够刺激商业实践并协助企业获取竞争优势，有助于建立差异化市场策略。此外，基于服务行业保持竞争优势的实证研究，他提出了 CIS 模型[11]。Kong-rae Lee 等认为，竞争情报提供可以成为知识密集型服务，企业型客户可能通过获取外部提供的竞争情报服务，建立自身的信息活动和信息系统的运行能力。外部竞争情报服务提供者可分以是私营公司、政府、混合机构[12]。竞争情报的未来发展方向之一是竞争情报人员和决策人员之间的协同交互，竞争情报协同过程开始于竞争情报需求评估，结束于支持组织决策，而当展开进一步的竞争情报分析或者发生新的竞争情报需求时，又开始新的竞争情报协同活动。竞争情报协同模型的成功实施需要引入先进的 IT 技术[13]。近年来，随着大数据时代的到来，许多学者开始探讨新型信息管理模型及技术，如云计算在竞争情报管理或信息管理上的运用。D. Rader 阐述了云计算如何通过共享和计算系统实现业务功能，例如，云计算提供了无所不在的访问应用程序，从而使所有企业价值链发生相互作用。结合云计算技术，企业能以比竞争对手更少的资源实现快速发展，获得更强的竞争力[14]。企业采用云计算技术在很大程度上可以提高组织的信息处理能力，为组织的情报系统服务[15]。

从现有的研究可看出，中外学者都在努力探讨信息技术及社会发展对竞争情报建设的影响与作用，但对大数据时代下如何更有效、更经济地建设新型的中小企业竞争情报体系研究较少。本文认为，随着公共信息管理需求日益增大及信息管理技术手段不断发展，政府信息管理能力将不断提升，政府的公共信息管理与服务职能将成为其主要职能之一。将智慧政府管理职能转变、公共信息提供与中小企业竞争情报有机结合，建立先进的竞争情报体系，可以拓展及发挥智慧政府的职能，促进中小企业的快速发展。探讨大数据时代智慧政府主导的中小企业竞争情报服务供给途径，对建立新型的中小企业竞争情报体系具有重要的参考价值。

2 智慧政府主导下的中小企业竞争情报服务可行性分析

2.1 中小企业自身开展竞争情报工作的弱势分析

综合学者们的研究结果，本文将中小企业开展竞争情报的弱势概括为以下几方面：

2.1.1　中小企业普遍缺乏竞争情报意识　相关研究结果显示，在众多中小企业中，企业管理者和一般员工普遍缺乏竞争情报意识。这主要体现在对竞争情报的概念、实质、作用等基本问题认识不清，竞争情报意识淡薄，对竞争情报工作不够重视等方面[16-17]。

2.1.2　缺乏资金与竞争情报人才　相对于大型企业而言，中小企业信息人才缺乏，大多没有从事竞争情报工作的专兼职人才。此外，中小企业在资金方面相对比较紧张，进而在竞争情报工作上的投入、专项资金的使用方面比较欠缺。

2.1.3　竞争情报获取手段和渠道比较单一　竞争情报的获取渠道大多依靠人际关系网和一些主流媒体，竞争情报获取手段单一，比较常见的竞争情报分析方法也很少得到应用。

2.1.4　信息收集与分析工作有效性不足　中小企业整体信息管理能力较差，难以形成信息识别、获取、处理、存储及运用的流畅过程，对现代化信息管理技术掌握较少，缺少竞争情报系统平台，阻碍了中小型企业有效利用信息和情报来制定及实施竞争性策略。特别是在大数据环境下，信息数量激增，新技术层出不穷，中小企业竞争情报工作面临着更大的挑战。

2.2　大数据时代智慧政府数据管理职能分析

"智慧政府"是指利用物联网、云计算、移动互联网、人工智能、数据挖掘、知识管理等技术，提高政府办公、监管、服务、决策的智能化水平，形成高效、敏捷、便民的新型政府[18]。大数据时代的到来有力地推动了政府的数字化发展，促进政府向着智慧政府的方向迈进。如 2011 年 3 月，韩国公共行政与安全部构建了"智慧政府实施计划"[19]；2012 年 3 月，美国政府发布"大数据研究和发展倡议书"[20]；2013 年年初，英国商业、创新和技能部宣布，注资 6 亿英镑用来发展 8 类高新技术，其中大数据项目占用 1.89 亿英镑[21]。这些举措都有利于推动政府职能从电子政务向智慧政府阶段发展。

"智慧政府"在履行其职能如经济调节、市场监管、社会管理和公共服务等方面实现数字化、网络化、智能化、精细化。在这种背景下，政府公共数据管理能力及相关职能得到提升，承担了公共数据开发、传播、综合治理和提供的相关职能，可以从技术及数据管理方面为中小企业的竞争情报提供服务，帮助它们提高竞争力，这当然也是政府社会服务职能的具体体现。

首先，在大数据时代，政府将承担数据开发的工作，将依据政务工作开展的需求识别信息与数据，使相关信息与数据实现结构化、标准化、有序化，使数据与社会发展、国计民生、产业发展、经济发展、人民大众的需求之间产生关联，促使数据在不同机构间共享与流通，并产生更大的价值。其次，政府在向社会与公众推送和提供各类增值服务时，将积极传播能促进社会进步的知识、情报和信息。第三，智慧政府要通过对数据进行综合治理，包括数据收集、数据分析、数据清洗、数据关联、数据挖掘、数据融合，充分发挥大数据背后所蕴藏的能力，提高公共管理和公共服务智能化水平。最后，大数据时代的智慧政府具有智慧办公、智慧感知、智慧决策和智慧公共服务一体化特征。

智慧政府的智能办公主要是指在大数据时代下的一种电子政务系统，该系统集办公智能化、电子文档智能管理、智慧政府的网站服务、知识管理与知识共享于一体，在互联网技术、移动互联技术、信息技术、Web 2.0技术等先进技术的协同下，全面提高智慧政府的办公效率。这是实现中小企业竞争情报服务供给的重要基础和保障。智慧感知是政府职能转变与政府服务创新的重要内容，是政府开展有针对性服务的重要前提。智慧政府主导下的中小企业竞争情报服务供给的前提之一，就是要全方位、多角度、深入地感知中小企业的需求。智慧决策就是智慧政府采用云计算、人工智能、数据挖掘、数据仓库等技术，在数据分析理论、情报分析理论、科学管理与科学决策理论等的指导下，通过建立智慧决策支持系统来实现政府职能。智慧服务是在智能办公、智慧感知、智慧决策的基础上进行的政府服务创新，为社会上的组织、企业、个人提供具有针对性、个性化、高知识含量的服务。

2.3 智慧政府主导下的中小企业竞争情报服务优势分析

2.3.1 资金、技术、人才优势 大数据时代具有数据量大、数据类型多样、数据增长速度快等特点，这对中小企业的情报获取能力、存储能力以及分析能力提出了挑战，这种挑战对外体现在对中小企业竞争情报获取渠道、人际情报网络等方面能力的要求，对内体现在对竞争情报系统建设规模、计算机硬件性能、应用软件开发程度、竞争情报人员配置等方面的要求。而智慧政府主导下的竞争情报服务供给能够有效缓解企业压力，帮助中小企业应对挑战。因为智慧政府拥有较为庞大的竞争情报搜集渠道并且能够依靠这些渠道获取大量数据、信息、情报，这一优势是中小企业所无法比拟的。依托于智慧政府先进的技术、强大的存储能力和运算能力，中小企业能够有效解决资金不足、技术不足、人才不足等多种关键问题。通过智慧政府构建的竞争情报服务体系，将原本由中小企业负责完成的情报搜集工作、情报存储工作、情报分析工作、情报管理工作等转由智慧政府来完成，中小企业基本上可以直接利用竞争情报的成果来开展后续工作。

2.3.2　效率方面的优势　大数据时代，信息与情报的时效性更为明显，这对竞争情报系统的工作效率提出了较高的要求。智慧政府电子政务的推进、信息化进程的深入、电子文档的使用、网络的普及以及移动互联网络的运用，是智慧政府开展中小企业竞争情报服务供给的优势之所在，为更加注重效率的竞争情报工作奠定了良好的物质基础；同时，智慧政府可以汇总部门数据、行业数据、国内外其他国家和地区的相关数据以及政策法规、研究报告等，拥有庞大的数据资源基础；智慧政府将多种先进技术进行集成与推广使用，是提高中小企业竞争情报服务供给效率的基础。通过政府职能以及政府的社会影响力，能够广泛联络、调动社会团体、科研机构、各类组织和个人来协同智慧政府开展竞争情报工作，这是人才基础和智力支撑。

2.3.3　在推动中小企业开展竞争情报工作方面的优势　首先，推动竞争情报工作的开展是智慧政府之政府职能的体现。从美国、日本、加拿大、法国、韩国等国家的经验来看，政府主导下的竞争情报服务供给，往往能够将竞争情报工作深深地植根于企业当中，成为企业必不可少的组成部分。

其次，智慧政府在提供竞争情报服务供给的过程中，能够根据竞争情报以及企业需求快速地制定政策，提供金融支持，为中小企业参与市场竞争创造便利条件。

再者，由于市场竞争的剧烈，许多中小企业尚未开展竞争情报活动就已经在竞争中被淘汰，尤其是在大数据时代，这种淘汰将异常迅速。因此，智慧政府应主动向中小企业提供竞争情报服务，帮助它们提升对竞争情报工作的认知，推动中小企业竞争情报工作的开展。

3　智慧政府主导下中小企业竞争情报服务供给主要对策

3.1　智慧政府竞争情报服务系统的建设

在大数据时代，智慧政府所提供的竞争情报服务供给包括以下三方面内容：一是海量的中小企业竞争情报需求数据；二是海量的竞争对手信息；三是诸如国内外各行业的信息、政府的政策法规、部门数据、科技文献信息等。究其原因：首先，中小企业的竞争情报需求具有典型的大数据特征，即竞争情报需求量大、需求类型多、需求增长速度快。其次，智慧政府竞争情报服务系统所定义的竞争对手可以是一个地区内的所有企业，也可以是某个或某几个产业内的所有企业，甚至是一个国家或多个国家范围内的企业，那么关于上述竞争对手的数据也具有大数据的特征。再者，大数据时代下国内外各行业的信息量、部门信息量、科技文献信息量均呈现出快速增长的趋势。国际数据公司（IDC）的报告显示，2011年全球被创建和被复制的数据总量为1.8ZB，预计到2020年，全球的数据量将超过35ZB。面对统一全球如此庞大的数据以及如此迅猛的数据增长速度，智慧政府竞争情报服务系统必须具备处理海量科技文献信息以及来自社会各方面的海量数据的能力。

为此，要将竞争情报服务供给系统的建设纳入智慧政府的建设规划中来，且作为智慧政府建设的重要组成部分。智慧政府竞争情报服务供给的设计要与其职能设计、部门设计同时进行，主要包括：智慧政府竞争情报服务供给的流程建设、相关的法律法规制定、人才队伍建设、竞争情报服务平台建设、竞争情报渠道建设等，在向公众输出智慧政府这一理念、使社会全体公众感受到智慧政府优越性的同时，让中小企业感知并使用来自智慧政府的竞争情报服务；在完成数据开发、智慧传播、数据综合生态治理等工作的同时，完成竞争情报服务供给工作，体现智慧政府的智能与效率，实现智慧政府建设与竞争情报服务供给系统建设的同时设计、同时建设、同时应用、同时完成。

3.2 智慧政府自身竞争情报能力建设

智慧政府开展的中小企业竞争情报服务供给是一项系统工程，不是一蹴而就的，而是需要一个发展、成熟的过程，可能需要经历智慧政府1.0、智慧政府2.0甚至是智慧政府N.0等一系列发展。并且，智慧政府自身必须形成并具备较强的竞争情报能力，凸显出大数据时代智慧政府在竞争情报供给上的特色。在这一过程中，智慧政府要不断完善竞争情报服务体系建设和竞争情报人才队伍建设，提高竞争情报能力，增强竞争情报意识，建立健全竞争情报的相关政策法规，将这一工作持续、稳步地开展起来。

一方面，要加强大数据时代智慧政府信息与情报的获取，通过智慧政府设立在国内外的各种部门、机构、办事处、社会关系网络，在充分利用互联网技术、移动互联技术、信息技术、Web 2.0技术的同时，形成强大的情报获取能力。另一方面，要在智慧服务的模式下，将智慧政府掌握的大数据全面调动起来，赋予数据新的生命和活力，使其"活起来"、"动起来"、"关联起来"。对于中小企业来说，这些数据不再是无用的沉默数据、过期数据、死数据，而是在不同角度、不同层面、不同程度上都发挥着情报的作用，能够切实为中小企业所用、所享。

需要强调的是，智慧政府对内必须不断提高竞争情报意识，包括竞争意识、情报意识、服务意识、学习意识等等，对外必须不断提高对中小企业竞争情报需求的开发能力、引导能力、挖掘能力、获取能力、分析能力等。

3.3 推动中小企业对竞争情报的认知

相对于大型企业，中小企业对竞争情报本身的认知以及对本企业开展竞争情报的重要性的认知普遍偏低，制约了竞争情报的开展。为此，智慧政府更应将中小企业竞争情报的开展工作与政府责任制、政府工作绩效挂钩，通过政策的强制性约束、智慧服务的智能方便快捷、多部门的协调配合，针对中小企业对竞争情报的认知加以合理引导。

第一，要形成智慧政府主导下的中小企业竞争情报服务供给系统的保障机制、运行机制、引导机制、激励机制等一系列的相关机制。第二，要加大智慧政府竞争情报服务供给的宣传力度。第三，在有条件的中小企业开展示范应用，推广先进经验。第四，加强竞争情报的信息生态环境建设，减少数据量过大、数据类型过多、数据增长速度过快对中小企业信息环境的冲击与破坏。第五，促使智慧政府的竞争情报服务供给融入中小企业的科技创新、发展战略、市场营销、竞争情报活动，在彼此间形成牢固的、不可分割的、健康的生态关系。第六，智慧政府各个部门之间形成联动，在大数据共享、分析、挖掘、应用的基础上，为中小企业提供来自多方面、多视角、多层次、持续不断的竞争情报服务。

3.4 加强对从事竞争情报服务的其他机构的引导与支持

由政府主导的竞争情报服务供给模式需要其他社会组织、半政府性质的组织、学术机构等方面的共同参与。例如日本政府主导下的竞争情报服务，主导者包括经济产业省、外务省国际情报调查局等政府部门，其他重要参与者包括日本贸易振兴机构、日本科技振兴机构、中小企业整备机构、地方中小企业情报中心等半官方机构，还有日本经济团体联合会、日本商工会议所、经济同友会、京都产业情报中心、各行业协会等社会团体，以及三井物产、三菱商事、伊藤忠商事等综合商社。在智慧政府主导下，其他组织、机构、团体参与到中小企业竞争情报服务供给中来，对于提高竞争情报服务供给的质量有着积极作用。

大数据时代虽然淡化了单位信息的价值含量，但是无形中却增进了政府、企业、社会组织及学术机构之间的联系。智慧政府可以借此加强自身、社会组织与学术机构、中小企业三者之间的联系，促进相关组织与机构积极参与到竞争情报收集、处理及供给的过程中来。一方面，智慧政府可制定相关的政策，组织开展相关的活动来进行引导，发挥重要的枢纽作用；另一方面，智慧政府应为其他机构提供基于中小企业竞争情报需求的、基于大数据分析与挖掘的课题与项目，使这些机构能够更为深入地参与政府的竞争情报服务供给，参与中小企业的竞争情报工作。

4 结 语

大数据时代的到来，政府向智慧政府的转变，为中小企业竞争情报工作的开展带来了全新的发展契机。本文对大数据时代智慧政府的竞争情报服务供给进行了尝试性的研究，今后的研究应着重从大数据的特点、智慧政府的职能转变、智慧政府的社会服务模式、大数据时代下中小企业竞争情报的工作的特点、趋势以及中小企业的实际情况等多个视角出发，对中小企业竞争情报服务供给开展更为深入的研究，以期推进中小企业竞争情报工作的深入开展。

参考文献：

［1］ Bryant R, Katz R H, Lazowska E D. Big-data computing：Creating revolutionary break-throughs in commerce, science and society ［OL］. ［2013-10-30］. http：//www. just. edu. jo/~amerb/teaching/2-12-13/cs728/20123173012. pdf.

［2］ 宋新平，甘德昌，熊强. 中小企业竞争情报的需求及应用行为探析［J］. 情报理论与实践，2012，（3）：62-65，74.

［3］ 郑彦宁，赵筱媛，刘志辉. 我国中小企业竞争情报需求调查与分析——以江苏、湖南两省企业为例［J］. 图书情报工作，2013，57（7）：110-118.

［4］ 吕著红. 民营中小企业竞争情报需求的特点［J］. 现代情报，2004，（11）：24-25.

［5］ 周英，刘红光. 超竞争环境下中小企业竞争情报系统构建［J］. 图书馆学研究，2010，（11）：35-38.

［6］ 宋新平，梅强，王秀红. 基于 CAS 与动态竞争优势集成理论的中小企业竞争情报系统［J］. 情报理论与实践，2010，（2）：46-49.

［7］ 赵筱媛，郑彦宁，陈峰，等. 典型国家及地区产业竞争情报供给服务中的政府作用［J］. 情报理论与实践，2011，（4）：48-53.

［8］ 张丽玮，郑彦宁. 新加坡中小企业竞争情报服务体系与实践研究［J］. 图书情报工作，2012，56（7）：28-33.

［9］ 詹淑琳，郑彦宁，赵筱媛. 加拿大政府面向中小企业的竞争情报服务实践及对我国的启示［J］. 图书情报工作，2012，56（7）：17-22，61.

［10］ Mike K. Innovation and competitiveness in South Africa：The case for competitive intelligence as an instrument to make better use of information ［J］. South African Journal of Information Management, 2005, 7 (1): 1-2.

［11］ Maria Auxiliadora do Nascimento Me′lo, Denise Dumke de Medeiros. A model for analyzing the competitive strategy of health plan insurers using a system of competitive intelligence ［J］. The TQM Magazine, 2007, 19 (3): 206-216.

［12］ Kong-rae Lee, Shim Séance Sang-wan, Jeong Byung-seon, et al. Knowledge intensive activities (KISAs) in Korea's innovation system ［R］. http://library.rist.re.kr/SlimaNet/community/skin/slima/dataroom/file/temp/2c0cT1hs005936036973% 3BI03 - 011.pdf.

［13］ Fahey L. The future direction of competitive intelligence: Some reflections ［J］. Competitive Intelligence Magazine, 2009, 12 (1): 17-22.

［14］ Rader D. How cloud computing maximizes growth opportunities for a firm challenging established rivals ［J］. Strategy & Leadership, 2012, 40 (3): 36- 43.

［15］ Cegielski C G, Jones - Farmer L A, Wu Yun, et al. Hazen. Adoption of cloud computing technologies in supply chains: An organizational information processing theory approach ［J］. International Journal of Logistics Management, 2012, 23 (2): 184 -211.

［16］ 董英利. 中小企业竞争情报意识的价值及成因分析 ［J］. 现代情报, 2006, (7): 177-178.

［17］ 韩颖. 我国中小企业竞争情报研究 ［J］. 情报科学, 2006, (4): 492-495.

［18］ 金江军. 智慧政府: 电子政务发展的新阶段 ［C］ //中国行政管理学会 2011 年年会暨 "加强行政管理研究, 推动政府体制改革" 研讨会论文集. 北京: 中国行政管理学会, 2011: 16-17.

［19］ Korea's e-government development amazes the world in winning UN e-government survey 2012 ［EB/OL］. ［2013 - 11 - 02］. http://www.koreaittimes.com/story/20157/korea%E2% 80% 99s - e - government - development - amazesworld - winning - un - e - government-survey-2012.

［20］ 胡昭阳. 奥巴马政府推动 "大数据" 研发 ［J］. 世界科学, 2013, (2): 15-16.

［21］ 新华网. 英国 "尝鲜" 大数据时代 ［OL］. ［2013 - 11 - 02］. http://news.xinhuanet.com/fortune/2013-05/20/c_ 115834381.htm.

作者简介

顾穗珊, 吉林大学管理学院副教授, 硕士生导师, 博士, E-mail: suishan6601@ sina.com; 孙山山, 吉林大学管理学院硕士研究生。

政府开放数据与智慧城市建设的战略整合初探[*]

1 引 言

伴随 ICT 技术的应用和相关实践活动的开展，政府信息资源管理的理论与实践需要在适应新趋势、新环境的前提下进行创新。然而，与技术要素相比，以用户为中心、开放政府、数字公平等理念是新技术环境下政府信息资源管理创新首先需要考虑的要素。继 2008 年年底提出"智慧地球（smart planet）"愿景之后，IBM 在 2009 年年初又提出了"智慧城市（smart city）"愿景[1]，奥巴马政府也在投资新一代智慧型信息基础设施方面采取了积极的举措，并将其上升至美国国家战略层面。此后，智慧城市的概念在全球得到了迅速而广泛的传播，智慧城市的研究也随之成为一个研究热点。2009 年 5 月，公共数据资源分享网站 Data. gov 在美国正式启用，这件事的意义并不止是一个新的政府信息化和公共服务网站开通运营那样简单，而是意味着美国政府开放服务理念在更深层面的落实，也进一步催生了许多国家"开放数据"（open data）的实际行动。智慧城市和开放数据等理念的提出和行动的开展并非偶然，二者都是随着 ICT 技术的飞速发展和社会信息化程度的加深而出现的必然结果。本文拟基于政府数据开放服务和智慧城市建设的时代背景，结合国内外相关研究成果和我国实际案例，探讨政府开放数据服务与智慧城市建设相结合的战略整合策略。

2 理论回顾与研究综述

"阳光政府"理论作为政府信息资源管理的基础理论之一，其根本观点集中在"公开"和"开放"方面。信息公开是实现权力监督和防止政府腐败的有力武器，也是政府信息资源有效管理和开发利用的基础。这一表述中的"信息"可以理解为广义的信息，政府运转过程所产生和收集的大量数据属于

———————————
* 本文系国家社会科学基金项目"政府信息资源管理创新的理论与方法"（编号：11BTQ032）研究成果之一。

这个宽泛定义的范畴。

数据对于当代世界的意义正如谢文的评论——"逐渐成为现代社会基础设施的一部分，就像公路、铁路、港口、水电和通信网络一样不可或缺"[2]。海量的数据集已经成为全社会的共同财富，每个人都有可能从这种海量数据中获利，例如 Google 曾经利用美国人在 2003—2008 年间最频繁的检索词条与美国疾控中心在相应时期关于流感传播的数据进行比对，建立了一系列数学模型，从而在 2009 年甲型 H1N1 爆发时，为公众和公共卫生部门提供了更为及时、准确、有效的信息。因此，数据的开放已经成为一种必然趋势，特别是作为社会管理主体的政府，无论是从数据拥有量方面还是从公开服务的责任方面而言，都应该是这场运动的先行者，政府开放数据服务也是"阳光政府"理念在新时代环境下的表现。维基百科（Wikipedia）认为，开放数据是其他开放运动（例如：软件工程领域的"开放源代码"（open source）、著作权领域的"开放内容"（open content）、科研领域的"开放获取"（open access）等）的扩展形式[3]，要求相应的数据可以被任何人自由获取，不受现有的著作权、专利或其他机制的约束。

国外的开放数据运动带有较为鲜明的"实践领先于理论"色彩，国内外已经有相关案例声称自己是"开放数据"运动的践行者，甚至出现了操作性较强的"手册"[4]，这类文献一般侧重于开放数据的基本理念和具体业务的研究方面，例如 D. Humphrey 认为开放数据的"开放"意味着不封闭和自由，而"数据"则意味着数据集，也就是说，这里所谈的数据并非单一的数据链上的某种元素，而是以集合数据的形式呈现出来[5]。J. Taylor 将数据开放的原因和动力[6]归结为战略决策、数据标准化和价值增值三个方面。

国内对开放数据的认识还主要停留在引进和介绍阶段。通过对 CNKI、万方、维普等数据库的检索发现，国内明确以"开放数据"为题的论文数量不多，而且大多集中在图书馆学情报学领域。例如，2010 年李佳佳针对开放数据的产生背景及内涵进行了描述，指出开放数据产生的背景主要包括开源理念及文化、开放获取实践及新需求两个方面，内涵主要包括开放数据对象、开放条件及开放目的三层含义[7]。该作者的另一篇论文[8]则主要集中探讨了开放数据许可及相关机制的背景，指出开放数据许可及相关机制是开放数据的核心以及开放数据增值的保证，并给出开放数据法律许可及相关机制选择方案。与此相类似的介绍评价国外开放数据方面的论文成果还包括对开放数据的基本发展脉络和应用现状脉络的梳理[9]、美国政府在开放数据的管理和利用方面的主要经验分析[10]、关于欧盟开放数据战略的研究[11]以及不同国家政府开放数据门户对比分析[12]等。

通过上述对开放数据的回顾不难发现，国外对开放数据的研究比较偏向具体业务，国内论文则侧重引进和介绍国外经验，部分涉及开放数据服务的文章与政府信息化或者政府信息服务的某个具体主题相关，微观业务层面的探讨居多，宏观战略层面特别是开放数据与"智慧城市"等重大战略的整合策略所受关注不足。

3 政府开放数据与智慧城市架构

3.1 政府开放数据的典型实践

美国联邦政府推出的 Data. gov 在很大程度上解决了以往分散在各个政府机构网站的数据的异构和不兼容问题，成为美国乃至全球范围内开放数据实践的标志性成果。其首要目的是为了提高公众对联邦政府相关数据资料的收集与利用能力，加强信息民主化建设并促进政府效能的提高。Data. gov 网站上的 Communities 栏目包括农业、商业、城市、健康、能源、教育、安全等18 个大类，其内容不仅涵盖了美国联邦政府全部行政部门在运营管理过程中采集、生产或转换而来的、有潜在价值的、可供再次开发利用的数据集，而且提供与数据相关的各类统计工具及基本分析软件，为各类人群再次利用数据提供支持。截至 2013 年 5 月 30 日，这场开放数据运动已经吸引了美国 39个州、35 个城市以及包括中国在内的 41 个国家和包括中国香港在内的 133 个地区的广泛参与，与欧盟（EU）、世界经济合作组织（OECD）、联合国（UN）和世界银行（Word Bank）也有深度合作[13]。

与美国相呼应，其他国家也在积极探索政府开放数据的实践活动，例如，早在 2009 年，英国首相布朗就在伦敦"Smarter Government"[14]集会上，声明将发布更多的政府数据（个人和敏感数据除外），包括社会安全、医疗卫生、教育、交通、地理环境等原始数据，通过网站集中呈现。并且，诸如数据的可再用和采用机器可识别的发布形式、使用开放标准、遵循 W3C 的倡议、将原始数据集以关联数据的形式呈现等开放政府数据原则得到了确认，这些具有前瞻性原则的应用对英国在全球开放数据运动中取得领先地位具有重要意义。2010 年 1 月 21 日，英国政府开放数据网站 Data. gov. uk 正式投入使用，迄今已拥有近 9 500 多个来自多家机构的涉及健康、交通、环保、社区、商务、教育等众多领域的数据集。

3.2 智慧城市的概念框架

智慧城市是通过综合运用现代科学技术、整合信息资源、统筹业务应用系统，加强城市规划、建设和管理的新模式，是一种新的城市管理生态系统。智慧城市综合运用以物联网、云计算、大数据和移动互联网为代表的现代信息技术和手段，通过对城市信息资源的全面感知、全面整合、全面挖掘、全面分析、全面共享和全面协同，提高城市管理和服务水平。

与智慧城市相近的表述方式还有数字城市（digital city）、智能城市（intelligent city）等概念，因为智慧城市只是在原来数字城市和智能城市基础上进行了扩展，三者在实践中很难进行严格区分，而且有的城市（如纽约）还一直沿用过去的数字城市概念，所以不必刻意严格区分三者的概念和内涵。并且，笔者认为智慧城市是城市信息化的一个高级阶段，其内容包含了之前数字城市和智能城市建设的内容。

智慧城市总体框架包括感知层、传输层、平台层、应用层和终端层，并且评估体系、安全、标准、政策法规的保障需要贯穿各个层面，如图1所示：

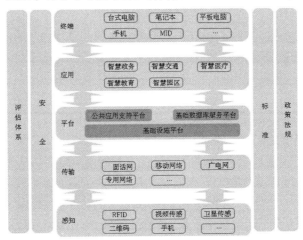

图1　智慧城市总体框架

智慧城市的整体框架可以理解为从数据收集、传输、组织、存储、开发到提供利用的全过程平台。基于智慧城市总体框架的公共信息平台（即平台层）包括基础设施平台、基础数据库服务和公共应用支持平台。基础设施平台为基础数据库和应用平台软件提供存储、计算及网络等基本运行环境资源；基础数据库建立在基础设施之上，为应用平台软件提供数据存储及服务能力

122

支撑；公共应用支持平台则在基础设施的支撑下，与基础数据库协作提供各类智慧应用开发、运行、管理等平台支撑。

公共信息平台目标是实现城市不同部门异构系统间的资源共享和业务协同，有效避免城市多头投资、重复建设、资源浪费等问题，有效支撑城市正常、健康的运行和管理。作为智慧城市的基础设施，公共信息平台的作用主要体现在三个方面：①是城市公共数据的进出通道，实现城市公共数据的交换、清洗、整合和加工；②实现城市公共数据的组织、编目、管理以及应用绩效评估；③实现城市公共数据的共享服务，为城市政府专网和公共网络上的各类智慧应用提供基于城市公共数据库的数据服务、时空信息承载服务、基于数据挖掘的决策知识服务等。

3.3　政府开放数据与智慧城市的逻辑关系

智慧城市是在充分利用新一代信息技术的基础上，提升城市的运营管理水平、经济发展水平和市民服务水平。城市"智慧化"的每一个领域无不是建立在数据的充分开发和利用之上。智慧城市的建设和健康发展，都需要基于涉及该城市各方面的大量数据的采集、整合、组织、挖掘、分析和利用，这种对大量数据的开发和利用需求与政府数据开放的趋势是契合的。

政府开放数据的基本要求是可以为社会所自由获取、广大公众与政府机构可以互动、API接口对外开放。现有的政府数据开放平台（如Data.gov）的数据采集基本都是采取分工协作、多点聚合式的方式来完成，这种方法对于跨部门、跨领域、跨地域的情况是可行的。如果将政府数据开放与智慧城市建设有机结合起来，既可以实现政府信息的高效公开和深层开发，又可以实现数据资源的便捷获取和对公众需求的有效引导，不仅能提高政府运转的效率和城市发展的智能化水平，而且将大大提升城市对市民的服务水平。

4　政府开放数据与智慧城市战略之整合：国外案例及国内调研

国外政府开放数据服务和智慧城市建设都比我国起步要早，发展相对成熟，已经产生了一批有代表性的成功案例。选取成功案例加以剖析，结合我国实际情况进行比对，对我国相关领域工作的开展将具有积极的参考借鉴意义。

4.1　纽约市政府数据开放与智慧城市建设案例

纽约市在智慧城市规划设计中，仍然沿用过去的数字城市概念，并在

2011 年 5 月份发布了 "数字城市路线图"[15]，作为指导纽约市数字城市建设的行动指南。2012 年 3 月 7 日，纽约市颁布了纽约开放数据政策[16]，要求一年内各个机构必须把它们的公众数据集从 "锁定" 格式转换成可供计算机程序用于创建应用的格式，并要求在 18 个月内，DoITT（信息技术与通信部）与其他机构联合制定并发布一个计划，描述每个机构拥有的公开数据集。

基于网络访问、开放政府、市民参与和数字产业增长的理念构成了纽约市数字城市路线图的核心内容，特别是在开放政府的规划设计中，纽约市将分别在内部和外部实施不同的计划。在内部，纽约市通过 CITIServ 项目来整合和优化城市的 IT 基础设施环境，具体措施将包括整合分散的数据中心，向一个大范围的城市机构提供共享服务。在外部，纽约市将建设一个 NYC 平台，对城市的信息资源进行解锁，让市民、技术人员和政府工作人员都能够访问，从而提高透明度、效率和加强创新等。NYC 平台将基于开放标准，软件公司和公共机构都将向公众发布他们的 API，这样其他软件开发者可以在已有服务基础上设计产品，从而进一步利用已有投资。

纽约市将政府开放数据服务嵌入到智慧城市（数字城市）建设过程中，正是由于纽约市的数字城市起步早而往往带有一些历史遗留问题需要解决，这种 "嵌入式" 发展的路线是成功的，也验证了政府数据开放与智慧城市建设整合的可行性。

4.2　我国政府开放数据与智慧城市整合建议：专家调研

笔者针对我国智慧城市建设过程中的若干问题，开展了历时数月（2012 年 10 月~2013 年 3 月）的问卷调研和访谈，调研对象以中央到地方政府的信息化部门主管人员为主（占 68%），覆盖信息化、检察、司法、公安、农业、工商、税务、海关、交通、卫生、城市管理、交通、人事、教育等部门，还有参与城市信息化和智慧城市建设的 IT 公司、科研院所和学会协会等部门的人员。除了上述行业的人员之外，还有软件评测中心、医院等其他社会部门的人员，最终获得了包括调研问卷、访谈录音等的丰富的一手材料。

调研显示，77% 的受访者认为目前我国智慧城市建设过程中信息孤岛问题 "很严重"。在访谈过程中，不少受访者都对信息孤岛产生的原因做了深刻的剖析。例如，有部分受访者将信息孤岛问题归结为数据结构问题，有代表性的观点如 "各系统采用不同数据库、数据结构不统一"；"缺乏合理的使大家都能够接受的体系架构设计" 和 "使用的数据编码和信息标准不统一"；"只关注于各自领域内的数据与业务处理，缺少相应的接口标准和规范" 等。而在问到关于开放共享问题的时候，绝大部分的受访者都明确表示应该加大

"基于普适标准的信息数据开放共享"力度。

在有关如何操作以消除这类问题方面，部分受访者认为"顶层设计"和"基础架构"应当受到相应的重视，即应当由政府部门牵头完成智慧城市公共信息平台规划和设计，吸引社会力量广泛参与其运行和维护。

在调研过程中，还获取了相关案例说明开放数据服务的迫切性。例如，在政府信息化过程中，在传统办公自动化系统运行条件下，已形成了一个个信息孤岛，每个部门都掌握着本部门所能获取的信息，不同单位甚至同一单位的不同部门之间都难以共享信息。例如，一个人从他一出生到去世，会与劳动保障部门和民政、社区、医院、药店等发生关联；由于信息不能共享，可能一个人在医院去世了，劳动部门并不知道，还在发放其保险金；一个下岗工人已实现再就业，档案中却没有记录，仍然可以领取失业补助金。而开放数据服务要求改变这种孤立的信息组织方式和传统的信息采集与运用的流程，实现最广泛意义的开放和共享，这种开放不仅仅是在政府部门之间进行，更要面向具有巨大需求和无穷潜力的社会大众。

4.3　推进政府开放数据与智慧城市战略整合的借鉴意义

我们应该借鉴国外政府开放数据与智慧城市整合的理念，结合我国的现实，推进二者同步协调发展。

美国联邦政府于2012年5月23日发布了《数字政府战略》，这项战略将搭建优质公共服务平台作为战略目标，可以总结为"以信息为中心、以共享平台为基础、以用户为中心、保障安全和隐私"[17]的公共服务模式。文献[18]提出应探索建设有中国特色的 Data. gov 和 Apps. gov，形成中国的电子政务公用基础设施平台，并进一步强化公用基础设施对业务应用系统的基础支撑能力，促进信息共享与业务协同。

开放数据必须借助于一定的公共信息平台才能得以实现。从这个意义上说，公共信息平台是开放数据的基础设施之一。这个公共信息平台要建成什么样，如何建设，应当成为目前我国开放数据活动实施必须考虑的问题。如果能有效把握当前城市建设智慧化发展的机遇，或许能为我国的开放数据运动提供强有力的支撑和推动。

5　应用探索："智慧坪山"数据开放平台

开放数据的最终目的是在数据的再利用过程中实现其再增值。一方面是基于开放数据集的增值，主要集中于从数据本身着手实现数据的增值性应用。开放数据集与 Web 2.0、云计算、语义网等新的信息技术环境和互联网环境的结合，为新环境下的应用的实现奠定了基础，将对信息管理方式和商业模式产生深远影响。另一方面是基于开放数据"开放"性的增值，其主要的增值空间在于从数据受众与时间跨度的角度实现数据的多次获取、发布、共享、使用、仓储等，从而保障数据的长期开放性增值[7]。

5.1 "智慧坪山"数据开放平台的建设背景

深圳市坪山新区于2009年6月30日正式挂牌成立。作为深圳市综合配套改革的试点地区，坪山新区的组织机构高度整合，从传统的50多个部门合并成了10个委办局和3个中心；采用全新的管理模式，兼具行政区和开发区管委会职能，是市政府的派出机构；作为深圳探索"市-功能区-社区服务机构"运作模式的试点单位，具有流程更短、效率更高的优势；在经济发展、社会建设和机构运转等诸多领域的业务模式上进行了有益的创新，对信息化的需求比较迫切。坪山新区于2011年3月编制了"智慧坪山"5年建设规划，规划的内容涵盖了城市信息基础设施、城市规划与建设、交通管理、能源和水、可持续环境、教育文化和娱乐、公共卫生、人口计生、社会保障、经济产业、市政治理等各个领域。

作为国家住房和城乡建设部批复的"国家智慧城市"第一批试点之一，坪山新区着力推进智慧城市建设，将建成完善的网络基础设施，以"智慧坪山"顶层设计为指导，完成城市公共信息平台、城市公共基础数据库的建设，在社会民生、产业发展、生态环境、宜居建设、社会治理等方面建设12个智慧应用。其目标业务架构内容覆盖了基础业务、政务业务、企业业务和公民业务四大业务域，根据"单一政府"、"业务广泛协同"、"数据充分共享"和"成本有效"的智慧城市架构开发原则，建立一个统一的公共信息平台才能充分满足智慧城市业务发展的要求，在该公共信息平台上还要再建设各个业务系统，平台提供统一的门户、身份认证、权限管理、统一通讯、统一计费、流程引擎、多租户、弹性计算等通用服务和行业构件库，从而避免重复开发、提高软件的复用程度并降低运维成本。

5.2 "智慧坪山"数据开放平台的建设内容

在"智慧坪山"规划中，坪山新区将创新建设机制，按照"统一规划、统一标准、统一平台、统一网络、统一管理"的智慧城市统筹建设原则，保障"智慧坪山"建设的顺利实施。另外，"智慧坪山"将公共信息平台作为数据开放的平台和载体，在此基础上创建服务于民生的10个以上标准化数据集，开放给社会，并引入民众智慧，建设5个以上示范移动应用服务

（APP），为民生服务，引导民众为民众服务。"智慧坪山"建设将以"开放数据服务"作为最大的亮点。

"智慧坪山"数据开放平台的主要建设内容包括：建立全区级的公共PaaS平台（见图2），包括公共信息交换服务系统、统一的开发工具包、ESB、应用Server、业务流程引擎、大数据处理、移动应用服务、统一通信、GIS服务、统一门户、统一身份管理等。在开放数据平台和开放数据集方面，梳理可以开放的数据，将开放数据整理成标准的数据集对公众开放，开放数据必须是机器可读可处理的。厂商或个人可以基于开放数据开发各种应用，特别是移动APP。

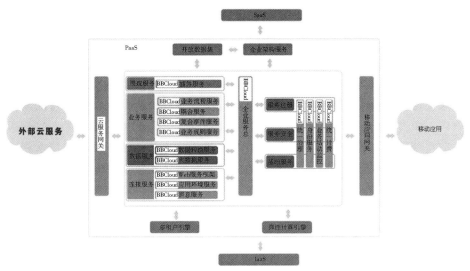

图2　"智慧坪山"数据开放平台架构

5.3　"智慧坪山"数据开放平台的建设策略

"智慧坪山"在公共信息平台的基础上搭建数据开放平台，将城市级公共信息平台建设与开放数据有效结合起来，其建设策略可以归纳如下：

5.3.1　政府主导牵头共建　为了有效推进数据开放，坪山新区在"智慧坪山"规划中明确了坪山新区管理委员会将印发《智慧坪山开放数据管理办法》，使开放数据在坪山新区首先有制度和政策的保障。"智慧坪山"公共信息平台属于政府外网服务平台，但与政府内部平台有密切联系。该平台内部的数据资源生产与发布具有典型的协作共建特征。该平台实际上是坪山政府数据信息共建、共享、共用的网站群体系。该平台的数据运营模式还体现出政府信息公开需要有"统一管理、统一部署、统一标准、统一规范"的战略部署，以防止出现政府网站建设中存在的各自为战、信息孤岛、重复分散的问题。

5.3.2 社会主体广泛参与共建 新公共管理理论主张在政府管理中引入市场机制和竞争机制，鼓励民间机构协助政府处理公共事务，共同分担运营风险，促进政府机关提高效率。"智慧坪山"开放数据平台支持政府部门和公众围绕该平台建立双向的互动交流模式，这与 Web 2.0 以人为本、以用户为中心，强调用户参与和表达的服务理念是一致的。通过利用一些"对话"、"社区"等功能模块的设置，鼓励用户参与到数据资源建设和平台建设中来，鼓励用户表达信息需求，为平台的完善建言献策。

5.3.3 面向社会互动共享服务 "智慧坪山"倡导的是对数据进行收集，而不是对数据进行汇总和分析。不过随着越来越多的政府启动数据门户网站，公众对数据的获取也将越来越容易，对数据的分析也有越来越迫切的要求。强大的分析和数据再利用功能将是"智慧坪山"开放数据平台的发展方向。IT 是政府治理的重要变革力量，信息资源是重要的行政资源，政府运作应具有良好的透明性和回应性。开放数据平台与 Web 2.0 等交互技术相结合，通过建立多样化的服务手段和可持续的数据更新机制来满足日益增长和变化的用户需求，从而实现政府信息公开由静态服务向动态服务、由单向服务向双向互动交流服务的转变。"智慧坪山"的开放数据建设将用户参与引入服务过程，顺应了互联网技术的发展趋势。

6 结语与展望

处在大数据的时代背景之下，社会主体对新的信息社会环境下方便快捷地获取相关信息和数据的需求日益升高，公民参与意识也逐步加强，出于公共责任和社会义务，政府理应牵头积极向社会推进开放数据运动，尽可能减少政府与公众之间的信息不对称，增强政府透明度和提升社会民主化水平。透明、参与和协作的机制构成了更加民主和有效的政府的基本框架。智慧城市建设面临相似的社会需求，并且为政府开放数据服务的开展提供了环境和平台支持，政府开放数据与智慧城市建设相结合将成为未来数据开放的主要形式。政府主导、多主体广泛参与共建和面向全社会互动共享将是二者结合的策略表现。通过本文的探讨，可以得出如下结论：

• 从某种意义上说，政府开放数据服务是政府信息资源管理创新的理论生长点之一。对于政府而言，开放数据服务意味着不仅要面向社会公开相应的数据，而且要提供系列分析工具和平台服务，公众可以通过基础数据的获取和分析挖掘更深层次、更有价值的信息资源。

- 智慧城市的建设需综合运用以物联网、云计算和大数据为代表的现代信息技术和手段。要真正达到城市的"智慧"，离不开数据的支撑，政府开放数据服务与智慧城市建设是相辅相成的关系。

- 搭建公共开放数据平台是智慧城市建设中不可或缺的重要内容，也是政府开放数据服务的基础。相关案例研究表明，开放数据平台的建设需要政府主导、多方参与和坚持面向社会互动共享的原则。

政府开放数据服务和智慧城市建设的战略整合具有重大的现实意义，但智慧城市建设过程中如何协调开放数据平台各方主体的利益等问题，仍然需要实践领域的探索和理论方面的进一步挖掘整理。

参考文献：

［1］ 中国电信智慧城市研究组. 智慧城市之路——科学治理与城市个性［M］. 北京：电子工业出版社，2012：70.

［2］ 谢文. 推荐序二：实实在在的大数据//舍恩伯格，库克耶. 大数据时代：生活、工作与思维的大变革［M］. 盛杨燕，周涛，译. 杭州：浙江人民出版社，2013.

［3］ Open data［EB/OL］.［2013-03-15］. http：//en. wikipedia. org/wiki/Open_ data.

［4］ The Open Data Handbook［EB/OL］.［2013-04-20］. http：//opendatahandbook. org/en.

［5］ Humphrey D. Readingopen data［EB/OL］.［2013-04-01］. http：//vocamus. net/dave.

［6］ Building a semantic Web in which our data can participate［EB/OL］.［2013-03-06］. http：//talis-presentations. s3. amazonaws. com /www2007-opendatapanel. pdf.

［7］ 李佳佳. 信息管理的新视角：开放数据［J］. 情报理论与实践，2010，（7）：35-39.

［8］ 李佳佳. 国外开放数据许可及相关机制研究［J］. 情报理论与实践，2010，（8）：20-24.

［9］ 谭健. 开放数据及其应用现状［J］. 图书与情报，2011，（4）：42-47.

［10］ 侯人华，徐少同. 美国政府开放数据的管理和利用分析［J］. 图书情报工作，2011，（4）：119-122，142.

［11］ 曹凌. 大数据创新：欧盟开放数据战略研究［J］. 情报理论与实践，2013，（4）：118-122.

［12］ 周志峰，黄如花. 国外政府开放数据门户服务功能探析［J］. 情报杂志，2013，（3）：144-147，165.

［13］ Open data sites［EB/OL］.［2013-05-20］. http：//www. data. gov/opendatasites.

［14］ Brown G. Speech on smarter government［EB/OL］.［2013-05-02］. http：//webarchive. nationalarchives. gov. uk/+/….

[15] Road map for the digital city——Achieving New York city's digital future [EB/OL]. [2012-05-01]. http：//www. nyc. gov/html/media/media/PDF/90dayreport. pdf].

[16] Mayor bloomberg signs legislation creating a citywide comprehensive open data policy [EB/OL]. [2013-04-15]. http：//www. nyc. gov/portal/site/nycgov.

[17] 沈大风. 电子政务发展前沿（2013） [M]. 北京：中国经济出版社，2013：92 -108.

[18] 刘增明，贾一苇. 美国政府 Data. gov 和 Apps. gov 的经验与启示 [J]. 电子政务杂志，2011，（4）：3-7.

作者简介

姚乐，北京大学信息管理系博士研究生；

樊振佳，北京大学信息管理系博士研究生，通讯作者，E‐mail：fanzhenjia@ pku. edu. cn；

赖茂生，北京大学信息管理系教授、博士生导师。

网络社区信息资源智能性管理研究

1 引 言

为了跨越地理和时空的限制，人类通过互联网来沟通彼此的情感，上网人数的增多既给互联网带来大量信息，也产生各种形式及程度的需求，进而形成具有共同归属感的信息聚集体——网络社区。网络社区的海量信息也带来新的问题：一方面，信息缺乏统一的组织与控制，严重阻碍信息资源的利用；另一方面虚拟社区的存在并不能保证知识共享一定能发生，仍然存在知识共享意愿低、参与度不足等问题[1]。这些问题随着网络社区的发展逐渐暴露出来，及时解决上述问题才能突破网络社区发展的瓶颈。然而网络社区的资源数量庞杂，参与者行为具有不确定性，参与用户之间互相影响且关系复杂，因此从智能性的角度研究网络社区资源管理具有实际意义。目前关于网络社区信息资源智能性管理的研究很少，缺乏更深入的相关研究。本文以系统理论的观点，对社区参与度不足、数据繁冗等问题进行梳理，利用用户行为的涌现性、自适应性以及个性推送等特性进行智能性管理。

2 网络社区信息资源管理及研究现状

2.1 网络社区信息资源及智能性管理因素

网络社区，是一群拥有某种兴趣经验的人，或是学有专精的专业人士，利用各种形式的电子网络及论坛等方式组成一个交流社区，让参与该社区的会员能够基于共同的兴趣进行信息共享或解决问题。商业企业、非盈利性组织和政府机构等也将网络社区作为与公众沟通和发布信息的平台[2]。网络社区资源并没有十分严格的定义和分类，它包含比较直观的信息资源，如电子邮件，电子布告板以及用户自行发布的状态、资讯、图片，用户之间互动留言等；也包括用户行为背后隐藏的大量统计数据，如浏览历史记录、用户收藏和关注等内容[3]。经过多年发展，网络社区并不局限于特定主题的论坛或聊天室，而是涵盖弱关系联接的互联网应用平台，深受人们欢迎的新浪微博、人人网、LinkedIn 等网络社区应运而生，满足人们广泛地结交朋友、浏览感兴趣的话题等需求。

网络社区的形式和功能每天都在变化，人们又在不断赋予它新的内容，网络社区内的信息资源比传统形式的媒介资源有更显著的特点[4-5]：①信息量大，增长迅速。网络技术的发展让使用网络成为一种必需手段，各领域都通过互联网获取资源和信息。最新统计数据显示，截至 2013 年 10 月我国网民数量达 5.91 亿，网络普及率较去年增长 2%，网络使用者增多必然带来信息量增长。②内容自由度大，传播广泛。互联网是开放性的，而且信息发布渠道广泛，"自媒体"增加了信息内容的任意程度，用户的隐私信息也会在公共平台分享。③动态性和交互性强。Web 2.0 技术的产生让人们实现了跨距离互动，上传照片，评论留言等人类社交所必需的功能帮助社交网站实现了其初衷——交换信息，交流情感。

由于网络社区信息资源数量庞大，关联交错，用户行为具有不确定性，其资源管理必然是多面动态的智能管理，涉及"从哪几个方面管理"、"如何进行管理"的问题。本文从智能性的角度出发探索网络社区的资源管理，分析智能性管理机理，探讨智能性管理流程，总结驱动网络社区信息资源智能性管理的 3 个维度，关注社区信息（评论等）发布、用户交互行为、资源数据管理等，并将之作为网络社区信息资源智能管理的主要因素来分析，为提升资源管理效率提供一个新的研究思路。

2.2 国内外研究现状简述

国外一些学者以 Twitter 为例，通过数据实证分析来研究网络社区资源与用户行为之间的关系，A. Java 等[6]分析 Twitter 用户的地域分布、用户的好友粉丝数及用户的度相关系数，并将 Twitter 的用户进行了分类。M. Cha 等[7]比较了 Twitter 用户的帖子转发数、回复数与好友数的相关性，分析了信息传播过程中用户的影响力特征。目前的研究主要针对用户关系的宏观结构或用户个体的微观交互单独建模，未能分析驱动网络用户行为的本质因素[8]，也未能根据参与人群行为偏好采取复杂性分析，因此，这些研究并未重视对用户行为规律的探讨。

国内对于网络社区资源的研究多集中在网络舆情分析和信息特征分析上，如王娟等[9]针对兴趣社交网站中意见领袖识别的研究，强调对信息质量的管理控制、又如谢晓专[10]在信息治理方面、李枫林等[11]在信息分享行为方面，说明和分析网络社区资源管理存在的问题。很少有学者从智能性管理的角度出发提供建设性建议，缺乏系统性研究和对信息资源的有效利用。笔者认为，对网络社区信息资源智能性管理进行探讨将完善网络社区及其资源的研究，进而提高对网络社区资源的管理水平及网络资源的利用效率。

3 网络社区资源智能性管理分析

网络社区由成千上万的使用者组成，每一个使用者又是各不相同的主体，他们的行为对参与其中的彼此互有影响；复杂的系统环境以及充斥其中的资源数据，亟待通过智能性研究进行有效管理及合理利用。

3.1 网络社区信息资源智能性管理机理

参与网络社区的用户通常能根据社区内其他用户的行为影响调整自身的参与行为，网络社区管理者根据上述的用户行为特点，采取激励引导等方式合理规范和配置网络资源来提升社区用户的参与度，这种管理方式即是对网络社区信息资源的智能性管理。网络社区信息资源智能性管理体现在：网络社区管理者通过对用户行为数据和浏览历史等用户资源的分析，挖掘用户需求，预测用户行为的趋向，并通过信息的重组与再生，为社区用户提供符合他们需要的个性化服务，最终实现服务体验的增值。

本文借鉴王娜[12]的企业知识管理与服务创新的互动机理模型，归纳出了网络社区资源智能性管理机理模型（见图1），明确网络社区如何配置信息、利用数据改善社区环境，以提升用户的参与黏度。

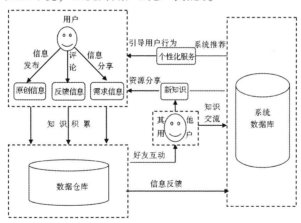

图1 网络社区信息资源智能性管理机理

网络社区对生成资源的智能性管理通过以下环节进行：①资源积累：系统广泛接收用户发布的信息（原创信息、评论意见、资源分享）以及用户浏览、购买等行为的数据；②资源整理：对积累的行为数据和信息进行分类并统计，得到结论或发现问题；③资源利用：利用数据分析的结果，解决系统存在的参与度不足、信息过量不易检索等问题，重组信息开发新服务以提高用户参与度。

3.2 网络社区信息资源智能性管理流程

任何信息资源的管理都是一个过程，网络社区信息资源的管理是由若干相关并有序的环节组成的，这些环节组成了一个有机的整体。智能性管理即通过上面列出的资源积累、资源整理、资源利用三大环节对网络社区中的信息资源进行分析，具体流程见图2[13]。

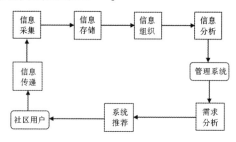

图2 网络社区信息资源智能性管理流程

从图2中可以看出，资源积累环节包括信息采集和信息存储，在这个阶段社区管理系统充分收集网络社区中的信息资源；资源整理环节包括信息组织、信息分析及整理分析结果后进行的用户需求分析，这个过程中系统对收集的信息进行整理并分析，以便进行下一步的智能化推荐，引导用户行为合理化；资源利用环节包括系统推荐等，利用分析结果把用户可能需要的信息进行分类筛选，将精华信息主动推荐给用户，提高用户使用社区资源的效率。

4 三维驱动的网络社区信息资源智能性管理

根据对网络社区信息资源智能性管理机理的分析，针对用户使用行为及习惯，形成三维驱动的网络社区信息资源的智能性管理：借助用户行为涌现性的动态管理，利用用户行为自适应性的驱动管理，实现个性化信息推送管理。

4.1 借助用户行为涌现性的动态管理

网络社区用户行为的涌现性体现为：通过社区参与者在互动过程中相互影响，网络社区形成新的使用热度和网络黏性[14]。利用涌现性管理网络社区资源，就是根据系统的涌现性抓住各主体之间的交互行为趋势，建立新的全局规则引导用户行为，以期慢慢涌现出更佳的系统状态。中国互联网络信息中心（CNNIC）2012 年的调查结果整体反映出，中国社交网站用户访问频率较高，但是原创内容和交际互动的积极性并不高，活跃度比较低；在内容原创方面，仅有 7.9% 的用户每天都会更新状态或签名，接近一半用户没有这一行为。而在与好友互动的方面，用户活跃度也比较低。用户的内容发布行为和互动行为是判断社交网站发展情况是否健康的重要指标[15]。针对互动频率低的现象，应引导用户建立新的使用习惯，不断调动全社区主观上参与互动的意愿。

LinkedIn 是源自美国的大型职业社交网站，在该网站，用户建立并发布自己的个人信息，系统会根据用户的信息内容推荐符合其相关专业的招聘企业或有意向合作的专业人士，用户借此扩大职业社交圈，拓宽就业渠道。LinkedIn 借助用户行为涌现性动态管理网络社区资源的做法是：关注并分析用户的行为，根据用户在网站上的体验和增长生成的数据来开发新的产品和有针对性的服务，这些服务又继续带来新的用户增长和更高的用户黏度。如此良性循环正是依赖于 LinkedIn 不断开发数据资源，精准地搭建个人与企业之间的沟通渠道，使整个网站环境演化成为越来越成熟的职业社交平台。同样依据数据分析，LinkedIn 解决了用户和企业之间信息不对称的问题，完备的个人信息资料帮助企业用户和个人用户完成高效的招聘机会对接[16]。而高效的机会对接又刺激用户通过 LinkedIn 扩展社交圈，进一步增加用户的参与黏性，提高用户的使用热度。LinkedIn 满足了用户在网络上进行职业社交追求的高效和准确，如今在没有大力宣传的前提下已拥有 1 亿余用户，并且以好口碑吸引着更多的人加入其中。

4.2 利用用户行为自适应性的驱动管理

网络社区的参与者能够对社区环境的变化做出自我调节，这种自我调节并与外界互动的特性被称为自适应性，在网络社区中，由于用户之间是网状关系结构且相互关联复杂，自适应意味着社区成员的行为具有一定的趋向性，根据"环境"和接收信息来调整自身的状态和行为。网络社区的一个核心基础是用户之间的好友关系，用户通过好友的传播分享获取外界信息，每一次信息互动带给用户认知上的影响，网络上名人明星的推荐宣传都能调动用户自身的趋向性，接受外部变化进而调整参与行为。

《2012 年中国网民社交网站应用研究报告》显示，43.1% 的用户会在社交网站上看到好友推荐的产品而产生购买想法；38.3% 的用户会参考社交网站上好友的评论，帮助自己进行消费和购物决策。这些结果表明，相比较直接地硬性推销，人们往往更愿意将好友的评论和意见作为行为参考。网络社区用户存在于互动协作的环境中，他们的参与度不仅由自己的动机决定，也受到社会化过程的影响。基于社会影响理论研究表明，除主观规范外，社会认同和群体规范都对用户的行为有显著影响[17]。从用户互动行为的角度思考如何利用网络资源，要把关注点落在用户发布的信息和分享以及用户对于事物的意见和看法上面。这些来自于用户最直接的主观评论常被认为比广告或销售代表更可信，它们直接地表达了网民的情感和认知[18]，是能把握网络使用者价值观的重要突破口。

阿里巴巴入股新浪微博的做法直接体现了自适应性驱动管理。阿里巴巴利用新浪微博与淘宝的账号对接扩大电商覆盖面。微博用户对产品的评价或推荐，对其社交好友的购买心理和行为有一定程度上的影响，来自用户的主观信息能够产生或拉动其他用户的需求，影响用户的消费决策。微博数亿用户的社交关系为阿里巴巴增加近3亿用户。用户信任好友评论，就会在行动上更倾向于选择"被信任"的产品，直接点击在淘宝网上消费好友推荐的链接，省时省力地得到满意的产品或服务，这样的经历又进一步使用户养成了使用淘宝网购物的习惯，累积起来就达到系统利用用户自适应性行为促进网络社区使用效率及商业宣传的目的。

4.3　实现用户信息个性化的推送管理

高速发展的信息技术和日益增多的网络信息交互，使信息过多甚至泛滥，造成用户找不到需要的信息，并且要花费大量精力来过滤对自己毫无用处的内容。网络社区管理者应从用户需求出发，推行个性化的信息推荐服务，这样能够减少用户的查找困难同时也减少并行网络流量的拥塞。用户每一次选择浏览的信息将更接近自身需要，网络社区管理者通过逐步分析用户累积选择的信息，找到具有相同特征的信息反馈给用户，即实现个性化信息推送。

例如，《2012年中国网民社交网站应用研究报告》显示不同年龄段使用社交网站的功能比例不同，由此可以看出，不同年龄层关注的兴趣点有很大出入，根据用户的注册信息和浏览记录，提供更贴近个体的信息推荐会使用户得到更有效率、更有层次感的服务体验，让用户更乐于选择网络社交。在这一方面，人人网的好友推荐、淘宝网根据用户的购买记录和浏览记录推荐其他"宝贝"给用户都是方便使用者的个性化推荐服务。类似于Facebook，人人网这样的典型社交网络，根据用户给出的个人资料和他们各自的好友圈自动筛选出用户的潜在关系网，帮助用户在茫茫人海中找到与自己相关的联系人，通过朋友的朋友扩大社交范围，认识和了解更多朋友。

  LinkedIn Today 也是 LinkedIn 实现个性化推荐智能管理的应用。鉴于每个上班族天天都要关注社会新闻以更新自己的见闻，但每个人关注的新闻类型又各有不同，新闻聚合服务应运而生——根据用户的偏好提供其可能感兴趣的新闻，在浩如烟海的信息中为用户挑选出可能需要的内容。LinkedIn 于 2011 年 3 月 12 日推出的新闻聚合服务——LinkedIn Today 为其社区内 9 000 万名用户提供他们所在行业以及网站的专业人士所分享的新闻。既然都是同行业人士，那么他们关注的行业热点和动向也会趋于一致[19]。个性化推荐和信息筛选是复杂性管理最贴合用户的做法，LinkedIn 所奉行的实用主义即是利用复杂系统的自适应性和智能性为用户提供精准的信息和定位，不像其他网站那样依靠任意链接关系的推荐而给用户造成困扰。2013 年 4 月，该公司又斥资 9 000 万美元收购了移动新闻应用 Pulse，弥补 LinkedIn Today 的不足。已发展 3 年的 Pulse 目前在 190 余个国家拥有超过 3 000 万个读者，750 余个世界顶级出版商通过它传播内容。针对北美市场的调查数据表明，2012 年通过 LinkedIn 求职的成功率为 93%，而 Facebook 和 Twitter 的这一数据分别为 17%、13%。在趋势判断上，通过社交媒体求职的群体中有 82.6% 的人计划使用 LinkedIn，而计划使用 Facebook 和 Twitter 的分别只有 38.3%、37.4%，这充分说明了 LinkedIn 的成功[20]。从 LinkedIn 的角度来看，推出新闻聚合服务还能延长用户在网站上的停留时间，不仅打破社交网站发展过程中的瓶颈，更为企业带来新的机会和前景。

  综上所述，本文建立三维驱动的网络社区信息资源的智能性管理模型，如图 3 所示：

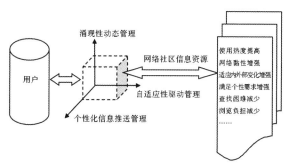

图 3 三维驱动的网络社区资源智能性管理模型

5 结 论

网络社区承载着社会大众的社交功能和互动意愿，资源又是网络社区最宝贵、最主要的组成部分，所以社区的资源管理相当重要，为了合理利用现有和再生的网络资源，也为了让网络社交今后更稳定、更健全地发展，本文从智能性管理的研究角度，建立三维驱动的网络社区信息资源管理模型，网络社区可以为其参与者定制个性化的推荐，减少用户的浏览负担；利用涌现性，培养用户的使用习惯，把参与热度提高一个层次；根据过程趋向性的资源管理会帮助网站发掘潜在的商业机会，另外，好友之间的信任评价也有助于形成良性口碑效应。

综合对网络社区信息资源管理的机理和维度的研究，提出以下建议：①政府机构在已经具有影响力的网络社区开通信息平台，通过对所在网络社区资源的智能性管理，获取民意，利用和监管网络舆情，及时发布准确信息导引公众；②企业可以利用社区用户行为的自适应性及涌现性，扩大营销范围和力度，并通过消费者反馈及时调整企业战略，使企业获得竞争优势，从而促进企业健康持续地发展。

参考文献：

[1] 龚主杰，赵文军. 虚拟社区知识共享持续行为的机理探讨 [J]. 情报理论与实践，2013，36（6）：27-31.

[2] Andrews D C. Audience-specific online community design [J]. Communications of the ACM，2002，45（4）：64-68.

[3] 王欢，郭玉锦. 网络社区及其交往特点 [J]. 北京邮电大学学报，2003，5（4）：19-21，26.

[4] 付尧. 网络信息资源的开发与利用研究 [J]. 科技论坛，2005，（16）：83-85.

[5] 蒋定定，孙明珠，姚晓南. 论网络信息资源管理 [J]. 无线互联科技，2012，（9）：26-28.

[6] Java A，Song X，Finin T，et al. Why we twitter：Understanding micro-blogging usage and communities [C] // Proceedings of the 9th WebKDD and 1st SNA-KDD 2007 workshop on Web mining and social network analysis. New York：ACM，2007：56-65.

[7] Cha M，Haddadi H，Benevenuto R，et al. Gummadi. Measuring user influence in Twitter：The million follower fallacy [C] //Proceedings of the Fourth International AAAI Conference on Weblogs and Social Media. Washington DC：ICWSM 2010，2010：10-17.

[8] 熊菲. 互联网用户行为分析及信息演化模式研究 [D]. 北京：北京交通大学，2013.

［9］ 王娟，曹树金，姜灵敏，等. 兴趣社交网站中意见领袖识别的研究［J］. 图书情报工作，2013，57（14）：97-104.

［10］ 谢晓专. 虚拟社区信息治理：内容、理念与策略框架［J］. 情报科学，2012，30（12）：1773-1779，1906.

［11］ 李枫林，周莎莎. 虚拟社区信息分享行为研究［J］. 图书情报工作，2011，55（20）：48-51.

［12］ 王娜. 企业知识管理与服务创新的互动机理研究［J］. 图书情报工作，2013，57（5）：33-37.

［13］ 杨文雯. 虚拟社区信息质量管理控制实证研究［D］上海：华东师范大学，2012.

［14］ 刘晓平，唐益明，郑利平. 复杂系统与复杂系统仿真研究综述［J］. 系统仿真学报，2008，20（23）：6303-6315.

［15］ 2012 年中国网民社交网站应用研究报告［EB/OL］.［2013-09-23］. http：//www. cnnic. net. cn/hlwfzyj/hlwxzbg/.

［16］ 孙泠. LinkedIn：数据是件疯狂的事［J］. IT 经理世界，2013，（13）：109-111.

［17］ Zhou Tao. Understanding online community user participation：A social influence perspective［J］. Internet Research，2011，21（1）：67-81.

［18］ Nindya Kusuma Wardhani，Mustika Sufiati Purwanegara. Online community usage behavior（Case study of indonesian online community members）［C］//Proceedings of International Conference on E-business，Management and Economics. Hongkong，2012：37-42.

［19］ 金小鹿. LinkedIn 奉行实用主义［N］. 中国计算机报，2011-03-21（6）.

［20］ 何谦. LinkedIn 为何这么值钱［J］. 新商务周刊，2013，（9）：50-52.

作者简介

陈海涛，吉林大学管理学院教授，管理科学与工程系主任，博士，博士生导师；陈博，吉林大学管理学院硕士研究生，通讯作者，E-mail：cbduoduo@ sina. com。

建　设　篇

智慧图书馆的建设及其对
技术和馆员的要求*

随着智能技术的不断发展，智慧国家、智慧社会、智慧城市、智慧社区、智慧医院、智慧学校、智慧图书馆、智能建筑等概念如雨后春笋一般涌现，智慧图书馆是这些概念中的一个，也是智能技术带给人类生活学习以深刻变革的典型代表，并与绝大部分"智慧"概念有着密切的联系。建造智慧图书馆是一项纷繁复杂的浩大工程，需要处理好各流程环节间的关系。按最简单的环节来说，智慧图书馆＝图书馆建筑本体＋智慧科技＋智慧馆员，因此，相关智能技术的具体化和适应智慧化图书管理的智慧图书馆员的培养将是本文研究的关键所在，同时也是智慧图书馆得以实现的核心支柱。

1 智慧城市背景下的智慧图书馆

1.1 智慧城市

1990 年，在美国加州旧金山召开了一次国际会议，会议以"智慧城市（smart cities）、快速系统（fast systems）、全球网络（global networks）"为主题。2007 年，欧盟确立了以创新和低碳为中心的未来发展战略，并正式发表"*Smart Cities-Ranking of European Medium-sized cities*"报告，从智慧经济、智慧人口、智慧环境、智慧管理、智慧流动性以及智慧生活等 6 个方面阐释了"智慧城市"的概念，标志着"智慧城市"实践的正式开始。在 IBM 公司的推动下，智慧城市的影响力逐步扩大。截至 2013 年底，全球共有 400 多个国家参与了智慧城市的建设。中国国内最早有关智慧城市建设的讨论始于 2010 年的中国物联网与智慧城市建设高峰论坛。2013 年 1 月 29 日，住房城乡建设部公布首批国家智慧城市试点名单，共有 90 个试点城市。《2015—2020 年中国智慧城市建设行业发展趋势与投资决策支持报告前瞻》的调查数据显示，我国已有 311 个地级市开展数字城市建设，取得了较好的社会、经济、环境

* 本文系安徽省教育厅 2013 年高等教育振兴计划人才项目 "2013 振兴计划-储节旺学术技术带头人"（项目编号：2013jyzxrc308）研究成果之一。

效益。根据世界银行的推算，一个百万以上人口的智慧城市建设，当其超过实际应用程度的 75% 时，该城市的 GDP 在投入不变的条件下将能增加 2.5 倍。

1.2 智慧图书馆的兴起

西方发达国家最先展开了对智慧图书馆的研究。在 2001 年前后，加拿大就已经开始了建设智慧图书馆的探索和尝试。首都渥太华地区率先建立了一个名为"Smart Library"的图书馆联盟，包括公共图书馆、高校图书馆、专业图书馆、博物馆在内的 12 所机构加入了该联盟，这是国外关于智慧图书馆的最早实践[1]。该联盟为读者提供一站式服务，利用一个搜索界面便可检索查看所有成员的馆藏资源，十分方便。同年 10 月，澳大利亚的昆士兰州立图书馆也确立了建设智慧图书馆的目标，计划通过推动智慧图书馆的建设来带动智慧社区的发展。该馆着手建立了"智慧的图书馆网络"，并将物理设施和虚拟社区也纳入进来，形成一个集成系统[2]。紧接着，在 2003 年前后，芬兰奥卢大学图书馆开始尝试提供"smart library"新型服务方式。2005 年，我国上海图书馆开展了手机图书馆的移动服务，台北市立图书馆运用无线射频技术建成了无人服务的图书馆。现在国内图书馆大部分都有一定程度的智慧性，其中上海交通大学图书馆、上海市图书馆等的智慧程度已经比较高，不过完全智慧化的图书馆目前还没有。

2 智慧图书馆研究综述

2003 年，奥卢图书馆的学者发表了一篇题为《智慧图书馆：基于位置感知的移动图书馆服务》的文章，指出智慧图书馆是指一个不受空间限制且可被感知的移动图书馆，在任何有互联网和浏览器的地方都可以使用，这篇文章正式拉开了西方国家关注智慧图书馆建设的序幕[3]。2004 年，米勒等学者在国际会议上发表了题为《智慧图书馆：强调科学计算的图书馆的 SQE 最佳实践》研究报告，推动了智慧图书馆的发展[4]。从 2010 年 2 月开始，美国图书馆协会出版的 *Smart Libraries News letter* 杂志开辟了"Smarter Libraries Through Technology"专栏，介绍影响智慧图书馆的信息技术以及信息技术的未来发展趋势[5]。2005 年，首届全球数字图书馆国际学术研讨会（ICUDL）在杭州召开。首次大会录用论文共 108 篇，其中，国外作者论文 28 篇，我国港台地区作者论文 3 篇，内地作者论文 77 篇[6]。在 2010 年的第六届 ICUDL 会议上，潘云鹤在会上做了题为 *Important developments for the Digital Library：Data Ocean and Smart Library* 的发言，这标志着国内学界对智慧图书馆的重视。

由此，拉开了国内学界追赶国外研究的序幕。

在中国知网（CNKI）输入"智慧图书馆"作主题词，并输入"智慧"一词作为词频进行高级检索，可以得到 217 篇论文文献，发表年份集中在 2007—2015 年（数据截止时间为 2015 年 5 月 31 日），通过笔者对历年发文情况层层浏览，再运用排除法进行筛选，最终可得到大约 185 篇和智慧图书馆明确相关的文献，发表时间集中在 2010—2015 年期间，这刚好与第六届全球数字图书馆国际学术研讨会举办的时间吻合。其实早在 1999 年，台湾的林文睿就曾发表过《智慧型图书馆建筑思考（节选）》一文，在这篇文章中，林文睿就已经具有了前瞻性的视野，文中指出在图书馆的未来建筑中要融入超智慧型大楼设备整合系统 IFMS[7]（intelligent facilities management system），通过网络和集成技术将原本分散的分系统统一起来，合并成一个整系统，方便使用。此外，从最新科技角度来研究智慧图书馆的学者是严栋，在 2010 年，他发表了《基于物联网的智慧图书馆》一文，探讨了如何利用物联网打造出色的智慧图书馆。

此后，一大批学者纷纷涌现，智慧图书馆的研究开始进入到一个崭新的阶段。比较有代表性的有：严栋将智慧图书馆定义为智慧图书馆＝图书馆+物联网+云计算+智慧化设备，它通过物联网来实现智慧化的服务和管理[8]。董晓霞、龚向阳、张若琳等将智慧图书馆界定为是感知智慧化和数字图书馆服务智慧化的综合，其中感知智慧化包括深刻的感知、更广泛的互联互通和基于感知的智慧化的管理和服务，数字图书馆服务智慧化则是通过人和知识的融合，为用户营造一个和谐的知识生态环境，提供更高层次的知识服务[9]。王世伟认为智慧图书馆是以数字化、网络化、智能化的信息技术为基础，以互联、高效、便利为主要特征，以绿色发展和数字惠民为本质追求，是现代图书馆科学发展的理念与实践，是未来图书馆发展的新模式[10]。赖群、黄力、刘静春等认为智慧图书馆的组成结构与现有图书馆有着很大的差异，它是一个较为复杂的系统，其核心组成技术主要分为两部分：一是基于物联网技术的信息感知和处理技术，二是基于云计算环境的分布式信息处理技术[11]。武婧认为，智慧图书馆应该包含五大要素，即资源、技术、服务、馆员、读者：资源是优质、多元和高效的；技术是互联、便捷和智能化的；服务应该是开放、泛在和感知的；馆员队伍是专业、敬业、善于独立思考和富于创新精神的；读者是乐用、协同和敏锐的[12]。李燕波认为过分追求图书馆技术，会使图书馆人忽视人文精神的存在[13]。

在上述各学者观点的基础上，笔者认为，智慧图书馆是在秉持人文精神的前提下，对现在以及未来出现的众多高科技技术进行精心挑选筹划并努力将它们融入自身体系当中，以期更好地服务大众的一种图书馆发展新模式。通俗地说，智慧图书馆就是最懂读者的图书馆；通过各类感知技术、智能处理技术，让图书馆更懂读者的需求。

3 智慧图书馆的特征

王世伟在《论智慧图书馆的三大特点》一文中提出智慧图书馆应具有互联、高效、便利[14]三大特征，在其后来发表的《再论智慧图书馆》一文中，他认为智慧图书馆更要具有广泛互联和融合共享[15]两大核心特质。谢芳在《论高校图书馆的功能与构建》中阐述了智慧图书馆的先进性、开放性、系统化和智能化[16]4个特征。董晓霞、龚向阳、张若林等认为智慧图书馆与其他传统图书馆的区别在于深刻的感知、更广泛的互联互通、基于感知的智慧化管理和服务3个方面[9]。笔者在总结其他学者观点的基础上，结合图书馆发展的具体情况，认为智慧图书馆只有具有更全面立体的感知、更广泛的互联互通、更深入的智能洞察、更高效的协同管理这四大核心特征，才能胜任未来的工作。

3.1 更全面立体的感知

智慧图书馆可以做到全面立体感知，如感知读者的位置、感知读者的行为乃至心理状态，进而精准地判断读者的需求。现阶段智慧图书馆可以通过GPS、WiFi、RFID等感知读者的位置（LBS），通过图像采集和轨迹追踪分析读者的行为，未来可以通过体感技术感知读者的精细行为乃至心理变化，为图书馆提供精准服务。精准服务比个性化服务要求更高。目前，很多智慧图书馆利用RFID等为代表的智能感知技术实现了图书的自助借还、盘点、查找、定位、顺架、分拣等一系列基础性工作。而精准服务更是只有在智能系统的帮助下才能实现。如智慧空调通风设备能够利用温度感应器感应馆内温度变化，将这一温度传达给智慧中枢系统，中枢系统通过与预先输入的温度指令对比，自觉判断是否应当进行降温或者升温。智慧火警防灾系统会在出现火灾险情时，立刻通过分子感应器分析判断火灾种类，根据火灾种类选择开启防火门、喷头降水降温等不同的初级控制措施，并在第一时间自动联系火警报警、向图书馆智慧中枢控制系统的专员报告，快速分析出最佳离馆路线，通过馆内语音系统和显示屏引导馆内所有人员逃生。

3.2 更广泛的互联互通

现代普通图书馆和传统图书馆相比较而言，已经较多地融入了现代科技的元素，比如空调通风系统、计算机系统、电子监控系统和网络系统等，图书馆的硬件设施得到了很大的改善，但只有这些设备、系统、资源和人员之间建立了联系，才谈得上智慧。如门禁系统和图书管理系统进行了实时衔接，读者进馆后，系统能及时推荐他/她喜欢的图书，并将该书的存放位置告诉他/她。当然，智慧图书馆的智慧性还有赖于图书馆智慧中枢系统的支持，图书馆智慧中枢系统能够将图书馆各类设备、图书、信息单元、馆员、读者等通过物联网联系起来。智慧中枢系统作为使图书馆具有智慧性的核心组件，通过预先设定好的计算机指令指挥馆内各系统工作，实质上是具有人工智能的CPU 处理设备，能够对来自所有设备、系统的实时数据进行集中处理并加以关联，从而实现图书馆对这些要素的智能感知。

3.3　更深入的智能洞察

"智慧"更重要地体现在快速检索、准确定位、及时知识咨询以及解答等文献知识服务上。智慧图书馆的智慧性是指在减少或者完全避免馆员控制的情况下，图书馆自身能够保证馆内各项系统的运行，实现自我管理，馆员所要做的仅仅是监督和维修而已。比如，智慧检索设备能够主动对用户的信息检索结果进行有序化的分析和编纂，将最终结果以摘要或者综述的形式呈现给用户，在必要时还可以将这些检索出的信息进行相关度分析，并将关系结构图予以可视化的展示。图书馆甚至还可以邀请读者对借阅归还的图书进行打分评价，将这些意见也一并纳入到数据库中，在某个周期完结时，计算机智慧中枢系统主动将信息整理、分析好，形成辅助决策报告书，发送给各类馆员用作参阅，帮助他们在图书采购归类、读者群扩大、藏书整理等方面做出更好的决策。通过对这些相关信息的串联存储以及分析，可以大大提高决策结果的精准性，使智慧图书馆成为主动的"有感官的有机体"。

3.4　更高效的协同管理

随着智能技术的采用，图书馆不仅可以实现本馆内部要素之间更好的协同，还可以实现行业协同、地区协同、国家协同、全球协同等，使资源由分散趋向集约、由异构趋向统一，克服资源在布局上各自为政、分散管理和重复建设的弊端，提高图书馆的服务效率，并且协同所需花费的时间、精力、物力成本等都将大幅压缩，协同服务的质量大大提高。不过，这些协同都是建立在更好的感知、广泛的互联互通和更深入的智能洞察基础之上的。

4 智慧科技的运用

智慧图书馆的构成包括用户、基础设施层、应用服务层以及技术支撑层（见图1）。科技在其自身的不断发展中越来越体现出以人为本的核心特质，智慧图书馆的建设离不开科技的参与，否则就不能称之为智慧图书馆。智慧图书馆应用的科技有许多，笔者将技术支撑层划分为两部分：一种是以 Saas 软件开发系统为主的核心组件，另一种是以无线射频技术（RFID）、物联网、3D 虚拟技术（3D virtual）以及数据挖掘技术等为主的关键支撑组件（见图2）。

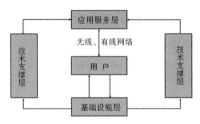

图 1 智慧图书馆层次体系

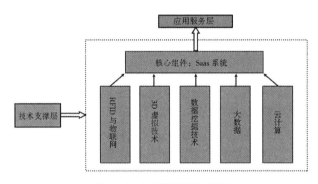

图 2 技术支撑层层次划分

4.1 Saas 系统

图书馆一切硬件设施的铺设与建造都是为了让软件服务能够更好地开展，因此软件服务才是智慧图书馆的本质核心。Saas 系统是 soft as a service 的简称，它是进入 21 世纪以来针对快速多变的软件开发需求变化而衍生出的一种软件应用模式。Saas 系统的工作原理就是客户依据自身的需求向厂商订购软件服务，厂商将研发成功的软件、数据库统一部署在自己的服务器上，用户只需要通过互联网连接到服务器上便可直接使用该软件，且软件和服务器的维护与管理全部都由生产厂商自己负责，用户不用费心参与，从而节省了自身培养操作与维护人员，购买数据库和软件的成本（见图3）。B. W. Min 认为Saas 实际上是一种多租户的软件租赁服务[17]。以往的图书馆软件开发模式是馆内自筹技术人员开发或者是直接从生产商处购买，生产商会对后续维护与升级服务额外收费，这会加大图书馆的经济负担。笔者建议图书馆采用 Saas软件开发系统，以联盟共生的方式推动智慧图书馆的建设，智慧联盟各成员馆可以组成一个多租户群，对于图书馆建设和发展中需要用到的共同的软件服务实行多租户的 Saas 系统，共同与软件开发商洽谈协商，"只租不买"，减少费用的消耗，并根据实际情况，选择合适的数据存储模式，互利共生，共同发展。

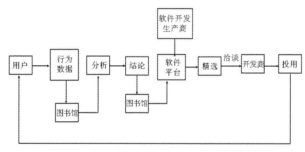

图 3　Saas 系统

4.2　RFID 与物联网

物联网（the Internet of things）是指通过射频识别（RFID）、红外感应器、全球定位系统、激光扫描器等信息传感设备，按约定的协议，把任何物品与互联网连接起来，进行信息交换和通讯，以实现智能化识别、定位、跟踪、监控和管理的一种网络[18]。物联网的首要特点是全面感知[19]，而能实现全面感知的关键技术就是无线射频技术（RFID）[9]。

RFID 技术在智慧图书馆中非常具有潜力，它是图书馆具有智慧性的前提。笔者认为 RFID 的功能价值可以从以下 4 个方面来体现：

（1）图书馆最宝贵的资源在于它贮藏的海量文献，在分类法的帮助下，馆员们也只能将图书按大类进行管理，无法具体到某一本书，但若采用 RFID标签，这一局面将会彻底改变。馆员们前期只需将书本信息输入 RFID 标签，再把标签植入到书本中，那么日后读者或者馆员查阅时只需要在图书馆系统中键入书名，在显示屏上便能快速显示该书的方位、路径、便于查找（见图4）。同理，由于 RFID 技术使得图书能够被快速定位，它在跟踪外借图书、追踪物流、防止图书失窃上也能发挥卓越的作用。

（2）RFID 在图书馆中另一项重要的功用体现在预约阅览室座位上。经过改良的（植入重量传感器）带有射频标签的椅子可以通过馆内覆盖的无线网络将自身是否空闲的信息发送给控制中心，中心接受后会把这些信息汇总，以图像的形式呈现在馆内阅览室显示屏上，读者也可以根据手机客户端 APP 查阅，并在线免费预约（见图4），根据自己的喜好可以预约到具体的书桌及具体时间段，逾期的预约系统会在保留 20-30 分钟后自动取消，对于恶意预约的行为要严厉禁止，违者必究，可以克扣个人图书馆信用积分、减少其借阅数量、限制预约等。

RFID 在图书馆照明采光、防火、通风、安全认证等方面的应用上都有着巨大的价值，在此不一一列举。

（3）RFID 的广泛运用，可以把图书馆打造成物联网中的一部分，实现馆馆相连、馆人相连、馆物相连和物物相连。在建设智慧图书馆时要多加运用 RFID 技术，但该技术的运用，尤其是对人的标签植入会牵连到隐私权的问题，所以要有后续的技术和法律支撑，杜绝隐私泄露的问题，这需要政府早日出台相关法律，保障用户权益，为智慧图书馆建设提供法律保障。

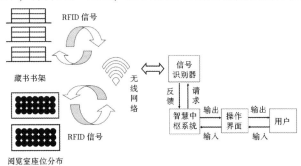

图 4　RFID 运作机制

（4）RFID 标签的普及会促进近场通信技术（near field communication，NFC）的广泛运用，又称近距离无线通信，是一种短距离的高频无线通信技术，允许电子设备之间进行非接触式点对点数据传输（在 10 厘米内[19]）交换数据。这个技术由免接触式射频识别（RFID）演变而来，并向下兼容 RFID[20]。它在图书馆也获得了越来越广泛的应用。

4.3　"3D"虚拟技术

"虚拟"一词最早出现在计算机领域，被用来扩大内存，帮助 CPU 运算，这也就解释了起初的虚拟技术为何大多是以"2D"形式呈现。伴随着社会的发展，"3D"虚拟技术被提上了研究日程，但是，"3D"虚拟技术提高的仅仅是画面的立体感和逼真度，笔者认为，只有嵌入了人工智能的"3D"才能造就互动的"虚拟物"。智慧图书馆"3D"虚拟的实质是用户与具有人工智能的智慧中枢间的交流，虚拟物其实是人工智能的"代言"（见图 5）。其次，要为读者营造逼真的"3D"环境，使书中的场景和知识可视化。考虑到目前虚拟技术成本较高，本文建议智慧图书馆在前期建设中只需要在馆中开辟一个专门用作"3D"虚拟演示的空间即可，后期可逐步扩展。来访者可以通过手机 APP、智慧图书馆网站或到馆预约体验。来访者应当被事先告知，为了维护设备安全和馆内秩序，体验过程在法律允许的范围内会被监控和记录。

"3D"技术得以运用的前提是大量馆员事先对海量图书知识资源进行扫码和编码，将其转换成动画、视频、音频等信息存储在数据库中，这是一项长期工程，需要各智慧图书馆间相互协作才能完成。

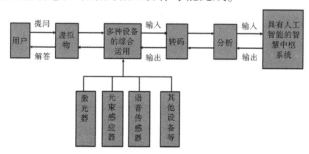

图 5　"3D"虚拟技术的工作原理

4.4　数据挖掘技术

数据挖掘技术是对应大数据（big data）而产生的一门新兴技术。在上述章节中，笔者介绍了智慧图书馆的四大特性，其中智慧洞察与数据挖掘技术有着千丝万缕的关系。图书馆中既存有海量的知识资源，也存有个人身份信息、借阅记录等结构化信息和用户行为痕迹、检索方式、存储行为等半结构化、非结构化信息[21]，这些信息（数据）实际上是静态存在的，人们需要利用数据挖掘技术将其动态串联起来，最大限度地开发其价值。

笔者认为智慧图书馆通过着力发展数据挖掘技术至少会赢得三方面的成功：

（1）向用户推送信息，提供个性化业务。智慧图书馆的服务应当做到满足用户的个性化需求，这包括两个方面的内容：①对用户自身的推送。②对相同偏好用户群的推送。每个智慧图书馆的用户都会用自己的个人信息注册图书馆账号以方便接受服务，那么用户的学历、性别、年龄、检索历史、借阅情况等结构化、半结构化和非结构化信息都会被记录在图书馆服务器上，系统采用数据挖掘技术对这些信息进行分析，判断用户偏好，当有满足用户偏好的书目上新或者被归还时，系统自动向用户推送这些消息，吸引用户注意。对于相同偏好用户群的数据挖掘和分析则可以帮助图书馆向该群体推荐恰当的书目，使"一人独占"变成"群体共享"，方便大家交流和推荐优秀书籍。此外，系统可以对将来新注册的用户，根据他们注册时提供的年龄、专业、性别等信息进行预判，直接推送相关书籍，帮助用户节省检索时间与精力。

（2）提供"组合阅读"的功能。在数据挖掘技术的帮助下，可以计算出不同图书间微小却又紧密的联系，方便图书馆对图书重新分类排架，使图书具有"1+1>2"的组合功能。比如，将烹饪类的图书与养生方面的书籍搭配上架，效果会更优。

（3）运用数据挖掘技术，可将图书馆的各类结构化、半结构化、非结构化资源合并分析，各图书馆间也能充分进行信息沟通，因此在对用户行为、知识发展趋势、用户群变化、图书馆发展等预测领域，数据挖掘技术都具有显著优势。

5　智慧馆员队伍建设

"除了智慧的图书馆员，没人能创造出智慧图书馆"[22]，伊安·约翰逊在《智慧城市、智慧图书馆与智慧图书馆员》一文中对馆员的重要性做了深刻描述。馆员是图书馆活的灵魂。他们的存在，弥补了纯科技中缺失的人文精神。在智慧图书馆中，馆员要做的就是在不破坏用户（读者）行为习惯的基础上，更快更好地回答用户提问。因此，笔者认为智慧馆员队伍的培养可以从以下3个方面展开：

5.1　优化源头：变革现有馆员招聘模式

智慧馆员既不是普通馆员，也不是行业专家，他介乎于二者之间存在，充当的是"桥梁"和"引路"的角色，以提供智慧服务为目标。目前对绝大多数图书馆员在初次选拔时均看重"专业对口"和"学历程度"这两方面，门槛较高，但其在成功进入图书馆任职之后，环境氛围会变得宽松自由，这种"先紧后宽"的模式容易使人懈怠，安于现状，因此该方法并不适用智慧馆员。笔者认为智慧馆员的初级选拔，可以放宽甚至是摒弃对"专业对口"和"学历程度"两方面的要求，转而采取资格认定的方式，由国家有关部门组织统一的智慧馆员从业资格考试，考试内容包括图书馆学相关理论、现代信息技术、管理学、心理学等笔试内容，尤其要包括互联网、物联网、大数据、云计算技术、数据挖掘、人工智能等方面的知识内容。

5.2 盘活存量：打造适应智慧图书馆建设的核心特质

智慧馆员是智慧图书馆中最重要的因素，是图书馆精神的动态体现。在现有条件下，盘活图书馆人力资源存量，是建设智慧图书馆的现实之举。

5.2.1 优化配置 采取分类使用的方法，对现有的馆员进行重新配置。将具有一定智慧图书馆知识的馆员安排在采用了智慧服务设备或系统的部门工作，将没有智慧图书馆知识的馆员依然安排在传统的业务部门工作。

5.2.2 培训提高 对没有相关知识而愿意接受新挑战的馆员，给予相关培训，培训内容包括科研能力的培养、情报意识的培养、协作能力的培养等，并帮助其在实践中提高业务能力。

5.2.3 智慧意识的树立 智慧来源于知识，是知识的升华。诗人T. S. Eliot 曾经说过，"智慧在哪里？我们在知识中湮没。"所谓的智慧意识是指保持对事物中"知识-智慧"型资源的敏感度，通过深入学习与实践探索等多种方法的综合运用，完成知识向智慧的转化。智慧意识类似于情报意识，需要馆员在其长期的学习生活中缓慢积累形成，且要有敏感和善于观察的内心。智慧意识的基础来源于个人对自身知识结构的优化整合，个人的知识发现和提炼能力直接决定了个人智慧意识的强弱。

5.2.4 创新能力的培养与优化 创新是一个亘古不变的话题，人类历史的发展都靠创新来支撑和推动。智慧图书馆就是对传统图书馆的一次变革和创新，智慧馆员相对于普通馆员而言，其创新能力需要更高，因此创新能力在智慧图书馆中占有重要地位，将创新能力纳入到馆员晋升评优考核体系中十分重要，此举将会大大激励馆员的创新动力。

5.3 持续优化：提倡馆员开启"专深—终身"二维学习模式

所谓的"专深—终身"二维学习模式是指在坚持终身学习的前提下，鼓励馆员纵向拓展知识面，有一技之长。学习型社会是我国未来社会发展的目标。在这样的大环境中，具有旺盛生命力的智慧图书馆自然也要成为学习型智慧图书馆，智慧馆员要成为学习型馆员。要成为学习型馆员就要做到：

5.3.1 要培养馆员终身学习的习惯 不论是否在职、在编，都要保持着谦卑的学习之心，端正自己的学习态度，根据自身经验，发现身边的新知识，并融入到工作中，提升工作的新鲜感与乐趣，在完善自我的同时也推动智慧图书馆的发展。

5.3.2 要善于借助先进的学习工具 时代在进步，人们的学习习惯也在改变，良好的学习工具会帮助人们更快更好地学习，它包括各类高校或科研机构的门户网站、学习论坛和其他辅助工具等。像目前备受欢迎的知乎和小木虫论坛都是优秀的学习工具之一。馆员们要学会熟练运用这些学习工具积累知识，并相互交流，分享经验，共同进步。

5.3.3 终身学习是一个长期"工程"，需要他人的鼓励与监督 最好的鼓励来自于一起参与工作的其他智慧馆员，最好的监督来自于每年图书馆举办的职业技能考核。图书馆管理者应当了解馆员们最渴求的是什么，因此在图书馆制度中要明确规定每个月安排半天时光供馆员们举办沙龙交流会、意见讨论会、观点交流会等，帮助馆员们之间进行交流，培养图书馆融洽、进步的学习氛围。此外，应不定期地组织优秀馆员去其他智慧图书馆交流学习，与馆员分享经验，共同提高。

6 结语

图书馆是贮藏人类千万年智慧结晶的神圣场所，其发展变化也反映着人类社会生活的变迁。智慧图书馆作为未来图书馆界发展的新模式应当引起我们足够的重视，它的建设也是一个纷繁复杂的过程，本文仅从简单的科技应用和馆员培养角度来探讨了智慧图书馆的构建，对其他方面诸如"大数据与云"的构建、云存储的实现、智慧图书馆信息安全、用户隐私保护等问题并未涉及，但这些问题值得我们进行研究。

参考文献：

［1］ Capital smart library ［EB/OL］．［2015-06-28］．http：// smartlibbibliogen. Biblioottawalibrary. ca/intro-en.

［2］ Raunik A，Browning R. Smart libraries build smart communitiesin queensland ［EB/OL］．［2015-06-28］．http：//conferences. alia. org. au/online2003/papers/raunik. html.

［3］ The Oulu University Library. Smart library ［EB/OL］．［2015-06-28］．http：//virtuaalikampus. oulu. fi/English/smartlibrary. html.

[4]　Miller M C，Reus J F，Matzke R P，et al. Smart libraries：Best SQE practices for libraries with an emphasis on scientific computing ［EB/OL］. ［2015-06-28］. https：// e-reports-ext. llnl. gov/pdf/3149.

[5]　Breeding M. Smarter libraries through technology ［EB /OL］. （2010-11-19）［2015-06-28］. http：//www. librarytechnology. org/ltgdisplaytext. pl？RC=14599.

[6]　赵继海，庄越挺，吴江琴. 首届全球数字图书馆国际学术研讨会 ［J］. 国际学术动态，2006，（2）：48-49.

[7]　林文睿. 智慧型图书馆建筑思考（节选）［J］. 南方建筑，1999，（3）：14-15.

[8]　严栋. 基于物联网的智慧图书馆 ［J］. 图书馆学，2010，（7）：8-10.

[9]　董晓霞，龚向阳，张若林，等. 智慧图书馆的定义、设计以及实现 ［J］. 现代图书情报技术，2011，（2）：76-80.

[10]　王世伟. 未来图书馆的新模式 ［J］. 图书馆建设，2011，（12）：1-5.

[11]　赖群，黄力，刘静春. 借助"物联网"和"云计算"技术构建智慧图书馆 ［J］. 新世纪图书馆，2012，（5）：46-49.

[12]　武婧. 智慧图书馆与智慧图书馆员 ［J］. 河南图书馆学刊，2013，33（9）：113-114.

[13]　李燕波. 国内智慧图书馆研究中的"不智慧"［J］. 国家图书馆学刊，2014，（1）：63-68.

[14]　王世伟. 论智慧图书馆的三大特点 ［J］. 中国图书馆学报，2012，38（6）：22-28.

[15]　王世伟. 再论智慧图书馆 ［J］. 图书馆杂志，2012，31（11）：2-7.

[16]　谢芳. 论高校智慧图书馆的功能与构建 ［J］. 图书馆学研究，2014，（6）：15-20.

[17]　Min B W. Design and implementation of an integrated management system for smart libraries ［EB/OL］. ［2015-06-30］. http：//link. springer. com/chapter/10. 1007/978-3-642-32692-9_ 25.

[18]　孔晓波. 物联网概念和演进路径 ［J］. 电信工程技术与标准化，2009，（12）：12-14.

[19]　百度百科. 近场通讯 ［EB/OL］. ［2015-07-18］. http：//baike. baidu. com/link？url = jooNJHN2yRdnTVVeajx2z6sZ－tkYrfGQErTqrdepv3I7VH _ T9tGpmgMa6Pj _ PsbjDzoQ9jF7xjeqafOUt6sWja.

[20]　吴思楠，周世杰，秦志光. 近场通信技术分析 ［J］. 电子科技大学学报，2007，36（6）：1296-1299.

[21]　韩翠峰. 大数据带给图书馆的影响与挑战 ［J］. 图书与情报，2012，（5）：37-40.

[22]　约翰逊. 智慧城市、智慧图书馆与智慧图书馆员 ［J］. 陈旭炎，译. 图书馆杂志，2012，（4）：4-7.

作者简介：

储节旺（ORCID：0000-0003-3303-4824），馆长，《大学图书情报学刊》主编，教授，博士生导师；李安（ORCID：0000-0003-2751-6691），硕士研究生，E- mail：anoo0110@163. com。

作者贡献说明：

储节旺：确定论文题目和框架，负责3、5节的撰写以及对整篇文章的审验、修改；

李安：担负资料收集与分析工作，负责文章第1、2、4、5（后半段）节的撰写。

用户行为模型在图书馆"智慧门户"建设中的应用与探索

1 引言

随着大数据、云计算、关联数据等新技术发展，图书馆面临转型和对传统服务的颠覆[1]。"智慧图书馆"应重视信息技术基础上的集群整合与协同管理[2]、综合感知和服务智慧化[3]，改变用户和信息资源之间的交互方式[4]，更好地适应图书馆的复合型资源发展和服务进程[5]。

图书馆大数据来自资源和用户数据，后者包括用户在图书馆登记的个人信息和在图书馆（包括图书馆网站）发生的各种行为[6]，将资源数据和用户数据相结合，发展个性化服务系统已成为新型知识服务类型[7]。在图书馆研究领域中，用户行为模型是学者们较为关注的一个热点，但很少应用在图书馆门户网站中。用户模型驱动系统设计是未来数字图书馆的发展趋势[8]，由于用户数据、资源数据、智慧服务三者之间缺少通联，智慧图书馆的服务功能和价值无法充分发挥而显得"不智慧"[9]。消除用户行为数据和资源元数据之间的隔阂，利用数据来辅助决策，对图书馆实现精准化服务至关重要。

本文以重庆大学图书馆"智慧门户"建设为例，对现有用户行为模型研究进行梳理，根据图书馆"智慧门户"的功能设定对其进行组合重构。通过图书馆"智慧门户"让用户、资源、服务以数据为中介实现通联，让数据成为图书馆服务和决策的依据，以进一步提升图书馆服务能力，推进图书馆的"智慧化"

2 图书馆门户建设与用户行为研究进展

2.1 图书馆门户网站建设现状

陈剑晖等对国内外高校及公共图书馆门户网站的调查发现，普遍存在过度使用专业术语、检索工具便捷性差、资源间未实现无缝式对接等问题[10]。清华大学、北京大学、重庆大学等高校先后推出了新图书馆门户系统，对上述问题进行了修正和完善，对网站结构布局、业务流程、检索方式、资源整合等内容进行了创新和变革，增强了用户互动性，改善了用户体验，体现了以"用户需求为驱动和用户参与为中心"这一原则的实践[11-13]。

从实践与应用来看，图书馆门户网站改版大多针对过去行为和数据进行分析和总结，通过问卷或访谈的形式收集用户的意见与建议[14]，然后进行改良。门户网站建设大多聚焦于网站框架、检索工具以及服务流程等方面，较少应用或实践用户行为模型。由于缺乏用户数据分析，没有在用户行为与文献元数据之间建立有效关联，所以无法适应用户行为并预测用户需求，更不能将图书馆智慧服务在门户网站上进行展示和应用。

图书馆收获了大量资源数据和用户行为数据。用户对图书馆的使用，使两类数据之间发生了关联。如能将资源元数据与用户行为数据进行融合，用于对用户行为的分析预测，并通过门户网站表现出来，则将能更好地满足用户个性化需求，实现知识与信息的共享。

2.2 用户行为模型的研究现状

现有研究侧重对已有系统的拟合模拟，研究的主要目标是分析变量对系统的影响。研究方法分为两大类：①量化研究。通过问卷调查、数据挖掘等方式收集数据，在此基础上建立模型，预测用户行为或者识别系统变量间的关系及其相互影响。②质性研究。采用扎根理论、网络民族志等方法，以访谈的形式研究用户与系统之间的关系。研究焦点在于对用户行为数据的分析与建模[15]以及对用户行为机制的讨论[16]。

现有研究为图书馆"智慧门户"的设计架构提供了依据和可操作性的应用模块。如基于 ECM-ISC 的用户行为模型的一系列研究[17-19]涉及了用户行为与图书馆网站黏性之间的关系，提供了"智慧门户"在移动终端设备应用设计时可借鉴的影响因素。基于借阅行为发生时间的图书推荐模型[20]、移动数字图书馆用户行为模型[21]、基于用户行为的借阅模型和数字资源评分模型[22-27]等对用户行为与资源推荐之间的关系进行了量化研究，为资源推荐策略和算法优化提供了参考依据。

虽然上述模型的研究重心仍在模型构建和行为预测本身，但可以利用这些模型来甄别用户的差异，挖掘用户深层次需求，因此在理论上，实现精准服务已成为可能。

3 图书馆"智慧门户"的架构

3.1 智慧门户的架构目标

根据对现有图书馆门户网站的分析,重庆大学图书馆智慧门户以图书馆用户数据和资源数据为核心,来解决图书馆智慧化服务的有效性问题。通过对用户行为数据分析和预测,激活图书馆馆藏纸质资源和数据资源的元数据在图书馆各项个性化服务中的作用。见图1。

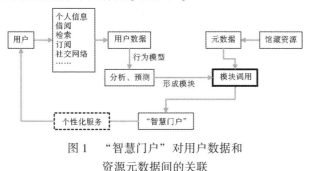

图1 "智慧门户"对用户数据和
资源元数据间的关联

"智慧门户"系统建设目标主要包括以下3个方面:

3.1.1 实现数据关联 即实现用户数据、馆藏资源元数据之间的关联(见图1),打通用户、资源、服务之间的障碍。

3.1.2 强化数据与用户之间的沟通 通过对用户行为模型进行整合,使"智慧门户"在收集用户行为数据的同时,具有对用户行为数据进行实时分析与预测的功能,通过提供更有针对性的服务,实现对用户需求的反馈。

3.1.3 突出服务与应用功能,充分发挥社交网络平台的作用 社交网络的发展极大地拓展了图书馆的服务空间,"智慧门户"对用户行为数据进行分析预测,并调用相应模块实现个性化服务,在门户网站的设计上,应突出图书馆的服务与应用功能,以满足用户的个性化需求,并实现知识的分享和创造。

3.2 智慧门户的总体框架

基于上述目标和原则,本文所描述的基于用户行为分析模型的图书馆"智慧门户"的架构模型见图2。"智慧门户"的核心要素是通过对用户行为数据的深度分析,预测用户的需求,发现、梳理图书馆服务中存在的问题,并为馆员的参与提供决策依据。

重庆大学图书馆"智慧门户"在对现有的模型应用中，主要针对"资源推荐""用户激励"两大功能进行了修改与完善。

3.2.1 "资源推荐"的完善　从已有的相关模型来看，由于受现有算法限制，推荐效果往往并不理想。在对该类模型的应用中，由于系统并未对用户检索或使用的历史行为进行有效的甄别，如果用户的偶然行为成为推荐的依据则将导致推荐结果出现偏差，而推荐结果准确性的降低对用户使用平台效果产生负面影响，甚至降低用户黏性。此外，根据历史记录进行推荐也难以挖掘和预测用户潜在需求，存在明显的局限。因此有必要对现有模型进行修改，以提升门户系统推荐的准确性和前瞻性。

门户系统增加对 ID 登录行为的识别和对用户使用行为的筛选。通过对系统参数的控制，对用户之间因诸如"借用账号"等行为产生的数据进行剔除。同时，采用用户自定义推荐标准和算法控制两种方式，最大限度剔除用户随机行为，增加推荐的准确性。强化对用户基本信息的挖掘和分析功能，使得门户系统的前瞻性推荐得以实现。

3.2.2 "用户激励"的完善　"用户激励"机制是提高用户黏度的重要手段，是人机交互中的重要环节。用户激励可以促进用户对平台的使用，增加用户满意度。"智慧门户"综合了现有的激励模型，基于参与驱动力理论，在荣誉等级制度的基础上，增加对用户参与行为（评价、分享等）的认可，对用户进行多角度激励，提高其对门户网站的黏度。

4　"智慧门户"的典型模块

精准的个性化服务是门户系统"智能化"的主要体现，系统将用户行为模型及改进后推荐与用户激励嵌入多个功能模块。其中课程资源库、与书评中心和"悦读会"关联的资源推荐模块、学科馆员工作平台是"智慧门户"应用的典型模块。

4.1　教学课程资源库

"智慧门户"中的"教学课程资源库"对用户基础信息数据做深度的分析与挖掘，并预留了学校其他部门数据库的接口，为用户提供以个人课程为导向的资源聚合与分享，实现精准的个性服务。本模块通过对用户信息数据进行挖掘，结合用户检索、借阅等行为，利用时间序列、神经网络等模型进行需求预测。

高校课程具有较为确定的教学流程和进度安排，在不同的教学阶段用户

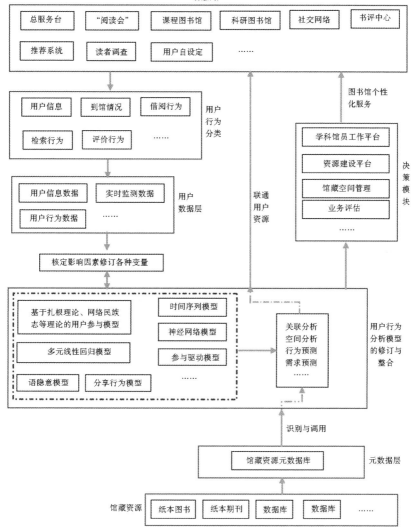

图 2 基于用户行为模型的"智慧门户"整体架构

有不同的资源需求。在功能实现上，根据用户设定，课程被划分为若干阶段，并以此为基础对用户的文献需求进行预测和前瞻性推荐，如推送课程信息及相关文献、图书等信息等。

以本校《环境影响评价》课为例，首先由教师创建以课程为中心的资源库，包括课程信息、资源组成、文献订阅方式、教材与教参选取等。系统根据创建者设定从馆藏资源中筛选符合要求的资源建立教学课程资源库（见图3）。然后门户系统对用户信息做挖掘和筛选，识别出正在修习和即将修习该课程的读者，构建课程用户组群。

当前修习这门课程的环境专业的学生用户可以在门户系统中根据教学进度，在特定的时间段内获取相关的文献资源推送；当进入新学期后，门户系统便根据往届学生的借阅、检索等行为，自动向下一届环境专业学生推送文献资源。门户系统也为其他专业的读者提供主动"关注"课程的功能，便于读者自学。

图3　教学课程资源库

4.2　以用户行为数据为核心的推荐服务

除课程资源库外，面向用户的推荐服务还嵌套于其他功能模块中。用户行为数据来自用户的检索、借阅等行为，以及在"书评中心""悦读会"等具有 SNS 社交功能模块中的评价、分享等参与行为。系统将应用分享模型、语隐意模型等对用户行为和需求进行分析和预测，并对资源元数据进行筛选、过滤和匹配，形成个性化的推荐内容。

例如，用户在登录"智慧门户"后，系统将根据用户行为等并结合其当前所登录的资源模块，对文献资源的元数据进行重新筛选后做出推荐（见图4）。此时的推荐内容可以是细化到篇级的论文文献，可以是依据用户借阅历史推荐的资源，或者是根据用户参与的"阅读会"与"书评小组"而推荐的图书等，上述资源在用户处理门户系统不同模块时将呈现差异化显示。

趋向精准的预测推荐，可以更好地满足用户的需求，同时正向激励用户

图 4 推荐系统

的参与和资源评价行为，提升门户系统对用户的黏性。

4.3 学科馆员工作台

"智慧门户"的学科馆员工作平台（见图 5）集成了多个行为模型，抽选用户到馆、检索、借阅、评价等数据判断用户的行为和需求，馆员调用相应模块做分析和预测，其结果作为提供进一步差异化、个体化精准服务的决策依据，从而发挥学科馆员工作的主动性和创造性。

例如，通过对资源访问数据进建模和趋势预测，推断用户当前的使用偏好，为开展针对性培训提供参考；根据用户在图书馆内不同阅览室的登到情况，通过空间分析模型，为确定推荐资源和信息空间布置提供参考；通过对课程资源库的使用分析，评估馆藏资源对教学的支撑能力，挖掘用户的科研关注点，主动提供个性化的学科服务等。

图 5 学科馆员工作平台

4.4 运行效果

重庆大学图书馆"智慧门户"对用户行为分析模型进行了实践应用，并于 2016 年 10 月正式上线图书馆"智慧门户"系统，得到了用户的积极参与和认可。截至 2017 年 3 月，已建成课程资源 115 门，学科馆员通过工作平台

163

完成了 91 个主题的"馆员推荐"栏目，在访问栏目中新推出的"课程资源库"受到读者的关注，在各栏目的浏览量中占比为 52.3%。在对 102 名到馆读者的随机访问中，约 68.6%的读者对新门户系统给予正面评价。

5 结论与展望

重庆大学图书馆"智慧门户"对用户行为分析模型进行了实践应用，目前运行效果良好。将门户系统建构在文献元数据仓储上，通过对用户行为数据分析和预测，实现精准的用户需求预测，是重庆大学图书馆"智慧门户"重点解决的问题。

由于用户行为数据的积累需要一定时间，且用户行为数据分析方法、模型和工具也在不断创新和完善，未来"智慧门户"将根据运行状态和累积的用户数据及反馈，对已经应用的模型进行调整、更换和修正。加强对科研专题资源库、学院图书馆等模块的建设，强化数据分析的大规模应用，发挥用户行为数据在图书馆管理决策和服务中的作用。在理论上，应深入探究用户行为各要素和模型之间的内在联系机制与组织结构，发展一套评估和评价图书馆"智慧门户"系统"智慧性"的量化指标，并对挖掘嵌套在行为数据中的维度（如时间特征、空间特征）、数据清洗等内容展开研究，为模型的优化提供理论支持。

参考文献：

[1]　刘炜，周德明. 从被颠覆到颠覆者：未来十年图书馆技术应用趋势前瞻 [J]. 图书馆杂志，2015，34（1）：4-11.

[2]　王世伟. 未来图书馆的新模式——智慧图书馆 [J]. 图书馆建设，2011（12）：1-5.

[3]　董晓霞，龚向阳，张若林. 智慧图书馆的定义、设计以及实现 [J]. 现代图书情报技术，2011，27（2）：76-80.

[4]　严栋. 基于物联网的智慧图书馆 [J]. 图书馆学刊，2010，32（7）：8-10.

[5]　BREEDING M. New library collections, new technologies：new workflows [J]. Computers in libraries，2012，32（5）：23-25.

[6]　王伟. 基于数据挖掘的图书馆用户行为分析与偏好研究 [J]. 情报科学，2012，30（3）：391-394，418.

[7]　顾立平. 用户行为模型驱动个性化服务研究综述 [J]. 现代图书情报技术，2010，26（10）：1-9.

[8]　顾立平. 用户行为模型驱动信息系统设计的研究 [J]. 现代图书情报技术，2010，26（7/8）：45-50.

[9]　燕波. 国内智慧图书馆研究中的"不智慧" [J]. 国家图书馆学刊，2014，23（1）：

63-68.

［10］ 陈剑晖. 美国图书馆门户研究的启示与思考［J］. 图书馆学研究, 2015, (3): 89 -92, 101.

［11］ 邓慧智. 高校图书馆门户网站的一站式服务特点剖析——基于 24 所高校图书馆的调查［J］. 图书情报工作, 2015, 59 (2): 61-65.

［12］ 陈嘉勇, 严潮凤, 周婕, 等. 高校图书馆信息化管理研究——以图书馆门户网站改版为视角［J］. 图书馆建设, 2015, (3): 67-70, 76.

［13］ 周义刚, 聂华, 韦成府, 等. 新信息环境下用户需求驱动的图书馆门户设计与实现——以北京大学图书馆为例［J］. 大学图书馆学报, 2014, 32 (1): 71-77.

［14］ 范爱红, 姚飞, 姜爱蓉. 清华大学图书馆新版网站的设计特色与读者调查分析［J］. 大学图书馆学报, 2011, 29 (5): 66-69.

［15］ 余肖生, 马费成. 网络用户行为模型的构建方法研究［J］. 情报科学, 2011, 29 (4): 605-608.

［16］ 刘鲁川, 蒋晓阳. 社区公共服务综合信息平台居民使用行为研究［J］. 中国图书馆学报, 2015, 41 (6): 61-72.

［17］ 赵杨, 高婷. 移动图书馆 APP 用户持续使用影响因素实证研究［J］. 情报科学, 2015, (6): 95-100.

［18］ 施国洪, 胡馨月. 移动图书馆感知服务质量的前因及结果实证研究［J］. 情报理论与实践, 2015, 38 (10): 104-109.

［19］ 邓李君, 杨文建. 大学生使用移动图书馆的行为持续性的影响因素分析及对策研究——基于扩展持续使用模型［J］. 图书馆论坛, 2014, 34 (2): 63-68.

［20］ 江周峰, 鄂海红, 杨俊. 基于时间上下文信息的借阅次数评分模型与应用［J］. 图书情报工作, 2014, 58 (S2): 220-223.

［21］ 刘锦宏, 余思慧, 徐丽芳. 移动数字图书馆用户行为模型构建研究［J］. 大学图书馆学报, 2015, 33 (5): 93-98.

［22］ 孙达辰, 付佳, 宋欣. 基于 Elman 神经网络的图书馆电子资源借阅服务评价模型构建［J］. 情报探索, 2012 (7): 18-19.

［23］ 陈娟, 洪丹. 基于 Logistic 模型的高校图书馆用户借阅影响因素分析［J］. 情报科学, 2013, (3): 96-101.

［24］ 夏立新, 白阳, 李成龙. 基于 SoLoMo 的智慧自助图书馆服务体系研究［J］. 图书情报工作, 2015, 59 (4): 32-36.

［25］ 田梅. 基于混沌时间序列模型的图书借阅流量预测研究［J］. 图书馆理论与实践, 2013, (7): 1-3.

［26］ 景民昌, 于迎辉. 基于借阅时间评分的协同图书推荐模型与应用［J］. 图书情报工作, 2012, 56 (3): 117-120.

［27］ 陈俊, 申田静. 高频率借阅纸质图书有效借阅数学模型研究［J］. 贵州师范大学学报 (自然科学版), 2015, 33 (6): 117-120.

作者简介

袁辉（ORCID：0000-0002-9529-2098），副研究馆员，博士，E-mail：yuanh@cqu.edu.cn；沈敏，副研究馆员，硕士；杨新涯，馆长，研究馆员。

作者贡献说明：

袁辉：设计论文整体研究思路和框架，撰写论文；

沈敏：修改论文部分内容；

杨新涯：修改论文部分内容。

智慧城市背景下的区域联盟
移动图书馆建设[*]

  智慧城市（smart city）是在数字城市（digital city）和智能城市（intelligent city）建设基础上的城市信息化的高级阶段。北京、上海、宁波、广州、武汉等为代表的国内城市争相将智慧城市作为城市未来发展的重要战略选择，并纳入到城市的国民经济和社会发展"十二五"规划中。面向智慧城市的信息服务是在全球城市化进程快速推进、智慧城市建设如火如荼的大背景下提出的新命题，旨在推动信息服务产业的智慧化转型和升级，使之能够适应智慧城市的发展需求。宁波作为国内第一个将智慧城市建设确定为城市发展重大战略并系统部署建设的城市，也是国内第一个开展智慧城市发展总体规划编制工作的城市，在其发布的智慧城市发展规划《宁波市加快创建智慧城市行动纲要（2011—2015）》中指出，智慧城市是充分利用现代信息通信技术，汇聚人的智慧，赋予物以智能，使汇集智慧的人和具备智能的物互存互动、互补互促，以实现经济社会活动最优化的城市发展新模式和新形态。

  作为宁波市服务型教育体系的一个重要组成部分，宁波市数字图书馆（NBDL，网址为 www.nbdl.gov.cn）对宁波市智慧城市的建设将起到重要的信息资源支撑作用。智慧城市的运行需要有全面、及时、便捷、高效的社会化信息服务，目前基于 Web 的 NBDL 亦需要拓展服务内容和服务方式，特别是要加强社会的（social）、本地的（local）、移动的（mobile）服务，即 SOLOMO 服务，充分地利用 SOLOMO 相关技术的有机融合。本文侧重在智慧城市背景下探讨区域联盟移动图书馆的建设的一些关键问题。

1　移动图书馆研究与实践

  以手机为代表的移动设备为用户提供了一种全新的电子阅读体验，也在

  ＊ 本文系国家社会科学基金项目"领域本体的自动构建和应用研究"（项目编号：08CTQ014）；浙江省教育厅科研项目"基于 Shibboleth 的跨校统一身份认证系统研究"（项目编号：Y200908634）研究成果之一。

改变着人们（特别是年轻用户）的阅读行为，促进人们逐渐养成移动阅读习惯。随着校园无线网的普及以及三大移动运营商开始增加 wifi 布点，推进以连接时间计费的 Wifi 服务，手机等移动设备访问的流量问题也将不复存在。所有这些，给使用移动设备随时利用图书馆电子资源和服务创造了良好的网络条件。

目前，有关移动图书馆的研究方兴未艾，研究成果非常丰富，相关实践也在快速发展，已经成为许多图书馆的现实应用。国内外移动图书馆研究与实践主要涉及的方向有：

1.1 系统构建技术

在国内，仝茂海[1]、李高峰[2]等分别提出基于 Windows Mobile 平台的移动数字图书馆系统构建；丁会平[3]通过在内容仓库结构中加入 adapter 的概念，解决资源重用问题，提出 transformation layer 这一概念来屏蔽移动设备多样性带来的问题；谢强等[4]认为移动数字图书馆服务体系架构包括基础支撑层、内容层、技术实现层和用户层；李臻等[5]认为 UOML 国际标准（非结构化操作标记语言）是图书馆移动服务泛在的基础；张蓓等[6]以清华大学图书馆为例，介绍二维条码在移动图书馆服务拓展中的应用。在国外，L. Bridges 等[7]提出了在手机环境中如何构建图书馆资源目录体系，以便更好地揭示相关资源与服务。L. Murray[8]认为移动图书馆应具备 7 个功能：移动网站、SMS 参考咨询、手机联机目录（mobile OPACs）和集成系统、移动馆藏（mobile collections）、电子图书及移动阅读（eBooks and mobile reading）、手机图书馆用户教育（mobile instruction）、移动音视频（mobile audio/video tours）。

1.2 访问与版权

梁瑞霞[9]通过对数字内容进行加密设计，以授权给绑定用户使用来保护数字资源版权；韦云波[10]采用了基于 MVC（Model View Controller，即模型视图控制器）框架的授权访问平台与图书馆统一身份认证系统挂接的一站式登录的方法，最终实现授权读者访问图书馆数字资源的合法权益与跨地域移动阅读需求。

1.3 用户需求调查

李文芳[11]、郭瑞华[12]介绍了肯特州大学图书馆使用移动设备浏览账户、访问数据库课题文献、阅读保存课程材料、自定义独特的个性化网络体验等体现用户需求的数据的情况；Han Shun 等[13]以 HKBUtube 为案例，分析了图书馆用户需求，认为图书馆应主动应对移动图书馆建设的需要；L. Paterson[14]通过对 Edinburgh University 1 700 余名学生将其手机升级为智能手机的调查，认为移动设备的广泛使用为图书馆确定自身价值、发展移动服务奠定了用户基础；J. Hahn[15]通过调查发现，学生利用移动设备搜索时，更多地出于休闲目的而不是学术研究，图书馆移动服务应提供相应的资源与服务；A. Hudson[16]研究了文化的多样性对学生选择移动设备及服务的影响。

1.4　服务内容

陈朝晖等[17]介绍了 APP 移动服务，包括基本移动业务、数字资源推送、用户社区服务、科普游戏社区等；马仲兵[18]认为图书馆读者的需求和喜好具有多样性，并需要提供稳定地、一致性的服务；J. Hahn[19]提出通过移动手机增强现实应用的图书馆服务，如物理书库的浏览、导航等；S. Wilson 等[20]提出利用二维码提供移动图书馆服务。

1.5　服务推广营销

周慧[21]指出，SoLoMo 营销是指由移动应用与社交传媒组合而成的一种新兴的立体化营销模式，它是 social、local 和 mobile 组成的合成词，表明移动技术与其他技术的交叉融合以及所产生的广泛的社会影响。

2　区域图书馆移动服务发展

区域联盟图书馆指的是某一特定区域内各种类型的图书馆（如高校、企业、政府、公众、科研等）通力合作，以实现资源共享而组合起来的图书馆联合体，是图书馆联盟中的一种类型，其目的是提高该区域内图书馆的综合能力。无论是国外，还是国内，区域联盟图书馆正在成为图书馆发展的新模式，成为图书馆提升服务能力和竞争力的重要手段，得到了广泛的重视和积极推进。在区域联盟图书馆建设中，需要关注并解决的一个重要问题是区域图书馆移动服务的建设。

在区域性数字图书馆"移动化"过程中，首先推出的是以短信为主的手机图书馆服务，数字图书馆的移动版也开始出现。以公共图书馆为主体的区域数字图书馆联盟在这方面进行了有益的尝试，如首都数字图书馆、宜昌市数字图书馆、宁波市数字图书馆、英国汉普郡图书馆、Hathi Trust 数字图书馆等先后推出了基于移动终端的各类服务，但其服务方式与服务内容，基本上是数字图书馆的"精简版"，如英国汉普郡图书馆的 WAP 网站，为手机无线上网用户提供服务，并且能够提供本区域内各成员图书馆的联系方式、开放时间、详细地址等信息，用户能通过手机，在车站、路上查询距离自己最近的图书馆位置，还可以查看该图书馆有没有自己需要的书；宁波市移动图书馆项目应用了移动互联网、云计算、云存储等最新数字化技术，使读者可以通过移动手持终端设备随时检索馆藏纸本图书，并可通过多种方式获取和阅读宁波市数字图书馆 240 万种中文电子图书、1.8 万种期刊、8 700 万篇报纸文章以及学位论文、专利、标准、视频等海量资源，并可查询宁波市数字图书馆成员馆的馆藏信息，提出文献传递请求等，为读者提供无时不在、无处不在的资源搜索与获取、个性化定制和手机借阅管理等服务。

移动图书馆的发展依赖于高普及的智能终端，使读者能够随时随地接受区域图书馆联盟的推送服务，提高图书馆的服务质量和服务效率；同时读者可以利用手机的交互性进行个性化定制服务，提高读者获取信息的自主性和舒适性。目前区域联盟移动图书馆受异构系统集中、文献资源共享开放程度等限制，其服务作用、内容、模式与数字图书馆还存在不同。从区域的角度讲，区域联盟移动图书馆突破了单一移动图书馆的资源种类、服务范围的限制，显著提高了移动图书馆的服务能力和服务影响力。

● 在服务作用方面，通过区域联盟移动图书馆能扩大读者群。《第 31 次中国互联网络发展状况调查统计报告》显示，我国手机网民规模达到 4.2 亿，手机成为我国网民的第一大上网终端。图书馆服务的核心是满足读者的需要，区域联盟移动图书馆服务适应了互联网发展的需求，深化了"以人为本"的理念，进一步延伸了数字图书馆联盟的服务范围。移动图书馆的随时随地性打破传统数字图书馆相对受限的使用条件，使区域内的任何一名读者都能享受同样高质、高效的服务，并且能够对潜在用户起到激发和激励作用。而通过微博等社交网络工具，更能让用户随时与区域内的任何一名图书馆员进行沟通。

● 在服务内容方面，从目前国内外区域联盟图书馆移动服务基本内容来看，可分为短信提醒类、服务指南类、数字资源类、参考咨询类、用户管理类、馆际互借事务处理类及远程教育类等服务。数字图书馆通常由多个应用系统构成，如果该应用系统不支持移动服务，则相关服务内容将被取消。以宁波市数字图书馆移动版来说，其移动服务建立在数字图书馆应用系统的版本转换基础之上。在该移动图书馆的服务支撑系统的后台中，需要由图书馆员来响应用户的文献请求。用户可通过手机等移动终端随时随地提出自己的服务申请，而移动图书馆的后台文献传递事务处理系统并未提供馆员移动服务功能，馆员因此没法随时随地方便地处理用户请求。这种需求与服务不匹配的问题，将影响相关的服务流程和响应速度，冲击着数字图书馆的服务模式。如在线参考咨询服务的嵌入、图书馆后台服务工作的移动化处理等。

• 数字图书馆的个性化服务功能扩展。由于用户手机与手机图书馆绑定，更易对用户行为进行分析，其个性化服务功能实现更具针对性。而且因为是区域联盟，可以为需求相同或相近的用户提供统一定制的服务系统，提升移动服务的效率和效果，使得更多的区域用户因为使用移动服务而受益。但是目前个性化的移动学习、移动馆藏、移动定位等特色服务尚未全面应用，所以应构建一种面向区域的"个性化"的手机图书馆服务的实现模式，更好地满足读者需求。

3 面向智慧城市的移动服务功能拓展

从技术发展的视角，智慧城市建设要求通过以移动技术为代表的物联网、云计算等新一代信息技术应用实现全面感知、泛在互联、普适计算与融合应用。区域数字图书馆移动服务为了适应智慧城市发展的需要，必须加快对这些技术的应用，保持与智慧城市在技术功能上的一致和总体目标的协同。为此，在技术上不但要充分利用手机二维码技术、RFID 无线射频等智能物联网技术，还需要对目前的移动服务功能进行拓展，使智慧城市图书馆联盟形成一个移动的整体，使城市区域图书馆移动服务走向智慧化。其中，重点需要解决个性化服务、社交网络服务、移动学习服务等关键问题。

3.1 个性化服务

3.1.1 个性化文献管理服务 建立个人网上阅览空间及文献列表，用户随时打开存储在服务器上的文献进行浏览、处理。

区域联盟用户的文献来源主要包括：①通过数字图书馆文献传递获取的文献资源；②直接利用各类数据库下载的文献资源。受设备限制，这些文献不可能全部下载到移动终端中。这时，提供个性化文献管理服务就非常适合用户需求。

提供个性化文献管理服务有两个关键点：①实现数字图书馆联盟用户信息与手机用户信息互联，实现对个人文献的统一管理，这一般可通过手机号与用户名绑定实现；②各类型资源能直接封装，以便使用手机进行浏览访问及编辑管理。

3.1.2 知识发现与提醒服务 通过知识关联技术，及时发现该用户有可能关注的新的知识点，如根据用户行为日志，及时推送新的相关文献，提供提醒、添加等服务。通过系统推荐功能将与用户有相同或相近兴趣的群体相关信息整合后推荐给用户，方便用户快速查找，并了解相关资源的访问情况和评价推荐，直观地呈现近期浏览次数最高的信息。

3.1.3 个性化行为习惯记录与服务定制 在用户进行信息浏览的过程中为用户提供信息导航，如可采用下拉列表形式，自动生成用户可能感兴趣的图书信息和用户尚未浏览的有价值的信息，以引导用户快速获取所需信息；自动记录用户近期浏览的文献资源，并对其进行整理收藏供用户任何时间自主选择使用；根据用户近期查询内容，分析近期学习动向以及信息获取方向，主动提供针对性较强的学科专业化定制服务；可以进一步帮助信息用户深入了解所需信息资源发展等情况，提供全程式的跟踪服务。

3.2 社交网络服务

社交网络是推动互联网向现实世界无限靠近的关键力量，其服务涉及以人类社交为核心的所有网络服务形式。在智慧城市背景下，图书馆联盟协同服务系统将聚集大批实名注册的固定用户和活跃的图书馆服务人员，因而具备构成社交网络的基础条件。随着社交网络与知识共享的发展，系统中的成员越来越多地利用邮件、微博、飞信等即时通讯工具进行沟通与交流，社交网络将成为数字图书馆联盟移动服务的一种重要服务方式。利用手机这种社交工具，可以让区域内更多用户进行沟通交流，形成用户与用户、用户与馆员的基于联盟移动图书馆自身的社交网络。

联盟移动图书馆社会网络可与个性化服务相结合，如利用个性化的软件，根据读者的需求提供社交网络的互动交流功能。读者可以通过联盟移动图书馆自身的社交网络工具进行交流，也可利用豆瓣、微博等社交网站所提供的功能，对联盟图书馆的服务进行点评、推荐、转发分享等。区域联盟图书馆的用户可通过共同关注的文献资源为纽带，搜索到感兴趣的信息和人，找到想要的关系和资源，利用手机飞信、区域联盟图书馆用户社区等方式，通过"书"来构成一个"书社会"。在"书社会"中，通过移动图书馆的社交功能使用户"悦读"变"独乐"为"众乐"，用户通过移动终端及时看到好友们在读什么书并相互推荐，与好友进行互动，提升手机用户使用移动图书馆的黏性和使用体验。如图1所示：

3.3 移动学习服务

实体中的图书馆是用户的"第二课堂"，在区域联盟移动图书馆中，更应

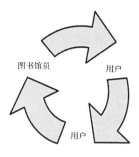

图 1 社交网络中图书馆员与用户的关系

强化这一特点。以宁波市数字图书馆为例，为适应宁波"智慧城市"建设需求，其重要目标任务是成为市民的学习平台，而移动学习让用户能够在任何时间、任何地点方便地开展学习，通过创设符合学习者需要、兴趣和特点的学习环境，能为不同学习者提供不同层次、不同类型的学习内容、学习媒体以及学习方式，真正实现以学习者为中心的学习，是未来远程学习和终身教育实施的主要形式。但由于移动学习的移动性使得学习者无法进行系统、连贯的学习，同时终端设备异构性也使得学习资源有效性呈现受到影响，因此，如何设计能适应这种零碎学习时间和非系统性学习环境的移动学习资源，并使所设计的资源能在异质移动终端上有效性呈现得到保证，已成为移动学习研究领域急需要解决的关键问题。

移动学习资源可利用概念地图，根据概念之间的关系，把同一体系的课程及相关课程整合在一起进行知识揭示。这种移动学习资源整合方式，有利于学习者根据知识脉络进行发散性学习，并有利于把片断式资源根据概念关系进行组合，形成新的学习体系。在这种移动学习模式中，用户可根据知识点和学习情景，来方便地选择所需的学习资源，系统也可根据个性化需求推荐相关学习资源，并进行有效的学习评价。如图 2 所示：

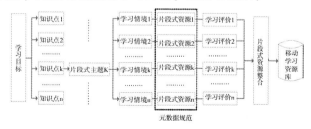

图 2 片段式移动学习资源协作构建原理

针对移动学习，还需要整合联盟图书馆成员馆的个性化资源，通过数字资源管理系统，可实现不同类型的特色文档、教案等的多终端移动阅读和交互，分享学习所得。

总之，"智慧城市"的发展，需要区域联盟图书馆服务理念、服务功能及服务方式的更新，需要找准与智慧城市的切入点，通过不断完善的移动图书馆服务，在个性化、社交化和移动学习等方面拓展联盟式服务，使图书馆在未来的智慧城市文化服务体系中占据重要的地位。

参考文献：

［1］ 仝茂海. 基于 Windows Mobile 平台的移动数字图书馆系统构建［D］. 上海：复旦大学，2009.

［2］ 李高峰. 基于 Windows Mobile 的移动终端研究及在图书馆管理系统中的应用［D］. 南充：西南石油大学，2010.

［3］ 丁会平. 移动数字图书馆内容管理系统的设计与实现［D］. 南京：南京理工大学，2004.

［4］ 谢强，牛现云，赵娜. 移动数字图书馆服务体系研究［J］. 图书情报工作，2013，57（4）：6-10.

［5］ 李臻，姜海峰. 图书馆移动服务变迁与走向泛在服务解决方案［J］. 图书情报工作，2013，57（4）：32-38.

［6］ 张蓓，张成昱，姜爱蓉，等. 二维条码在移动图书馆服务拓展中的应用探索［J］. 图书情报工作，2013，57（4）：21-24.

［7］ Bridges L,Rempel H G, Griggs K. Making the case for a fully mobile library Web site：From floor maps to the catalog［J］. Reference Services Review，2010，38（2）：309-320.

［8］ Murray L.Libraries "like to move it，move it"［J］. Reference Services Review，2010，38（2）：233-249.

［9］ 梁瑞霞. 数字图书馆的移动访问及版权管理研究［D］. 杭州：浙江大学，2006.

［10］ 韦云波. 移动阅读的授权访问技术在数字图书馆中的应用研究［J］. 现代情报，2012，（4）：49-52.

［11］ 李文芳. 高校移动图书馆建设：基于华中科技大学移动图书馆用户需求的调查与分析［J］. 高校图书情报论坛，2012，（2）：34-37，50.

［12］ 郭瑞华. 肯特州大学图书馆移动网站的用户调研及启示［J］. 图书馆学研究，2012，（16）：99-101，90.

［13］ Shun Han Rebekah Wong. Which platform do our users prefer：Website or mobile app？［J］. Reference Services Review，2012，40（1）：103-115.

［14］ Paterson L,Low B. Student attitudes towards mobile library services for smartphones［J］.

174

Library Hi Tech，2011，29（3）：412-423.

［15］ Hahn J.On the remediation of Wikipedia to the iPod ［J］. Reference Services Review，
2009，37（3）：272-285.

［16］ Hudson A.Measuring the impact of cultural diversity on desired mobile reference service
［J］. Reference Services Review，2010，38（2）：299-308.

［17］ 陈朝晖，杨琳. 基于手持终端的图书馆 APP 移动服务研究 ［J］. 图书馆建设，
2012，（7）：36-40.

［18］ 马仲兵. 移动技术下的图书馆参考咨询现状研究 ［J］. 农业图书情报学刊，2012，
（7）：136-138.

［19］ Hahn J.Mobile augmented reality applications for library services ［J］. New Library
World，2012，113（9/10）：429-438.

［20］ Wilson S，McCarthy G. The mobile university：From the library to the campus ［J］.
Reference Services Review，2010，38（2）：214-232.

［21］ 周慧. 公共图书馆移动服务发展的 SoLoMo 营销策略研究 ［J］. 图书馆学研究，
2012，（14）：74-76.

作者简介

林佩玲，宁波大学园区图书馆馆员，E-mail：nblpl000@ 163. com。

馆员 "全媒体" 角色转换与培养研究[*]

　　信息技术的迅猛发展，给人类生活的各个领域带来了巨大的机遇和挑战。图书馆作为专门的信息服务机构，同样面临着技术发展带来的深刻影响。服务对象群体乃至全社会的信息需求呈现多样化、智能化、个性化、知识化的特点，信息需求的范围、获取途径与速度以及所获取信息的质量和有效性等的变化对图书馆的信息化程度及其人员自身的信息服务能力提出了更高的要求。在国外传媒领域相继研究 "旧媒介" "新媒介" "新新媒介" 的同时，国外图书馆也顺应时代发展要求，开办网上媒体图书馆、创建图书馆媒体服务部门、讨论如何提高馆员媒体读写能力。对国内产生重大影响的国外媒介是美国一家名为玛莎—斯图尔特的生活全媒体公司，该公司对于各类媒介的整合应用及所取得的巨大成效，使得国内传媒界将其作为全新的信息传播服务模式引入中国，将其英文名称 "omnimedia" 翻译为 "全媒体"，从而自 2008 年开始带动国内各行业的 "全媒体" 改革活动。上海图书馆是较早运用 "全媒体" 概念并进行相应改革的图书馆，其后个别图书馆也在 "全媒体" 应用方面进行了不同程度的尝试。图书馆要实现 "全媒体"，除了相应的硬件设备和政策的支持外，能够驾驭 "全媒体" 技术和具备 "全媒体" 能力的 "全媒体馆员" 才是实现其作用的基础。因此，图书馆员 "全媒体" 角色的转换及培养是本文研究的重点。

　　图书馆员 "全媒体" 角色转换主要指工作理念的转换、工作方式的转换及工作身份的转换。所谓工作理念的转换，即馆员将原来以纸质文献为服务基础的传统服务理念转变为以数字技术和计算机技术为服务基础、以满足读者个性需求的技术与信息服务的 "全媒体" 服务理念；所谓工作方式的转换，即馆员走出书库和图书馆区域，以计算机、各种传播媒介及交互平台为工作支撑，为读者提供跨越图书馆及地方区域的综合性信息服务方式；所谓工作身份的转换，即馆员从传统图书馆员身份转变为适应数字信息时代发展需求的 "全媒体馆员"。

---

　　* 本文系吉林省教育科学规划课题 "'互联网+'中小学语文教师继续教育大数据库建设研究"（项目编号：GH16597）研究成果之一。

1 馆员"全媒体"角色转换与培养意义

1.1 引领馆员信息化前进方向

图书馆的服务内容与方式取决于读者的需求，在数字技术、智能设备和社交平台快速发展与普及的今天，读者对信息的关注与获取途径发生了翻天覆地的变化。面对这种变化，传统图书馆服务显然已不能满足读者的各种信息需求。但是，熟悉掌握多种媒体技术、了解熟知各类媒介平台且具有较高信息理解、搜索、评估和使用能力的"全媒体馆员"却可以直面这种变化，并能解决各类读者的信息需求。这种顺应数字技术快速发展步伐且以满足读者需求为目的的"全媒体馆员"，正是数字信息时代开展信息化服务的主力军，在遵循数字时代发展规律的前提下，引领着馆员的信息化发展方向。

1.2 推动图书馆服务模式转型

我国是一个拥有 13 亿国民的人口大国，虽然具有庞大的图书馆服务系统，但服务的普及性与实效性都有待加强。进入快速发展的数字时代，面对学习化社会背景及区域发展不平衡现状，要提高全民信息素养，就要尽力缩短不同区域、不同类型图书馆之间的服务差距，而减少差距，就需要有相对一致的服务标准和模式，才能更科学有效地取长补短。因此，图书馆服务模式需要转型，这种转型主要依靠馆员的专业发展方向。前面已论证"全媒体馆员"能够顺应时代发展需要，能够引领馆员信息化服务前进方向，这两方面同样也证明了"全媒体馆员"的发展能够促进图书馆服务模式转型。"全媒体馆员"发展步伐加快，则图书馆服务模式转型进程就变快。因此，馆员"全媒体"角色的转换，对图书馆服务模式转型是具有推动作用的。

1.3 凝聚新型阅读力量，引领数字阅读方向

中国新闻出版研究院公布的第 13 次全国国民阅读调查报告数据显示，2015 年中国成年国民数字化阅读方式接触率连续 7 年持续上升，达到64%[1]。这个结果表明，数字阅读在国民阅读方式中的比重在不断攀升，由此带来的负面影响是庞杂的信息使国民阅读趋于浅阅读，深层次的阅读方式正在逐渐减少。在这种情况下进行服务模式转型的图书馆，作为知识信息的搜集者和传播者，有责任和义务通过"全媒体"手段将有价值、有意义、有深度的信息资源进行整合并推送给读者。随着图书馆信息服务的不断升级，受益的读者会逐渐形成以图书馆信息为中心的数字阅读圈。伴随阅读圈的不断壮大，

将逐渐形成以图书馆"全媒体"服务为中心的数字阅读凝聚力,从而正面引导读者数字阅读和学习方向。

1.4 扩展图书馆信息服务职能,助力智库服务

我国不同类型图书馆相对都有特定的读者群体,如高校图书馆主要服务在校师生,地方图书馆主要服务当地群众,国家图书馆服务全国民众。不同类型图书馆的服务内容因读者的需求差异而有所不同,高校图书馆更侧重教学科研,地方图书馆侧重知识普及,国家图书馆侧重引领全国民众知识水平提升。以上因素使不同类型图书馆间产生隔膜,这对彼此相互合作交流形成阻力。"全媒体馆员"的发展能够削弱或减少这层阻力,因为在数字时代庞杂的信息大潮冲击下,"全媒体馆员"必须根据读者需求提供各种类型信息服务,这在一定程度上模糊了不同类型图书馆的服务界限,从而逐渐拓宽其服务范围,使不同类型图书馆的服务工作出现交叉与融合。再者,图书馆"全媒体"服务模式的转型,一方面培养出擅长信息搜索、评估的"全媒体馆员",另一方面形成了新的读者数字阅读凝聚力,二者共同作用下,使图书馆在信息积累与评估方面的能力得到提升,也使图书馆在服务职能上更接近智库服务,从而为机构或地方发展提供信息支持。

2 "全媒体"及"全媒体馆员"研究综述

2.1 国外研究综述

随着数字时代的发展,研究媒介素养的学者越来越多,提出加强用户自身媒介读写能力和信息分辨接收能力的呼声也越来越高。迪波尔·考尔特(T. Kaoerte)曾指出,"媒介素养、信息素养和技术素养对于每一个人都很重要。在新技术、新媒体快速发展的今天,通过多渠道、多方面的素养教育,提高个人媒介素养以适应全媒体时代信息传播的发展步伐非常必要。"[2]冈瑟·克雷斯(G. Kress)在《新媒体时代的素养》一书中指出,"随着数字时代的到来,各种新媒介应运而生,人们的读写习惯已经发生了改变,虽然口语交流还会作为人们交流的主要方式,但媒介写作能力则是人们需要学习和提高的技能。"[3] 2008 年 8 月 14 日《泰晤士报高等教育副刊》报道了德蒙特福特大学的新媒体教授休·托马斯的文章,她说,许多高校教师在全媒体读写能力这方面基本上是"文盲"。有追随此观点的人则表示,现在真正称得上"全能写作人的大概应该是"能够在多种媒体上有读写能力的人"。随后,国外又有学者提出了"全媒体信息素养(transliteracy)"一词,借鉴信息素养

的既有概念，有人把它翻译为"全媒体信息素养"[4]。

国外图书馆界的研究主要体现在媒体在图书馆服务和建设中的正面应用以及图书馆员的媒体掌握能力和媒介素养如何提高方面。杰奎琳·爱德曼（J. Edelman）提出，"数字时代传统图书馆员的角色应发生转变。一名图书馆员不仅要具有相应的专业知识，同时也要顺应数字技术发展需求，掌握和学习新技术，了解新媒体，这对于每一名图书馆员都很重要。"[5]《美国高等教育信息素养能力标准》中也指出，"信息素养在当代科技迅速发展和信息资源极其丰富的环境下变得越来越重要""具备信息素养的个人必然需要发展一些信息技术技能"" 大学图书馆员应协调智力资源的评估和挑选；整理和维护图书馆馆藏并提供多种信息搜索工具"[6]。2010 年 8 月，B. Newman 发表了一篇关于"全媒体素养"与图书馆员的文章。她在文章中指出，不仅图书馆员在思考"全媒体素养"这一课题，其他领域的人也在研究。但图书馆员应该能够更好地定义"全媒体素养"这一概念[7]。国外学者提出的具有"全媒体素质"、掌握"全媒体读写能力"的人，即本文所研究的"全媒体馆员"。

国外对图书馆员角色转换的研究中与本文论述观点相似的是美国费城大学图书馆馆长斯蒂文·贝尔（S. Bell）和宾夕法尼亚大学贝克斯分校教学设计服务部主任、教学设计型图书馆员约翰·尚克（J. Shank）在 2004 年提出的"混合型图书馆员"[8]。他们指出，"混合型图书馆员首先要把图书馆的传统角色与信息技术人员具备的技术能力相结合""混合型图书馆员应充分学习最前沿的教育技术，加强与技术人员的沟通和交流，从而更加适应时代发展，更加具有创造性、积极性和革新性"[9]。这些观点与本文提出的"馆员的知识积累是角色转换的量变基础"不谋而合，但是他们提出的混合型图书馆员主要针对的是图书馆员与教学的结合，而本文提出的观点是馆员与"全媒体"的结合。在培养混合型图书馆员方面，他们与一位来自 learning－Times Network 的专家康德尔（H. Kandel）联合成立了一个"混合图书馆员在线学习社团"网站，鼓励更多图书馆员以该社团为媒介与同行们就教学设计和教学技术如何与图书馆服务相结合等问题进行交流。2004 年该社团只有 5 名注册会员，到 2011 年，注册会员数量已增加至 5 000 多名[10]。从馆员能力培养方面来讲，他们成立这个网站的作用与本文后面提出的"智慧实践"是"全媒体馆员"角色转换的实现手段意义相同，目的都是促进馆员的思想碰撞，从而将不同的工作创新成果与其他人进行交流与互动，带动更广范围的创新实际应用。

对于在全球数字化信息环境下图书馆及图书馆员发展方向方面，《美国图书馆协会 2015 战略规划》中明确指出，"ALA 将以加强图书馆及其行业和公众的信息获取能力作为战略重点""ALA 领导并支持美国图书馆界利用新技术加强创新和变革，并为国内外整个行业的所有图书馆分享创新与变革成果，创造更多机会以适应充满活力和不断增长的全球数字化信息环境"[11]。以上观点也与本文所提出的馆员"全媒体"角色转换能够引领馆员信息化前进方向、推动图书馆服务模式转型的观点一致，都包含了对图书馆员信息技术及获取能力提高的要求及期望通过利用新技术，能够创新图书馆服务模式，推进图书馆服务模式转型。

2.2　国内研究综述

"全媒体"一词，是我国传媒领域在探索媒介融合过程中衍生出的带有鲜明实践特色的概念，它主要体现在传媒领域的技术应用层面上[12]。对于"全媒体"的概念，学者们各持己见，有的侧重其媒介形态研究，认为"全媒体"是综合运用各种表现形式以此对传播内容进行全方位、立体的展示，是一种新的传播形态；有的侧重其媒介融合研究，认为"全媒体"无论就其传播载体工具而言，还是作为传播手段和技术平台来看，其本质上是各种传播媒介形态的总和；还有学者侧重其媒介理念研究，认为"全媒体"是通过新技术的应用，将传统媒体和新媒体进行一体化融合，将不同媒介形态和媒体要素以独立的生产形态融入统一生产的流程之中。

尽管现在对于"全媒体"的概念还没有一个标准的定义，但从众多学者对"全媒体"的研究中，我们可以归纳出"全媒体"的几个特点：①"全媒体"是一种全新的媒介形态，能够实现对传播内容的全方位、立体的展现；②"全媒体"是多种媒体的整合，是各种媒介形态的总和；③"全媒体"是一种媒介理念，主要体现运营理念的转变[13]。

相较于国外"全媒体"的理论与实践研究，虽然国内起步较晚，但在某些领域也取得了一些实质性的进步，特别是传媒领域。近几年，图书馆领域研究"全媒体"的学者较多，主要集中于理论研究，分为以下两方面：一方面是"全媒体"时代读者阅读方式发生的变化；另一方面是图书馆如何提供"全媒体"服务。张芳宁[14]认为，"全媒体"时代图书馆服务应体现 6 个特征，即构建全景化的立体服务格局，提供受众参与的互动式服务，提供多种媒体融合的聚合性服务，提供信息发布的同一性服务，提供超细分个性化服务和提供信息多元化服务。陈秀菊[15]认为高校图书馆开展"全媒体"服务的原因有 3 点，即图书馆自身发展的需要、社会发展的需要和读者自身的需求。图书馆应通过建立学习共享空间、建设图书馆网上服务平台和建设移动图书馆来提供"全媒体"服务。欧阳芳[16]认为"全媒体"时代图书馆应创新对读者的服务，体现为建设多层次的信息资源保障体系，构架数字电视图书馆，开展移动图书馆服务。在实践方面，上海图书馆于2010年推出手持阅读器借阅服务，并在上海街头设立了"24小时自助图书馆"；同年，国家图书馆启动全媒体服务工程；在"十二五"期间以国家数字图书馆为核心，在全国范围内实施"国家数字图书馆推广工程"。

相较于对"全媒体"理论的深入研究，对于"全媒体馆员"的概念及培养模式却鲜有人提及。而"全媒体"时代无论是建设"全媒体"图书馆还是提供"全媒体"服务，都离不开"全媒体馆员"这一基础。通过对"全媒体"概念及数字时代读者阅读特点的研究，笔者认为"全媒体馆员"不同于传统图书馆员，他们不仅要掌握各种媒介形态及相关技术的应用，还要能够运用不同的媒介载体与平台，为读者提供量身定制的服务。因此，对于"全媒体馆员"的定义，笔者认为"全媒体馆员"并不是只简单掌握各种媒介形态及其技术手段，而是在运用不同媒介载体基础上，针对用户个体提供更为细致的服务，是根据用户需求和媒体传播规律来综合运用各种表现形式的一种身份[17]。

"全媒体馆员"是图书馆顺应数字技术及媒介融合发展过程中的阶段产物，它侧重于在共用一套机构与馆员的情况下运用不同媒体进行信息传播手段的融合和资源的共享[18]。当前我国图书馆"全媒体馆员"的发展还处于初级阶段，但它揭示了当下图书馆发展和信息传播的时代语境。

随着信息及数字网络技术的飞速发展，近两年国内讨论图书馆员角色转换的文章也呈上升趋势，并且所持观点基本一致，即馆员需要提高信息媒介素养能力，从而满足读者的各种信息需求。周青[19]在《图书馆员角色新定位的思考》一文中指出，"图书馆员必须掌握扎实的图书馆管理学、情报学等相关理论知识，同时还必须与时俱进，认真学习计算机网络、数据库处理、多媒体信息等方面的知识与操作技能""图书馆只有着力将员工培育成信息专家型图书馆员，才能使图书馆员逐步成为在信息技术时代开展信息服务的行家里手"。该观点与本文所提出的"培养馆员全媒体意识、学习全媒体技术、具备全媒体能力"是一致的。查珊珊、陆志民[20]在《泛大数据概念下的高校图书馆馆员再定位研究》一文中也指出，"馆员只有具有较强的信息意识才能积极主动地在错综复杂的信息中发现对读者有益的信息，才能加以收集整理，使其更好地服务于读者的现实生活及工作实践。"这一观点与本文提出的"全媒体意识是馆员全媒体角色转换的关键"本质是相同的。他们还提出，"图书馆员的信息技能是如何熟练使用这些信息设备和利用他们获取信息、处理信息以及综合信息处理等能力"，这与本文所提出的"馆员全媒体角色转换的知识积累需要掌握的几方面内容"要求也是一致的。由此可看出，数字信息时代发展中的图书馆员，其角色转换的方向主要趋向为读者提供个性化信息服务的"全媒体"馆员。

3 馆员"全媒体"角色转换

馆员"全媒体"角色转换不是一蹴而就，它首先是思想上的认识和转变，即要了解什么是"全媒体"和"全媒体馆员"，从个人意识主体出发想要成为"全媒体馆员"；其次，要提高个体信息素养，进行知识积累，增强对信息的理解、搜索、评估和利用的能力；最后要能够熟练使用各种媒体技术，并具有独立于技术的个体智慧创新的能力。

3.1 "全媒体"意识是实现馆员"全媒体"角色转换的关键

众所周知，环境能够改变人的性格，意识能够影响人的行为，有了"想做"才会"去做"。同理，馆员首先要有"全媒体"意识，才会想成为"全媒体馆员"，才会为成为一名"全媒体馆员"而努力学习。在信息爆炸的时代，很多馆员都深刻感受到海量庞杂数据造成的信息无序性、失真性和不可靠性，同时也认识到有效分辨和利用信息并从中汲取知识的重要性。作为服务读者阅读、学习的馆员，是成为"全媒体馆员"还是一成不变以及正确认识自身发展方向非常必要。为了了解我国图书馆界对"全媒体"及"全媒体馆员"的认识与态度，笔者向各地图书馆同仁发出调查问卷。共发放问卷120份，回收107份，回收率为90%，回收的问卷全部完整有效，可作为统计与分析调查结果的依据。调查结果显示，80%的被调查者赞同在数字信息时代，图书馆服务模式应该转型，并且其中78%的被调查者表示想成为"全媒体馆员"。由此可见，在被调查者中已有绝大多数的馆员具有了"全媒体"意识，因为在随后的"全媒体馆员"应具备和掌握的技能调查中，每项技能的选择值都在60%以上，说明大多数馆员在具备"全媒体"意识后，已进入思考"全媒体"技能学习的过程。调查结果还显示，有20%的被调查者不想成为"全媒体馆员"，他们在"图书馆服务模式是否应该转型"项中也持反对意见。由此可见，不具有"全媒体"意识的馆员，他们认为传统图书馆在数字信息时代不需要转型，继续坚持既有的服务模式就好。将两者进行对比，可以看出，具有"全媒体"意识的馆员才会进一步学习"全媒体"技术，而不具备"全媒体"意识的馆员仍然坚持传统服务。因此，完成馆员"全媒体"角色转换的关键是馆员是否具备"全媒体"意识。

3.2 知识积累是馆员"全媒体"角色转换的量变基础

由传统图书馆员向"全媒体馆员"转变，首先要填平两者间的知识空隙，使角色转换需要的知识量达到平衡，才能在同等的知识平台上实现身份的转换。要填平知识空隙，就要进行知识积累。馆员"全媒体"角色转换的知识积累可以从以下几方面内容入手：

3.2.1 提升个人信息素养 成为"全媒体馆员"首先要提升自身信息素养，一个信息素养低的馆员，即使掌握再多的媒体技术，没有相应的信息内容，也只能"巧妇难为无米之炊"。提升个人信息素养，即要学会如何理解信息，通过何种途径搜索信息，如何筛选、提炼和评价信息以及怎样有效利用信息。这些可以通过阅读专门的信息素养书籍或网络课程进行有针对性的学习。还要培养媒体读写能力，学习网络消息、文字直播、网络评论、图片新闻、视频新闻、微博新闻、博客新闻的撰写，这方面需要馆员在日常生活和工作中持之以恒的练习和积累。

3.2.2 媒体应用知识积累 主要指各种媒体应用技术的学习，包括数字音频信息处理和压缩、数字影像视频编辑处理和视频文件的格式转换及编辑合成、简单的 Flash 动画制作、各种照相及摄影设备的使用等。学会网络技术，了解互联网、各类搜索引擎、各种网络数据库技术、网络安全知识、防火墙技术等。

3.2.3 交互平台知识积累 主要指各类社交及网站平台的使用，包括掌握网络互动编辑与管理、网页设计制作、网络数字图像素材来源采集方式、掌握各种社交平台的编辑与使用，能够较好地组织与利用网络信息资源，深度开发信息产品，为读者提供方便快捷的增值服务，开辟网络信息咨询的新空间。

3.2.4 传统图书馆管理与流通知识积累 注重图书馆学、信息学及计算机科学基础知识的学习；熟悉与工作相关的其他专业学科领域的基础知识；了解和掌握联机目录、检索系统、Web 站点、数据库等基本信息工具；了解读者信息查找方式和行为，掌握正确处理当面或以其他途径与读者沟通、交流的方法；了解版权法和知识产权法。

以上提到的知识积累内容对于不同的馆员，或许不够全面又或过于专精，但并不是要求馆员掌握所有的知识内容，而是需要"量体裁衣"，根据个人能力和目标进行有针对性地学习和积累。数字时代要求"全媒体馆员"不断更新和补充新的知识和技能，"全媒体馆员"掌握的知识水平在一定程度上也决定其服务质量。因此，只有通过不断的知识积累，才能达到"全媒体馆员"角色转换的要求，从而实现"全媒体"角色转换。

3.3 智慧实践是馆员"全媒体"角色转换的实现手段

《美国高等教育信息素养能力标准》中指出，"信息素养是理解、搜索、评估和使用信息的智能框架。虽然这些活动可以部分通过熟练掌握信息技术，部分通过正确的研究方法完成，但最重要的是通过判断思维和推理完成。"[6]由此可以看出，信息素养智能框架活动中最重要的部分是个体思维判断和推理的过程，而不是掌握的信息技术或使用的研究方法。同理，在馆员"全媒体"角色转换过程中，即使馆员具备了"全媒体"意识，并完成了知识积累，但如果不能将其转化为智慧实践，也只是单纯的技术服务。只有通过个体智慧的凝练和思维的判断推理而实现的"全媒体"服务，才能真正实现"全媒体馆员"的身份转换。这里的馆员智慧实践是指"学以致用""活学活用"，即馆员需要用智慧将自身学习到的知识进行融会贯通和提炼，并能够行之有效地在现实工作中得以实施，才是真正具备了独立于技术的"全媒体"能力。因此，智慧实践是馆员"全媒体"角色转换的实现手段。在实际工作中，"全媒体"能力主要包括信息资源深加工能力、多媒体整合运用能力、信息传播平台运营和维护能力等，这些能力的掌握需要馆员通过自身智慧实践来实现。

4 "全媒体馆员"的培养

"全媒体"人才不是天生的，需要通过专门的培养，逐步引导并帮助馆员树立创新发展观念，强化"全媒体"意识，了解现代化、信息化图书馆发展趋势，从而掌握"全媒体"理论知识与实践能力。"全媒体馆员"的培养与馆员"全媒体"角色转换过程密不可分，是紧密相融、相辅相成的关系。可以这样说，"全媒体馆员"的培养是一个大范畴，馆员"全媒体"角色转换融于这个范畴内，并根据培养规则逐渐变化发展；同样，在馆员"全媒体"角色转换过程中，还会催生新的"全媒体馆员"培养规则。两者互相补充融合，从而逐渐形成适用于不同图书馆的培养模式。

4.1 "全媒体"意识的培养

首先，图书馆要有一个良好的学习风气与竞争机制的大环境，促使馆员勤思考，多交流，拼上游，从而带动全馆形成积极上进、充满活力的良性工作模式。这个良性工作模式是馆员"全媒体"意识培养的温床，是激发馆员"全媒体"意识的坚实基础，如果没有这种良性模式，馆员即使具备了"全媒体"意识，也会在以后的发展和成长过程中慢慢被消磨掉。

其次，在良性工作模式下，可以通过以下途径培养馆员"全媒体"意识：

4.1.1　激发馆员"全媒体"服务意识　聘请精通"全媒体"技术及其应用的专家为馆员进行讲座，一般这类专家多活跃在传媒领域。在讲座前要与专家明确讲座目的，使专家在准备讲座时有所侧重。如在讲座中理论联系实际，多列举"全媒体"在各行业的实际应用及取得的成效，介绍"全媒体"馆员需要具备的基本技能，给予相应的学习指导，尽量将"全媒体"与图书馆服务工作生动联系起来。

4.1.2　让馆员亲身实践什么是"全媒体"服务　可以与采用"全媒体"技术的单位或部门联系，委派馆员到其单位进行短期的"全媒体"业务接触，使馆员通过切身经历了解"全媒体"技术带来的工作变化。短期业务培训回来的馆员，让其将培训经历和感受与全体馆员分享交流，加深全馆人员对"全媒体"的认识。

4.1.3　培养馆员对新技术的敏感度　创造机会让馆员与图书馆各类软件商接触，参与各种软件商组织的宣传活动，从而了解最新媒体动态和技术更新。软件商和数据商是对新技术应用非常敏感的一个群体，因此，经常与他们接触交流，对馆员了解和掌握新技术大有裨益。另一种培养馆员敏感度的方式，是多参与各类学术组织举办的图书馆领域的培训和研讨会，在参会过程中，馆员可以与全国各地的同行进行切磋交流，有助于其开拓馆员，了解国内外图书馆动态。

4.2　"全媒体馆员"的知识积累与技能实践的培养

馆员的"全媒体"知识积累与智慧实践是不可分割的，知识积累过程也是智慧实践过程。边学边做，才能把知识学通，才能把书本中的理论知识应用到现实工作中，再通过个体智慧加工，形成一个完整的"全媒体"智慧实践过程。智慧因不同个体而异，相同的知识经过不同个体智慧加工，呈现的实践结果也不相同。因此，在馆员"全媒体"的知识积累和智慧实践过程中，二者是相辅相成，共同进行的。主要有以下几种实施方式：

4.2.1　自主学习方式　兴趣是学习最好的老师和动力，个人自主学习内容应以个人兴趣为主，在知识积累过程中触类旁通，逐渐扩大积累范围，同时兼顾馆内工作需要。

馆员自主学习可以有以下几种方式：

（1）书本学习。即从图书馆已有图书或自己购买图书中学习相关知识，提高自身技能。图书馆对于馆员自主学习应持支持态度，对于馆员提出有助于其提高自身素质的图书需求时应给予配合。

（2）培训学习。馆员应结合工作中需要使用的技能，有针对性地参加培训班，并及时将学到的内容应用到实际工作当中。图书馆对于馆员参加社会培训班学习应给予大力支持，在条件允许的情况下，给予培训经费支持或根据上课时间调整其工作安排。

（3）交流学习。交流学习可以分为两种，一种为校内交流学习，另一种为馆际交流学习。校内交流学习指馆员通过自己接触或别人介绍，与自己感兴趣专业的教师或学生建立良好的关系，当自己在学习过程中遇到各种问题时，能够及时得到对方的指导和帮助。馆际交流学习指馆员与其他图书馆已从事或正在研究相关知识的馆员建立交流学习的关系，在实际工作中互通有无，共同进步。校内交流学习的优势是，双方都服务于一个学校，工作氛围相同，容易建立良好的交流关系。馆际交流学习的优势则在于双方都从事图书馆工作，在实际工作中容易沟通，思想交流能够碰出更多的火花。

（4）网络学习。现在各类播客和学习网站如雨后春笋般涌现，并且国内外部分高校都对外开展了免费的网络精品课程，各种"慕课平台"深受广大学者欢迎，这些对于馆员在线学习非常有利。馆员只需要通过网络搜索和筛选，选择出自己需要的在线资源，然后结合书本内容，进行自主学习。

以笔者所在图书馆为例，就有很多以兴趣为出发点，自主学习并应用到实际工作的典型事例：①有两名对于网络交流很感兴趣的馆员，通过个人学习，分别申请成立了图书馆官方微博与微信，通过淘宝体、甄嬛体等网络语言吸引了大批的图书馆粉丝，为图书馆网络信息服务推送起到了很大的促进作用。②有位馆员对老子、孟子、孔子等国学研究兴趣深厚，个人学习和研究近3年，对国学问题颇有心得和见解。该馆员现在专门负责图书馆官方微博中的"国学"话题栏目，吸引了一批固定的国学粉丝，并引发了图书馆中收藏的各类国学图书的借阅热和讨论热潮。③有一位设计专业的馆员，因其个人爱好，利用业余时间学习和整理了各种图片、音频和视频的制作与处理技巧，并已做出多种精彩的PPT模板，搜集整理上百G各种类型的图片、音频和视频资源，馆内因才用人，让其兼职负责图书馆对外宣传工作，其制作的图书馆评估PPT，得到评估委员会成员的高度赞赏。④还有一位馆员通过自学和参加社会培训班，较系统地学习了数据库知识，最终通过利用J2EE中间件平台技术，开发出针对图书馆发展需要的特色数据库发布平台，并与我校的福祉学院共同在该数据库平台基础上建立了国内第一个"福祉专业特色数据库"。⑤一位地质专业的馆员对解数列方程非常感兴趣，经常利用个人时间学习和研究各类数列方程问题。现在学校数学系的学生经常会到图书馆来向这位馆员咨询数列方程问题，甚至有的老师也会与其互相交流切磋。从笔者身边的真实事例可以看出，馆员通过自主学习积累知识是可行的，而且也是有成效的。

4.2.2 图书馆辅助方式 图书馆培养"全媒体馆员"的目标是从需求的角度出发，根据各馆的实际情况与发展规划，遵循"干什么、学什么"的培养原则，制定"缺什么、补什么"的培养计划，并以素质能力为基准、以岗位需求为导向选择培养内容。传统图书馆员培养方式同样适用于"全媒体馆员"，主要方式是在职培训，以下3种基本培养方式可供单独或综合利用：

（1）个人自主进修。鼓励有自学能力和意愿的馆员通过自主学习丰富媒体知识、掌握多媒体技能，提高"全媒体"素养。图书馆应对馆员的自主学习活动予以支持，组建知识辅导或技能指导团队，其成员可以是馆内有该方面专长的专业技术人员，也可以聘请馆外专家。

（2）馆内组织培训。馆内统一组织培训可有多种形式：一是组织部分中层干部参加专门的传媒信息函授班，研修媒介经营管理知识；二是由图书馆出面，定期邀请相关专业的专家，针对图书馆信息宣传可需要应用的技术和知识，对馆员进行专门的短期课程培训；三是建立针对新进馆员的岗前培训制度；四是定期派出业务骨干到名校进行相关业务知识的脱产学习。

（3）利用社会培训资源。对于社会培训资源，至少有3条渠道可以利用：①馆际之间的人员互换培训。图书馆之间互相交流学习，主要是人才的交流与学习。可与兄弟馆定期互派馆员进行交流学习，互通有无。②馆际间交流研讨。相同类型的图书馆及业务部门之间，工作特点、发展脉络及遇到的问题有很多共同之处。馆际乃至部门之间定期或不定期开展经验交流与问题研讨，有利于开阔视野、取长补短、共同提高。③参加社会培训机构实施的培训项目。如高等学校的成人教育、社会培训机构推出的培训项目以及业内组织的专项培训等。随着社会及行业的发展，培训的机会会越来越多，必将为"全媒体馆员"的自身发展及队伍建设提供更有力的智力支持。

4.3 图书馆支持保障政策及相应管理创新

"全媒体馆员"的培养不是一朝一夕可以完成的，需要图书馆领导高度重视，建立培养制度并出台支持政策，以保证馆员的培养能够长期有效地执行。

4.3.1 支持与保障政策

（1）制定培训规划。依据本馆的发展目标制定"全媒体馆员"培训规划，科学设置培训项目，稳步扎实推进岗位培训与继续教育。

（2）加强宣传引导。要将"全媒体"这个概念引入图书馆，如推出"迎接全媒体，你准备好了吗"等动员口号，使大家感受到"全媒体"时代的压力而主动转型。还可以通过树立和宣传典型来带动其他馆员的观念与行为转变。

（3）制定关于加强"全媒体馆员"培训的文件，对参加培训的员工给予政策鼓励。如工作时间内安排一定的学习时间，建立轮岗、转岗制度，支持其有计划地学习提高，对参加培训者给予一定的经费支持，对取得的培训成果予以相应认可，等等。

（4）加大硬件设备的投入。培养"全媒体馆员"，还要注重硬件设备的升级改造，为有效的全员培训提供平台、设备与条件支持。

（5）完善监督和考察制度。可根据需要定期对培训成果进行实例考察，如视频处理制作技术，新闻通告或消息的写作，信息搜集挖掘和整理，各种渲染软件的基本操作等，建立新的适用于"全媒体馆员"工作性质的考评体系，完善引导与管理优势互补、鼓励与压力功能集成的长效机制。

4.3.2　管理制度创新　建立科学合理的人员考核制度，做到人尽其才，让每个有才华的馆员都有施展才华的空间。建立灵活全面的计算机及网络使用分配制度，保证新通讯技术软件和计算机设备能够被应用于图书馆的创新服务。完善图书馆管理信息系统，保证馆内制定的有效决策得以顺利执行。在图书馆发展过程中不断修正管理方法，保证图书馆战略规划最终达成。

4.3.3　组织结构创新　国内有些图书馆的组织结构创新已取得了不错的反响。主要有以下几方面的创新：

（1）组织结构扁平化管理。即减少组织决策层与执行层之间的中间管理层，变传统金字塔式组织结构为富有弹性的紧凑的横向组织结构，从而简化了管理层次，增加了上下级的直接联系，减少决策及其执行的时滞，加快了对信息环境变化的反应速度[21]。

（2）团队组织管理。即以内部团队为单位负责某一项目或单元的工作，团队制定工作任务和目标，最终考核也以团队为单位进行。这种团队组织管理在国内已成为一种较受推崇的组织方式，因团队人数少且人员之间技能互补，能够为了团队共同业绩目标奋斗并共同承担任务责任，所以最终能够取得较高的工作业绩。

（3）民主化组织管理。即将管理权限下放到各级干部手中。在这种管理制度下，各级管理人员对自己的职权范围和责任属性、什么该管、什么不该管、什么问题有处置权、工作需要向谁请示汇报都十分清楚。使他们能够充分发挥自我能力，敢于负责，从而在自己的管理范围内做出一番成绩。

5 结语

展望"全媒体馆员"的未来，笔者认为：随着越来越多的"全媒体馆员"出现，不同类型图书馆间的工作交流与合作变得更为方便和顺畅；不同地域和文化背景下的信息服务差距将逐渐缩小；各类图书馆形成相对统一的服务模式；图书馆的硬件设施更趋于现代化和智能化；图书馆员整体信息素养水平提高，馆员不再只是信息提供者，还肩负信息筛选、辨别及挖掘等职责，并通过各种媒介平台向读者推送信息；图书馆服务方式将更便捷，更加突出个性化定制服务。在"全媒体"信息化服务方向引领下。图书馆信息服务将突破校园、社区和地方的区域限制，辐射到更多信息终端。而图书馆对"全媒体"人才的培养是一个动态的、开放的、发展的过程，不必也不该局限于某种或某几种做法。只有坚持需求引领、问题导向的培训原则，兼顾形式和内容，才能培养出内外兼修、厚积薄发的优秀"全媒体馆员"。

致谢：本篇论文中部分数据资料的收集与整理得到"EPS 数据"的支持，谨致谢意。

参考文献：

［1］ 数字阅读能否取代传统阅读［EB/OL］.［2017－01－15］. http：//media. people. com. cn/n1/2016/0519/c192372-28364115. html.

［2］ 波特. 媒介素养［M］. 李德刚，王丹丹，董洁，等译. 北京：清华大学出版社，2012：156-160.

［3］ 伯杰. 媒介研究技巧［M］. 2 版. 张晶，易正林，译. 北京：中国人民大学出版社，2009：24-30.

［4］ Youth Punch［EB/OL］.［2017－01－15］. http：//youth. punch. cn/node/2356.

［5］ Erdman J. Education for a new breed of librarian［J］. Reference librarian. 2007，47（2）：93-94.

［6］ 美国高等教育信息素养能力标准［EB/OL］.［2016－09－15］. http：//wenku. baidu. com/link? url＝MTyzcHMgymzcBCQOzm3y8
vqiVp0Rh－sEuzAtckXFwXKw8xaJ－lk－7WXdcIB5＿hHlnRcQyrlpAs＿QFZi0rb1l＿
G5KCdxHXFYes96zvzc9v97.

［7］ Blog of Bobbi Newman［EB/OL］.［2017－01－08］. http：//librarianbyday. net/2010/03/08/defining-transliteracy.

［8］ BELL S J, SHANK J. A blueprint for redefining teaching and learning role of academic librarians ［J］. College & research libraries news, 2004, 65（7）：372-375.

［9］ BELL S J, SHANK J. Blended librarianship envisioning the role of librarians as educator in the digital information age ［J］. Reference & user service quarterly, 2011, 51（2）：105-110.

［10］ Blended librarian mission statement ［EB/OL］. ［2017-01-15］. http：//blendedlibrarian. org/overview. html.

［11］ American Library Association. American Library Association 2015 strategic plan ［EB/OL］. ［2017 - 01 - 15］. http：//www. ala. org/ala/aboutala/missionhistory/plan/index. cfm.

［12］ 周金龙. 数字时代图书馆危机管理 ［M］. 北京：海洋出版社, 2012：46-49.

［13］ 姚君喜, 刘春娟. "全媒体" 概念辨析 ［J］. 新闻与传播研究, 2010,（6）：13-16.

［14］ 张芳宁. "全媒体" 视野下图书馆服务的未来 ［J］. 情报资料工作, 2011,（4）：32-35.

［15］ 陈秀菊. 基于全媒体服务的高校图书馆研究 ［J］. 西南农业大学学报, 2013,（6）：203-204.

［16］ 欧阳芳. 全媒体时代公共图书馆服务创新探究 ［J］. 图书馆研究, 2013,（4）：64-66.

［17］ 关鑫. 基于全媒体馆员的图书馆信息服务研究 ［J］. 图书馆学研究, 2012,（9）：82-84.

［18］ 王世伟. 全媒体时代的公共图书馆服务及其对图情教育的启示 ［J］. 图书情报工作, 2010, 54（11）：5-9.

［19］ 周青. 图书馆员角色新定位的思考 ［J］. 图书馆研究, 2015,（1）：101-104.

［20］ 查珊珊, 陆志民. 泛大数据概念下的高校图书馆馆员再定位研究 ［J］. 高校图书馆工作, 2016,（3）：6-8.

［21］ 曹媛媛, 张芳宁. 全媒体影响图书馆服务之多维分析 ［J］. 四川图书馆学报, 2012,（5）：26-29.

作者简介

关鑫（ORCID：0000-0002-6062-5550），馆长助理，副研究馆员，硕士，E-mail：1029225695@ qq. com。

基于物联网技术的智能图书馆发展研究

回顾图书馆的发展历程，每一次信息技术的变革都带来图书馆管理和服务的升级，图书馆概念的内涵也随之发生巨大的变化，从传统图书馆到自动化图书馆，再发展到复合图书馆、数字图书馆，图书馆正在逐渐远离建筑、贴近读者。物联网作为继计算机、互联网之后，世界信息产业的第三次发展浪潮，将智能家居、智能校园、智能城市等新的概念带到了人们的身边，也必将为图书馆带来一系列的变革，基于物联网的智能图书馆成为了未来图书馆的发展趋势。

1 基于物联网的智能图书馆

物联网的概念最初来源于美国麻省理工学院 1999 年自动识别中心提出的网络无线射频识别系统，并在 2005 年的国际电信联盟信息社会世界峰会上被正式确定下来[1]。物联网是通过信息传感设备，按照约定的协议，把任何物品与互联网连接起来，进行信息交换和通信，以实现智能化识别、定位、跟踪、监控和管理的一种网络[2]。

智能图书馆是对于图书馆未来发展愿景的抽象描述。业界对于智能图书馆的内涵有不同的阐述：严栋认为，智慧图书馆=图书馆+物联网+云计算+智慧化设备，它通过物联网来实现智慧化的服务和管理[3]；董晓霞等认为智能图书馆是利用物联网等感知技术让图书馆的建筑环境、设备资产、文献资源以及读者等主要构成因素能够"说话"，即：能够实时主动地获取相关感知数据[4]。笔者认为，智能图书馆是利用物联网技术，包括 RFID 技术、传感器技术、WiFi 无线通信技术、计算机网络技术等多种技术，实现图书馆的图书感知、环境感知、人员感知，形成一个集服务与管理于一体的全方位、智能化的体验环境。

从上述概念的分析可以看出，物联网是智能图书馆实现的关键技术之一。基于物联网的智能图书馆，从服务的角度来说，可以通过物联网技术全面、实时地获取图书、人员、设备等信息，图书馆服务场所不再局限于图书馆建筑之内，服务方式也由面对面变为可通过网络或其他通讯工具进行，用户接受图书馆服务的设备则会拓展到各类智能移动设备、数字电视等其他智能设备，服务过程由读者、图书、图书馆管理系统之间的单向服务变为三者之间的网状服务过程，服务原则也由强调按时服务变为强调及时服务。从管理的角度来说，物联网技术为实现图书流、人员流、资金流、物流、信息流等的整合化管理提供了条件。从环境的角度来说，图书馆的馆舍借助于物联网技术，能达到智能楼宇的水平，实现水控、光控、温湿度调节、安保监控、电子会议系统等功能。

2 基于物联网的智能图书馆实践和研究现状

物联网在图书馆的早期应用主要是以 RFID 为关键技术的简单应用，经过多年的发展，基于 RFID 技术的智能馆藏管理系统已经基本形成。但确切地说，RFID 只是物联网建设所需的众多传感技术的一种，因为 RFID 无线射频标签在图书馆应用之后使得印本馆藏和其他设备顺利纳入到图书馆物联网环境中，促进了智能图书馆的发展，所以早期的实践和研究中，以基于 RFID 的图书馆智能馆藏系统代指基于物联网的智能图书馆并不准确，在印本馆藏中应用 RFID 只是智能图书馆发展的初级阶段。近几年对真正意义上的智能图书馆的研究逐渐深入，物联网技术在智能图书馆的深度开发应用呈现出广阔的前景。

2.1 RFID 智能馆藏管理系统

北美的一些图书馆最早提出利用 RFID 实现图书的借还，1999 年洛克菲勒大学图书馆率先安装了 RFID 系统，2002 年新加坡国家图书馆在世界上首次采用 RFID 技术的图书管理系统[5]。近年来，越来越多的国家、地区开始采用图书馆 RFID 系统。在国内，2006 年 7 月开放的深圳图书馆新馆是中国最大的 RFID 项目，目前深圳图书馆通过相关的 RFID 流通设备、读写设备、安全门设备、典藏设备进行读者、文献、书架的一体化管理与维护，并借助移动归架书车保持文献与书架的一一对应关系，从而实现读者自助借还文献、文献精确典藏和快速定位归架[6]。截至目前，据笔者不完全统计，已有近百家各类图书馆应用了 RFID 技术。从图书馆类型来看，公共图书馆的数量大于高校图书馆[7]，因为高校图书馆由于资金、服务对象等多种原因，在初期大多持等待观望的态度[8]，但随着 RFID 技术在图书馆行业使用的成熟完善以及 RFID 成本的下降，相当多的大学图书馆，包括北京大学图书馆、清华大学图书馆、中国人民大学图书馆、北京师范大学图书馆、中国科技大学图书馆、北京理工大学图书馆等研究型大学图书馆也都不同程度地构建了 RFID 的智能馆藏管理系统。RFID 智能馆藏系统的组成如图 1 所示：

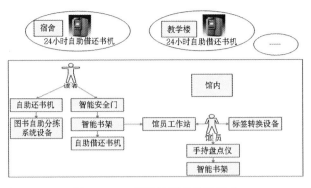

图1 RFID智能馆藏系统的组成

2.1.1 RFID智能馆藏系统功能及架构 从目前RFID在图书馆的应用情况可以看出，RFID智能馆藏系统实现的功能主要包括以下几个方面：标签转换、图书自助借还、图书智能分拣、图书自助盘点与顺架、安全检测、馆藏架位导航。因此，RFID智能馆藏系统的子系统包括：标签转换系统、自助借还书系统、图书自动分拣子系统、移动式/便携式馆员助理系统、智能安全检测系统、馆藏架位导航系统及24小时智能图书馆系统。

针对目前高校馆的运行情况，RFID系统的推进需要与现有的图书馆系统管理软件相衔接，以北京师范大学图书馆为例，其实施方案为图书馆管理系统沿用原有的软件，系统中标签数据的读写、相关设备的控制以及与原有图书管理软件的数据接口通过RFID中间件实现。这种架构与常规的RFID系统架构相比较，优点在于：①RFID系统与已有的图书管理系统之间通过RFID中间件这一媒介实现数据的交互，保证了两个不同系统之间的数据良好融合；②保证了现有图书馆管理系统和RFID系统各自的独立性和健壮性；③采用这种架构，如果某个系统发生变动，只需要修改相应的RFID中间件，而不需要修改另一个系统，这样便保证了不同系统之间相对的独立性。

2.1.2 RFID智能馆藏系统应用问题及解决思路

• RFID系统的拒借现象及解决思路。通过RFID自助借还书机进行借还书，当读者证状态异常（如有过期文献未还、有超期罚款等）或者所借还图书为预约图书时，读者无法通过自助完成借阅，需到馆员工作台进行处理，而且在没有馆员值班的时间段，读者甚至无法继续完成借还书。这一情况给读者带来了不便，降低了读者的自助服务体验值，同时也给工作人员带来了较大的工作量。对此，厦门图书馆提出了解决思路，对RFID系统进行完善，设置过期文献未还、超期罚款未付等提示，并与开发商协调进行技术改进，在自助借还机上安装一卡通自助缴费设备[9]。

　　● RFID 系统的安全问题及解决思路。目前由于 RFID 系统本身的不完善，在实际应用过程中也产生了一些安全问题，引起了图书馆与读者之间的纠纷。比如，RFID 系统在读者完成借还书手续到自动退出系统之间有一定的时间间隔，如果读者没有点击退出系统，下一位读者借的书就可能借到该读者的借阅证上，造成错借现象；RFID 标签受干扰或者损坏造成数据无法读取，容易出现图书漏借、漏还现象。厦门图书馆也提出了解决方案：①在系统中加入"借书成功后请按退出键"的提示，或采用插卡式读卡，拔卡后自动退出；②借还书流程设置册数选择，当册数不一致时进行提示[10]。

　　● 图书精确定位问题及解决思路。目前图书馆的馆藏资源导航大多采用 RFID 标签加层架标签的方式，即图书中粘贴的 RFID 标签与对应的层架标签相关联。这一方法的缺点是只能定位图书到书架中的一层，盘点设备无法精确判断每本书的精确位置，只能读取书的错架或是否在架的信息，于是智能书架应运而生。它作为 RFID 智能馆藏管理系统的一部分，从功能上来说，具备了如下一些特点：查找定位、实时统计在架图书信息、错架图书的指示、实时统计被取阅的图书。然而，这些功能也没能解决图书的精确定位问题，尤其面对图书馆的开架阅览，对那些不在架的图书，要进行精确定位就更加困难。针对这一问题，陈嘉懿等[10]提出了相应的解决思路：第一次上架时逐本上架，RFID 阅读器从左至右轮询记录图书信息，通过无线连接后台管理系统，将图书在架排列顺序写入数据库中，当同一层图书位置变化时，系统中进行重点标记，管理员在盘点时即可以重点检查；对于不在架图书，可在阅览室的书桌、门口等位置安装 RFID 阅读器，定时扫描附近的图书信息。

2.2　基于物联网的智能图书馆系统

　　RFID 智能馆藏系统只是基于物联网智能图书馆的初步建设成果，距离真正意义上的智能图书馆还有一定的差距。虽然目前尚未有成型的系统出现，但相关研究人员也已开始对其发展进行了深入的探索：如北京邮电大学网络研究院和北京邮电大学图书馆合作进行的"感知校园的智能图书馆示范系统"项目，提出了基于物联网的智能图书馆系统框架，实现了具有较强示范和体验效果的部分功能，如感知的 OPAC、智能的图书清点以及基于位置的读者信息推送等功能[4]；王红[11]将物联网与云图书馆相结合，提出了基于物联网的智能"云图书馆"架构，并对其业务流程和信息流进行了分析；文献[12-13]等也分别阐述了物联网技术在图书馆中的应用。

　　2.2.1　基于物联网的智能图书馆系统架构　虽然大家对基于物联网智

能图书馆系统将来实现的功能、技术实现思路等还持不同意见，但根据物联网感知层、传输层、应用层的三层体系架构，对智能图书馆的系统架构已形成基本共识，如图2所示：

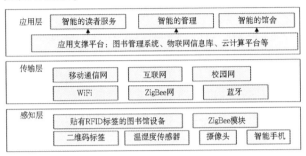

图2　基于物联网的智能图书馆系统框架

从该框架图中可以看出，智能图书馆利用RFID与其他技术相结合，能够实现图书、设备、人员、环境的感知，图书与设备的感知通过RFID标签、ZigBee模块等完成，环境的感知通过温湿度传感器、摄像头等完成。随着智能手机的普及，利用智能手机感知人员，并通过WiFi等技术进行定位，再由各种网络的通信进行信息的传递，然后由相应的系统负责收集、加工、处理，最终实现各种智能的读者服务、管理和智能的馆舍。

2.2.2　基于物联网的智能图书馆的新功能　结合本文的调研和北京师范大学图书馆对于智能图书馆建设和发展的需要，笔者认为未来基于物联网的智能图书馆系统应该具有如下三个方面的新功能：

● 智能化的服务。物联网技术改变了图书馆的服务模式，主动、全方位、深层次的服务成为智能图书馆的服务特点：①读者与图书馆之间的多维交互。随着越来越多便携式网络终端如智能手机、掌上电脑等的出现，读者与智能图书馆系统可以进行随时随地地交互，借助于物联网中的设备与网络，读者与图书、读者与图书馆员、读者与读者之间的交流会更加的广泛和及时。②主动的个性化服务方式。物联网环境下的图书馆个性化服务体系由两大部分组成，即虚拟个性化服务和实体个性化服务。虚拟个性化服务，指通过智能图书馆系统，读者的操作行为被记录到数据库中，大量的历史浏览信息能够反映读者的阅读爱好与使用习惯，系统为每个用户建立个性化的偏好模型，定时推送馆藏资源信息、讲座信息等。而馆藏资源的智能导读和智能定位则属于实体个性化服务[14]。③广泛的服务内容。智能图书馆的实际应用建立在多种应用支持平台的基础之上，包括云计算平台，借助于"云"的强大计算能力和存储能力，还可以使得图书馆中的各种信息能够与互联网中的其他信息进行融合[15]，从而为读者提供更加全面的信息资源。

• 智能化的管理。智能化的管理既包括图书馆的行政管理也包括对读者的管理。在物联网技术的帮助下，图书馆工作人员的工作效率将会获得提高，统计工作将更有科学依据。管理人员通过整合各个读者服务系统的信息、办公自动化系统及智能楼宇系统之间的运行信息并进行分析，既可以发现当前隐藏的问题，又能对未来的管理决策提供支持，进而更好地推动图书馆业务的发展。另外，物联网技术也为图书馆进行智能化的读者管理提供了很好的支持，比如针对图书馆占座问题，有人提出将物联网射频识别技术应用到图书馆的座位分配中[16]。

• 智能化的环境。智能化的环境包括智能的照明系统、智能的温湿度控制系统、智能的消防与保安系统等。如智能照明系统可以应用在图书馆的阅览区，随着光线的强弱，可以自动地打开与关闭窗帘，并调节灯光的亮度，既实现了人性化的服务，也节省了电力[17]。智能的温湿度控制同样可以为读者提供一个相当舒适的环境。图书馆是防火的重要场所，智能消防系统通过无线信息传输模块，采集火警控制系统运行状况、建筑消防设施运行状态等，及时向消防部门提供信息。智能系统能使图书馆各种机器设备的运行更加智能化，从而优化人力和物质资源的配置，达到降低成本、节能减排的目的。

3 基于物联网的智能图书馆发展的关键问题

3.1 感知节点的实现

感知节点方面，在智能图书馆中，图书、设备、人员、环境的感知是系统运行的第一步，而目前传感器网络中能够提供的信息感知节点种类和功能都比较有限，按照智能图书馆的功能需求，每一个感知节点不仅要具备采集信息的能力，还要有简单的存储、处理和通信的功能，这依赖于传感器节点技术的发展[18]。另外，感知节点的布局需要与网络规划相配合，因为在感知过程中，各个感知节点的数据传输会占用大量的网络带宽。

3.2 海量数据的处理

信息处理方面，在智能图书馆中，之所以能够实现智能化的服务与管理，其核心是对大量感应数据的分析与处理。物联网通过各种传感设备获取的数据具有海量、异构、高维、冗余、时间序列相关和空间位置分散等特点。对物联网海量数据的存储、预处理和挖掘是实际应用中面临的关键问题。需要开发相关的信息处理平台，实现科学的数据表示、数据过滤及数据分析。因此，海量信息处理技术、数据挖掘工具等在图书馆的应用急待进一步研究。

3.3 技术标准

技术标准方面，虽然物联网技术的发展十分迅速，但缺乏统一的技术标准成为其应用推广的瓶颈，这势必给处于起步阶段的智能图书馆建设带来许多问题。就 RFID 来说，目前还没有形成统一的标准，其中图书馆界最为关注也是联系最为紧密的部分是空中接口、RFID 卡的数据编码格式及安全检测等方面的标准，不同 RFID 系统之间的互操作问题成为了图书馆联盟之间合作的障碍。当然，各大高校图书馆联盟要考虑和重视这一问题，各大高校馆在推进 RFID 系统时也要加强合作与交流。香港高校图书馆联盟自 2008 年起就着手研究与实验不同 RFID 系统之间的互操作性[19]，他们在这方面的实践经验对于其他图书馆联盟具有借鉴意义。

3.4 安全问题

物联网的开放架构本身存在潜在的隐患和风险：如标签被窃取、篡改、伪造和复制；标签被随意扫描；通信遭受干扰、窃听和拒绝服务等攻击；互联网中的不安全因素扩散到物联网中；利用标签进行跟踪、定位。以 RFID 标签为例，任意一个标签的标识（ID）或识别码都能在远程被任意地扫描，且标签自动地、不加区别地回应阅读器的指令并将其所存储的信息传给阅读器。这就使得标签中所存储的大量信息很容易被泄露，RFID 系统本身也容易受到安全威胁，如攻击者作为一个正常的读写器具有扫描标签的能力或者攻击者具有克隆标签的能力，即可改写标签的内容。迄今为止，已经有很多RFID 安全认证协议被提出，但图书馆文献资源管理的特点也对 RFID 安全协议提出了特殊的需求，因此如何构建图书馆 RFID 系统存在安全模型也成了智能图书馆构建过程中的重要问题[20]。

3.5 配套软件的开发

在推进物联网应用的过程中，势必会引入新的设备，通过相应的程序接口，可以实现物联网与图书馆现有管理系统的对接，由于各个馆的实际应用系统存在差异，公司开发人员对此也并非完全了解，因此需要相关系统管理员与公司进行合作，共同开发适合于本馆的软件程序。同时，在物联网系统中开发功能全面的应用软件，直接影响到用户使用智能图书馆最直观的感受，只有从服务的实际需求出发，才能真正地方便读者，提高读者享受图书馆服务时的满意度。

3.6 馆员角色的转变

物联网时代，图书馆员传统的工作方式和习惯将被颠覆，大量高科技、自动化的设备将代替人工劳动，新技术的采用对馆员提出了更高的素质要求。馆员需要积极转变角色，不再是简单的书刊管理员，而要通过学习培训逐渐掌握新技术，探索新的工作方法，将工作重心转向信息发现、信息咨询、学科服务等领域。

4 结　语

物联网的出现为图书馆的发展注入了新的活力，利用物联网技术构建智能图书馆是一个具有挑战性的系统工程，涉及设备、网络、系统、服务等诸多方面，需要图书馆与书商、设备提供商、网络公司、软件开发商共同合作，也需要行业协会、研究机构、各图书馆之间共同探讨与交流，加强研究，制定规划，相信在未来，伴随着物联网技术的迅速推广，图书馆将真正步入智能化的新时代。

参考文献：

[1] 孙其博，刘杰，黎羴，等. 物联网：概念、架构与关键技术研究综述 [J]. 北京邮电大学学报，2010，33（3）：1-9.

[2] 2010 年政府工作报告 [R/OL]. [2012-12-08]. http：//www. china. com. cn/policy/txt/2010-03/15/content_ 19612372_ 8. htm.

[3] 严栋. 基于物联网的智慧图书馆 [J]. 图书馆学刊，2010（7）：8-10.

[4] 董晓霞，龚向阳，张若林，等. 基于物联网的智能图书馆设计与实现 [J]. 图书馆杂志，2011，30（3）：65-68.

[5] 李桂林. RFID 技术在国外图书馆的应用研究 [J]. 现代情报，2010，10（11）：156-158.

[6] 李星光. RFID 标识在图书馆文献管理的应用与分析 [J]. 高校图书馆工作，2010，30（2）：10-14.

[7] 陈嘉懿，孙翌，金毅，等. RFID 产品在国内图书馆的应用调研与分析 [J]. 图书情报工作，2012，56（1）：107-111.

[8] 刘绍荣，杜也力，张丽娟. RFID 在图书馆使用现状分析 [J]. 大学图书馆学报，2011，（1）：83-86.

[9] 张肖回. 图书馆 RFID 系统建设的成效与发展思考 [J]. 图书馆建设，2012，（4）：66-70.

［10］ 陈嘉懿，郭晶，曲建峰，等. 高校图书馆中的 RFID 技术应用与展望 ［J］. 新世纪图书馆，2012，（2）：49-52.

［11］ 王红. 基于物联网的智能 "云图书馆" 架构与思考 ［J］. 情报理论与实践，2011，34 （11）：87-90.

［12］ 马建勋，杨国林. 物联网的三层体系架构在高校图书馆中的应用 ［J］. 内蒙古工业大学学报，2012，31 （2）：45-49.

［13］ 张敏. 基于物联网技术下的图书管理系统构建 ［J］. 河南理工大学学报 （自然科学版），2012，31 （3）：326-329.

［14］ 曹红兵，唐秋鸿，唐小新，等. 物联网环境下的高校图书馆个性化服务体系构建 ［J］. 情报理论与实践，2011，34 （3）：70-76.

［15］ 黄力. 基于物联网技术的图书馆服务模式与内容的研究 ［J］. 图书馆学研究 （应用版），2011，（3）：51-55.

［16］ 论物联网 RFID 射频识别技术在图书馆座位分配中的应用 ［EB/OL］. ［2012-12-08］. http：//www. zhangyuchang. com/blog/archives/689.

［17］ 田秀娟. 应用物联网技术构建智能化图书馆 ［J］. 情报探索，2011，（5）：41-43.

［18］ 赖群，黄力，刘静春. 借助 "物联网" 与 "云计算" 技术构建智慧图书馆 ［J］. 新世纪图书馆，2012，（5）：46-49.

［19］ 景祥祜，蔡孟欣，戴淑儿，等. 图书馆导入 RFID 的标准与互操作探讨——以香港高校图书馆为例 ［J］. 大学图书馆学报，2009，（2）：32-38.

［20］ 周朝阳. 图书馆 RFID 安全协议认证 ［J］. 计算机系统应用，2010，19 （9）：111-114.

作者简介

李峰，北京师范大学图书馆馆员，E-mail：lif@ lib. bnu. edu. cn；李书宁，北京师范大学图书馆馆员，博士。

物联网技术与图书馆的智能化

物联网源于传感网和互联网，是传感网和互联网的融合与发展。美国麻省理工学院在 1999 年首次提出物联网的概念[1]，2005 年国际电信联盟（ITU）发布了《ITU 互联网报告 2005：物联网》，正式将物联网概念称为 The Internet of Things[2]。2009 年 1 月 28 日美国总统奥巴马在与美国工商业领袖举行的"圆桌会议"上，对 IBM 提出的"智慧地球"概念给予了非常积极的回应，认为"这就是美国在 21 世纪保持和夺回竞争优势的方式"。智慧地球主张更透彻的感知、更全面的互联互通和更深入的智能化[3]。毫无疑问，物联网将成为一支巨笔描绘出智慧地球的宏伟蓝图。作为人类科学文化知识使者的图书馆，如何理解、认识物联网与"智慧地球"及其为图书馆带来的发展机遇，如何规划和建设基于物联网的智能图书馆继而发展为智慧图书馆，是当前和未来发展面临的一个重要问题。

随着物联网的诞生，国内图书馆界对物联网在图书馆如何应用产生了浓厚的兴趣，一部分图书馆如深圳图书馆等做了非常有益的探索，这些探索将对我国图书馆业的发展产生深远的影响，进而为我国图书馆的智能化、智慧化打下良好的基础。但是，也应看到大部分图书馆因为各种原因还没有认识到图书馆智能化的迫切性，对物联网与 RFID 技术、智能化与智慧化认识模糊，甚至把智能化和智慧化混为一谈[4-5]。这些问题不解决将对我国图书馆业的发展产生不利的影响。

1　实现智能化是图书馆发展的必然趋势

1.1　日益成熟的移动通信技术和物联网技术是图书馆智能化的技术保证

智能化图书馆是当代科学技术发展的产物。从技术上说，图书馆实现智能化依赖于三大技术：智能建筑技术、移动通信技术和物联网技术（包括互联网技术和云计算技术）。智能化建筑技术目前已相当成熟，为智能图书馆的建立奠定了坚实的硬件基础。随着近几年移动通信技术的发展，WAP、3G、4G、云计算等移动通信技术日益成熟，无线终端设备功能日臻完善、价格越来越便宜，为图书馆的泛在化提供了物质基础。虽然由互联网和传感网融合而成的物联网只是最近几年的事，但互联网从产生到现在已走过了近半个世纪的路程。RFID 技术及 M2M 技术的诞生都表明物联网将掀开人类利用网络信息技术崭新的一页。这为图书馆信息的收藏、保存和传播提供了网络基础，特别是云计算技术的产生和逐步成熟，势必为图书馆走上云端插上腾飞的翅膀。这一切都表明，建设智能化图书馆的技术条件已经基本成熟，为图书馆的智能化提供了有力的技术保证。

1.2 以服务为主、以藏为辅的功能转变是图书馆智能化的根本动因

随着图书馆发展的脚步，图书馆的功能也在逐步发生着改变，以藏为主的图书馆存在模式逐步成为历史。当前图书馆有 4 个发展趋势：在馆藏资源上逐步由单一实体资源向数字资源、多媒体资源过渡；在服务方式上逐步由人工服务方式向智能化、知识化服务过渡；在服务的时间上逐步从固定时间服务向不受时空限制的服务过渡；在服务的空间上逐步由图书馆建筑内扩展到用户所在的任何场所和虚拟空间。也就是说图书馆的功能正在由基于资源的以藏为主、服务为辅转变为基于用户的以服务为主、以藏为辅。

促使图书馆产生这种转变的根本原因是：①当今知识资源载体多样化、增加多、更新快、短时间内利用率高，远不是一句"知识爆炸"所能概括的；②知识传播形式多样化、速度快，网络通信、无线通信等通信形式发展迅速、普及率高；③世界经济格局越来越体现出对知识的高度依赖性，哪个国家占据了知识的制高点，哪个国家就掌握了经济优先发展的主动权；④人类对知识、信息的需求越来越大、越来越广，而科技的发展特别是网络技术和通信技术的发展更给这种需求提供了实现的途径。因此，图书馆要应对这些变化就必须从馆藏形式到服务模式发生根本的转变，而要实现这种转变，实现智能化是最重要的战略选择。

1.3 检索网络化、服务泛在化、管理自动化是图书馆智能化的发展目标

回顾图书馆自计算机技术和网络技术诞生的发展历程，图书馆经历了或正在经历着传统图书馆——自动化图书馆——数字图书馆——移动图书馆——智能化图书馆的转变过程。传统图书馆以藏为主，卡片检索；上个世纪90 年代的所谓"自动化图书馆"是利用计算机技术，将原来的卡片目录改成为机读目录从而将检索方式改变为计算机检索，从本质上图书馆还是以藏为

主，只是检索方式发生了改变；数字图书馆是在多媒体技术、电子扫描技术、数据库技术、网络技术支撑下，将藏书形式由单一的纸质书刊改变为多介质书刊，检索形式由单机检索变为网络检索，读者服务形式也变得多样化；近几年提出的移动图书馆是在移动通信技术发展的情况下，图书馆在数字图书馆的基础上利用无线通信技术，将对读者的服务由图书馆内扩大到虚拟时空，泛在图书馆和图书馆服务的泛在化正在从理念走向现实。智能化图书馆是当前和未来图书馆的发展目标。在智能建筑技术、移动通信技术、互联网技术、物联网技术和云计算技术支撑下，图书馆从藏、用到管理、服务都将发生巨大改变，体现为图书馆信息资源多样化、检索模式嵌入化、服务时空泛在化、服务水平知识化、管理手段自动化。

2　支撑物联网的三大技术

物联网是近几年产生的一个网络概念，起源于传感网，但到目前为止还未有一个权威的、明确的定义。比较贴切的定义是：物联网指通过信息传感设备，按照约定的协议，把任何物品与互联网连接起来，进行信息交换和通信，以实现智能化识别、定位、跟踪、监控和管理的一种网络。它是在互联网基础上延伸和扩展的网络[6]。因此可以认为，物联网是信息化与工业化两化融合、互联网（包括移动互联网）与传感网两大网络融合、RFID 与 M2M 两大技术融合的结果。它们的关系见图 1。所以物联网技术是由网络（互联网与传感网）技术、RFID 技术、M2M 技术三大技术支撑的将其用户端延伸和扩展到任何物品与任何物品之间，进行信息交换和通信的一种智能网络技术。

2.1　网络技术

物联网的组网原理来自于互联网，互联网技术是在计算机技术基础上建立的一种信息技术。互联网技术主要由传感技术、通信技术和计算机技术三大部分组成[7]。移动网络技术是在互联网技术的基础上增加了移动通信技术，而传感网则是将网络终端由计算机改变为传感器，强调传感器的互联互通，组网的原理基本相似于互联网，也是由硬件、软件和应用组成。但是互联网与传感网的融合绝不是简单的叠加，业内通常用数据的"泛在聚合"形成智能化网络来说明融合后网络发生的质的改变。网络是图书馆一切信息的载体，既是信息存储的媒介，也是信息传播的通道，在图书馆智能化过程中起着举足轻重的作用。我国互联网技术用于图书馆始于 20 世纪 90 年代，现在已基本普及；物联网中的 RFID 技术用于图书馆始于深圳图书馆新馆，目前还没有普及。

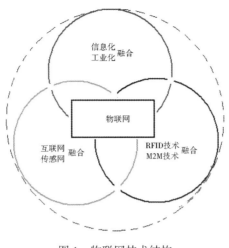

图 1　物联网技术结构

2.2　RFID 技术

RFID 技术是一种无线射频识别技术，属于自动识别技术的一种。一个 RFID 基本系统由标签（tag）、阅读器（reader）、天线（antenna）组成，标签由耦合元件及芯片组成，每个标签具有唯一的电子编码，附着在物体上用以标识目标对象，可以设计成自带电源的有源标签或不带电源的无源标签[7]；阅读器是用以读取或写入标签信息的设备，可设计为手持式或固定式；天线用来在标签和阅读器间传递射频信号。RFID 的最大特点是非接触式的自动识别，通过射频信号自动识别目标对象并获取相关数据，可工作于各种恶劣环境。RFID 技术可识别高速运动物体并可同时识别多个标签，读取速度快，可批量读取数据；穿透性强，可隔障识别；标签具有体积小、容量大、寿命长、可加密的特点。RFID 技术在图书馆的成功应用始于新加坡国立图书馆，该馆于 1998 年开始建立基于 RFID 的图书馆管理体系，到 2003 年，已经能够处理 3 170 万册借书和 3 150 万个用户，而在 1997 年，在没有实施 RFID 技术时，只能处理 2 200 万册借书和 1 250 万个用户。国内第一家全面使用 RFID 设备的图书馆是 2006 年 7 月正式对外开放的深圳图书馆新馆，从文献的采访、分编、加工到流通、典藏和读者证卡，RFID 标签和阅读器已经完全取代了原有的条码、磁条等传统设备[8]。

2.3 M2M 技术

M2M（machine to machine）技术实际上就是机器对机器的通信技术。它的工作原理非常简单，在两台机器上分别嵌入一个"会说话"的 M2M 硬件，通过通信网络（有线或无线）平台，实现机器与机器的"对话"。M2M 技术涉及一系列关键技术，包括系统架构、终端管理平台技术、专用芯片技术、模块与终端技术等，也是所有增强机器设备通信和网络能力的技术的总称。M2M 技术重点在于机器对机器的无线通信，主要有机器对机器、机器对移动电话（如用户远程监视）、移动电话对机器等形式。中国电信历时 5 年，在 2012 年初开通了其第一个 M2M 平台，该平台包含了 10 余项国家专利技术，实现了中国电信现有网络在物联网业务中从管道向智能管道的跨越，标志着我国成功利用 M2M 技术的开始[9]。

M2M 虽然是一种通信技术，但它的应用范围绝不止通信业。这是因为 M2M 是无线通信和信息技术的整合，可用于双向通信，如远距离收集信息、设置参数和发送指令。M2M 技术的出现，改变了网络社会的成员结构，使网络社会的成员除了原有的人、计算机、IT 设备之外，数以亿计的非 IT 机器和设备也要加入进来。因此，M2M 技术可以使图书馆的相关设备增加远程通信的能力，为图书馆的远程应用提供技术基础，可以应用于安全门禁、自动还书、馆藏自动清点、远距离安全检测等日常工作。

3 物联网技术在图书馆智能化中的作用展望

3.1 图书馆的智能化与智慧化

"智能化"（intelligentize）一词来源于人工智能（artificial intelligence）。按人工智能的定义，智能化是指使对象具备灵敏准确的感知功能、正确的思维与判断功能以及行之有效的执行功能而进行的工作。一个智能化系统是由现代通信与信息技术、计算机网络技术、行业技术、智能控制技术汇集而成的针对某一个方面的应用的智能集合[10]。"智慧化"是一个中国词，来源于 IBM 公司 CEO 彭明盛的"智慧地球（smarter planet）"的演讲[11]。"智慧地球"是一种理念，根据彭明盛演讲的说法，其中的智慧是指通过更加透彻的感知、更加广泛的互联互通、从而实现更加深入的智能化。显然智能化和智慧化不是一个概念，智能化是智慧化的初级阶段，智慧化是智能化的延伸和发展。

就图书馆建设和发展来说，图书馆的智能化体现在图书馆建筑的智能化，非数字化和数字化信息资源管理的自动化和网络化，信息服务的自动化及其一定范围内的泛在化，人力及设备资源管理的自动化4个方面。图书馆的智慧化目前只能说是在图书馆智能化基础上通过物联网技术、云计算技术等先进技术达到更深入透彻的感知，更广泛的互联互通（至少应该加入云），信息资源管理和服务更深入的智能化。随着人类科学技术的发展，地球最后究竟会"智慧"到什么程度是难以预见的。但是，实现图书馆的智慧化首先要实现图书馆的智能化这一点是肯定的。如果说新加坡国立图书馆和我国深圳图书馆新馆是智能化图书馆的话，但其尚未达到智慧化图书馆的程度。

3.2 智能图书馆与物联网技术

从宏观角度看智能图书馆与物联网技术的关系，可分为三层：资源层、技术层和服务层。资源层包括图书馆的所有信息资源、机器设备资源和人力资源；技术层也就是感知层，包括 IT 技术、RFID 技术、M2M 技术、办公自动化（OAS）及通信系统（CNS）等一切为智能化图书馆所利用的技术；服务层包括馆内传统的常规服务、利用移动通信技术产生的近距离移动服务和云服务。其宏观架构见图2。

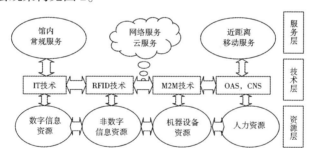

图2　智能图书馆宏观架构与物联网技术的关系

3.3 物联网技术下的图书馆管理

3.3.1　图书期刊管理　智能图书馆图书期刊的采、编、藏、流通的管理将发生质的改变。首先，图书馆采访人员利用互联网了解出版信息，根据需要订购，由图书供应商将 RFID 标签置入，并利用现代物流系统运送到馆，由自动分拣系统或单独的图书期刊验收系统验收。其次，由馆内编目人员检查标签信息，加入需要加入的馆藏信息，并将数据导入相应的数据库，再利用图书自动分拣系统分拣上架；智能书架能自动将上架图书信息加入到书架上 M2M 嵌入式硬件中信息存储系统，并更改相应管理中心的书架存书数据。这时图书进入了流通系统，读者可在网上检索图书信息，根据需要借阅并到期归还。这一过程需要的设备，除网络设备以外，有图书验收系统（如果图书自动分拣系统没有验收功能）、智能书架、图书自动分拣系统、自动书架架位导航系统、自助借、还书机、自动图书清点仪器等。目前国内已有较多生产厂商生产大部分所用设备，以后估计会有更多的相关产品问世。

3.3.2　数字化资源管理　智能化图书馆既是图书馆也是信息网络中心，利用了物联网技术的智能图书馆内的一切，包括在馆内的读者和图书馆工作人员在内，都将以数据的形式出现在网络中。图书馆网络中心也将是互联网、移动互联网、机器设备传感网的充分融合。当图书馆网络中心接入云端以后，这些资源也会以数据的形式出现在云中。图书馆的信息资源有图书期刊资源、各种数据库资源、机器设备信息资源、楼宇自动化方面的信息资源、人力资源信息及其他服务信息资源。因此，信息资源的分级也就势在必行，哪些资源可以出现在互联网和移动互联网，哪些资源可以出现在云中，哪些资源属于个人和馆内隐私需要保密，都要泾渭分明并分别保存联网。这样，一方面保障了馆内信息资源的安全，另一方面也避免了在网上产生更多的"垃圾"信息。

3.3.3　读者定位与服务　有了物联网相关技术，读者持图书馆的相关证件一旦进入图书馆，就可以依靠图书馆的设备资源自行查询、检索、借书、还书，也可以利用手中所持的移动通信设备在任何时候、任何地点接受图书馆的各种服务。管理方依靠相关设备，如自助办证机、自动计费机、RFID 技术或 M2M 技术的智能书桌等，就可以方便地进行读者统计、读者定位，甚至进行读者行为分析与监控。

3.3.4　安全管理　智能图书馆的安全管理分为物理安全和数据安全两大部分。物理安全由楼宇管理系统（BMS）控制并纳入图书馆的信息管理中心，包括利用 RFID 技术或 M2M 技术的消防自动报警和联动灭火系统、空调及通风监控系统、变配电及备用应急电站管理等供电监控系统、保安闭路电视监视系统等子系统，对图书馆建筑物内的环境进行有效监控，一旦发生不正常情况能有效地防止和处理各种突发事件。数据安全一是保障信息管理系统硬件的安全，二是保障网络系统软件的安全，随着世界网络安全技术水平的提高，智能图书馆的数据安全问题将会得到妥善解决。

4　结　语

图书馆有了物联网技术的支撑，将是馆舍智能化、信息即时化、管理自动化，服务人性化的智能化图书馆。她将为人类文明的传承、科技的发展产生不可估量的作用。但是，也应该看到，很多技术的应用还处在初期阶段，离成熟应用还相差甚远，还有很多技术标准不能统一，还有图书馆功能转换、人才、成本经费等一系列的问题需要图书馆面对和解决。因此，现代图书馆要成为智能化图书馆还有很长的一段路要走。

参考文献：

［1］ 王保云. 物联网技术研究综述 ［J］. 电子测量与仪器学报，2009，23（12）：1-7.

［2］ 孙其博，刘杰，黎羴，等. 物联网：概念、架构与关键技术研究综述 ［J］. 北京邮电大学学报，2010，（3）：1-9.

［3］ 刘云浩. 物联网导论 ［M］. 北京：科学出版社，2010.

［4］ 董晓霞，龚向阳，张若林，等. 智慧图书馆的定义、设计以及实现 ［J］. 现代图书情报技术，2011，（2）：76-80.

［5］ 董晓霞，龚向阳，张若林，等. 基于物联网的智能图书馆设计与实现 ［J］. 图书馆杂志，2011，（3）：65-68.

［6］ 温家宝. 2010 年政府工作报告 ［EB/OL］. ［2010-05-12］. http：／／www. gov. cn／2010lh／content_ 1555767. htm.

［7］ 田野. 射频识别定位技术研究 ［D］. 贵阳：贵州大学，2008：1-91.

［8］ 滕鹏岐. RFID 技术及在图书管理中的应用 ［J］. 继续教育研究，2008，（9）：126-127.

［9］ 中国电信 M2M 平台开通 ［EB/OL］. ［2012-10-20］. http：//www. 5lian. cn/html/2012/chanye_ 0213/30657. html.

［10］ 智能化系统 ［EB/OL］. ［2012-11-02］. http：//baike. baidu. com/view/2234626. htm.

［11］ 智慧的地球 ［EB/OL］. ［2012-11-02］. http：//baike. baidu. com/view/2100683. htm.

作者简介

徐军玲，上海电机学院图书馆副研究馆员，E-mail：xjlcn@ 163. com。

基于物联网技术的图书馆智能型
一体化节能系统建设初探

1 引　言

21 世纪将是能源匮乏、环境风险全球化的时代，全球的环境问题和能源危机正在引起人们越来越多的关注。我国"十二五"规划中将建设资源节约型、环境友好型社会作为加快转变经济发展方式的重要着力点，同时制定了"十二五"节能减排综合性工作方案和节能目标："十二五"时期，我国单位国内生产总值能耗将在"十一五"降低 19.06% 的基础上再降低 16%；同时，该方案指出，要加强公共机构节能减排，深入开展节能减排全民行动，抓好家庭社区、青少年、企业、学校、军营、农村、政府机构、科技、科普和媒体等 10 个节能减排专项行动[1]。

作为 10 个节能减排专项行动之一的学校节能减排工作，已为各个学校所高度重视，图书馆作为学校的能耗大户，在节能减排方面具有义不容辞的责任。同时，学校图书馆面向学生开放，通过图书馆的节能减排在节约成本、降低运营费用的同时，可以向学生传播节能环保的理念，并通过学生将这一理念带入以后的工作和生活中，有利于在全社会范围内形成环保节能的良好风气。因此，学校图书馆的节能减排具有十分重要的教育意义。各高校图书馆在节能减排方面也纷纷展开探索和实践。

2　图书馆节能减排的研究现状

截至 2012 年 7 月，在 CNKI 中以"篇名"为检索项，以"图书馆"为检索词进行初级检索，再在结果中以"节能"、"减排"为检索词进行二次检索，共检索到相关文献 77 篇，去重后共计有 71 篇研究文献。经过初步分析，这些研究主要集中在现状研究[2-5]、方法措施研究[6-10]、案例分析与经验介绍[11-14]等方面。这些研究多是从图书馆整体角度出发对节能减排进行研究，涵盖了图书馆建筑结构设计[15]、建筑材料选择、照明系统、空调系统、用水系统、办公电气设备等各个方面，也有专门针对照明系统[16-19]和空调系统[20-22]的节能减排进行的研究。通过对这些文献的深入分析发现，许多文献中都强调了新材料、新技术的应用，如使用真空保温玻璃、LED节能灯具等新材料，使用智能照明系统[18]、室内环境温湿度监测与节能系统[23]等新技术，不过这些节能新技术之间是相互独立的，且现有的研究和应用实例还不够全面，没有形成一个一体化的节能系统和管理平台。

本研究以图书馆阅览室为研究和实施单位，探索并设计一个图书馆智能型一体化的节能系统，该系统利用物联网技术，构建一个室内环境监测系统，通过将环境监测信息与门禁系统、照明系统、空调系统、新风系统、远程抄表系统的集成整合，对室内环境进行控制和调节，并通过监控中心实现对各子系统运行情况的统一监控

3 图书馆智能型一体化节能系统的结构与功能

本系统利用射频识别（RFID）、红外感应器等物联网技术，通过在书架、阅览桌、门禁等固件加装感应芯片和感应器，依托无线网络形成了一个室内环境监测系统，利用该系统获取并发布室内环境参数和读者信息，并将获取的信息与灯控系统、温控系统、新风系统、门禁控制系统进行集成整合（包括Web、移动终端的引入），实现对阅览室内照明、空调的一体化智能控制，达到了阅览室节能减排的目的。

智能型一体化节能系统由三个层次共六个部分构成，包括环境监测系统、智能照明控制系统、智能温控系统、新风系统和远程抄表系统和监控中心，该系统利用环境监测系统采集室内各项环境参数信息，并将采集到的各项数据反映给对应的各个子系统，各子系统将获取的数据包括门禁系统传来的数据相整合，并与系统预设参数相对照，从而开启相应的调节功能。同时，监控中心可以对各子系统的运行情况实时监控，当某一子系统出现运行故障时，还可以由监控中心直接调控，从而实现了室内环境的一体化管理和控制，其总体框架结构见图1。

4 智能型一体化节能系统的相关技术及其应用

4.1 环境监测系统

环境监测系统主要是通过采集安装在阅览室内不同部位传感器的信号，实现对阅览室环境的监测管理功能。该系统包括光照强度检测模块、红外人体检测模块、温湿度检测模块、空气质量检测模块4个部分，各模块主要通过分布在室内不同区域的照度传感器、人体红外传感器、温湿度传感器、空

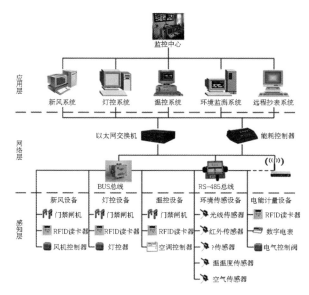

图 1　智能型一体化节能系统总体结构示意

气质量检测仪分别对各区域的照度、人员密度、温度、湿度和有害气体浓度进行检测，并将获取的各项环境参数发往服务器上相对应的照明控制系统、温控系统和新风系统，为其进行室内环境调控提供数据，并通过大型显示屏发布室内环境参数信息，便于读者及时了解室内环境情况，同时也便于管理人员及时发现问题，进行管理和调控，显示屏显示信息如图 2 所示：

4.2　智能照明控制系统

上海第二工业大学图书馆（以下简称"我馆"）阅览室为借阅合一的综合阅览室，室内照明光源全部采用第三代 LED 节能灯，针对阅览室的不同功能分区，采取了不同的照明控制策略：在阅览座位区域通过刷卡取电的方式进行照明控制，在书架区域采取红外传感器进行感应取电，而室内背景灯则利用光照传感器和红外传感器进行智能控制。

4.2.1　阅览座位区域　通过安装在阅览桌上的刷卡取电装置，控制桌面灯光的开启，当读者将校园卡放在阅览桌读卡器上刷卡时，阅览桌上的台灯自动开启，同时给相应的插座供电，当读者离开拿走校园卡时，台灯将自动熄灭，对应的插座将自动断电。

4.2.2　书架区域　通过安装在书架上的红外传感器获取读者动作信息，当读者进入某书架区域时，红外传感器将检测到移动的人体，随即自动开启

210

图 2   大型显示屏显示信息截图

安装在该区域书架顶端的 LED 节能灯,当读者离开该区域时,书架灯将会自动延时关闭。

4.2.3   室内背景灯   照明控制系统通过接收环境监测系统发来的室内不同区域的光照强度和人员密度信息,并将信息与系统阈值相对照,当区域光照强度低于设定值或读者数量高于设定值时,灯控系统则发出开启指令,开启该区域的照明灯,当区域光照强度高于设定值或人数低于设定值时,灯控系统则发出延时关闭的指令,关闭该区域的照明灯。

智能灯控系统的功能结构如图 3 所示:

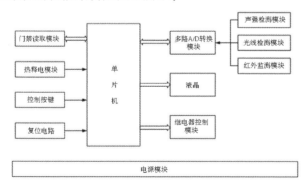

图 3   智能灯控系统框架示意

4.3　智能温控系统

针对阅览室普遍采用的分体式空调，温控系统通过在空调上加装空调节能控制器来实现对空调系统的控制。温控系统接收并分析环境监测系统定时传来的室内温度、湿度信息，根据系统预先设定的温度、湿度阈值向空调节能控制器发送指令，开启空调相应的制冷、制热或除湿功能，从而达到控制室内温度、湿度的效果。如我馆温控系统阈值设置为10℃～25℃不启动，当室内温度小于10℃或大于25℃时，空调将自动开启制热或制冷功能，其具体框架结构如图4所示：

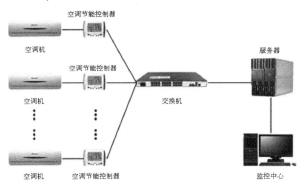

图4　智能温控系统框架示意

4.4　新风系统

新风系统接收来自环境监测系统的空气质量数据，并将接收数据与系统阈值进行综合对比分析。在正常工作模式下，新风系统处于低能耗使用状态，主要完成空气流通功能；在空气质量有毒或有害气体浓度超过系统设定阈值时则启动应急机制，包括实现大功率新风输送以及开启部分氧气供给功能等。同时，不同于传统的新风交换模式直接采用室外新鲜空气作为气体源，本系统采用双向换气式新风系统，在源空气进入室内前通过高导热效率材料进行热交换，将室内欲排出的空气与室外新鲜空气进行气体热交换，一定程度上降低了进入室内的新鲜空气与原室内空气的温度差，从而降低了空调的使用频率，实现了节能减排的目标，新风系统结构如图5所示：

4.5　远程抄表系统

节能减排，计量先行。远程抄表系统通过星型-纵线型-无线型构成的三

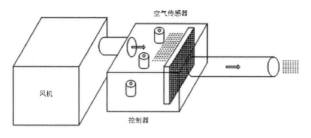

图 5　智能新风系统框架示意

重网络结构完成远程抄表任务。首先通过星形网使连接在各用电网络上的 n 个电表与一个数据采集器连接，再通过纵线网络将 m 个数据采集器与无线数据终端相连，通过无线数据终端将采集到的数据发报给抄表专用电台，从而实现了远程抄表功能，具体框架结构如图 6 所示：

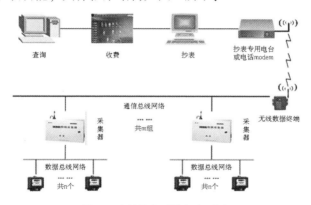

图 6　远程抄表系统框架示意

通过远程抄表系统可以方便、快捷、可靠地实现对阅览室内各用电设备耗电量的抄读，还可根据需要进行每月一次、每日一次或每日数次的指定周期性抄读，自动保存历史数据。此外，该系统还可对抄收到的电表数据进行统计、计费、双地址储存，并形成详细的用电档案，以便管理人员进行用电量查询，并为后续的能耗分析提供数据依据。

根据获取的能耗数据，将使用节能系统后阅览室 1~8 月的能耗情况与去年同期的能耗数据进行比对，具体情况见图 7。从能耗对比图可以看出，使用节能系统后，可以在原能耗基础上平均降低约 14% 的能耗。

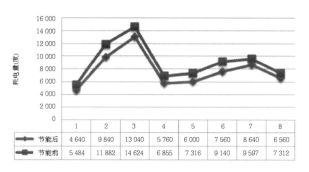

	1	2	3	4	5	6	7	8
节能后	4 640	9 840	13 040	5 760	6 000	7 560	8 640	6 560
节能前	5 484	11 882	14 624	6 855	7 316	9 140	9 597	7 312

图7　2012年1–8月阅览室能耗对比

4.6　监控中心

监控中心负责对智能型一体化节能系统各个子系统的运行情况进行实时监控、查询，并可直接对各子系统进行调节和控制，当某一子系统运行出现故障时，还可以由监控中心进行统一控制。此外，监控中心还具有与我馆信息发布系统数据同步交互的功能，将监测到的数据实时动态地发送到室内各个电子显示屏上，在便于读者及时了解室内环境情况的同时，也便于管理人员及时发现问题。

5　效果与展望

经过2011年最后2个月的试运行，智能型一体化节能系统运行效果良好，并于2012年1月正式运行至今，取得了良好的节能减排效果及建设经验。

在一年来的工作成效统计过程中，有以下数据可以充分说明智能型一体化系统在节能环保方面的突出表现。

以2012年9月–12月在某一阅览室1 000人次的阅览量作为依据，经统计自习2小时以上的为662人，自习2小时以下的为338人。在不采用智能型系统的情况下，超过15%的同学忽略离开座位关闭阅览灯的操作，工作人员代为关灯或者其他读者使用该灯的时间间隔分别为15分钟和5分钟，由此一个阅览室一天当中由于疏忽或短暂离开阅览室造成的LED损耗就达到28.16小时。使用该系统后，按照每度电0.6元的价格，5个阅览室每年节约电力成本为3 0835.2元。

在智能型一体化系统中的节能优势在书架区域以及公共照明区域的照明管理中体现得更为明显。通常每个LED灯理论上平均使用寿命为10万小时，

214

实际使用寿命 3 万小时左右。经统计，每个书架独立照明 LED 灯实际每天使用时间为 1.5 小时，过去每个书架等采用闭合式开关，每天造成的浪费时间超过 12 小时，接近 90%的时间是处于闲置状态，也就是说本可以使用 63 年的 LED 灯，实际使用寿命仅为 7 年。

目前，我馆正将该系统逐步扩展运用到全馆的节能减排当中，以期为学校的节能降耗做出更大的贡献。

参考文献：

[1] 国务院."十二五"节能减排综合性工作方案 [OL]. [2013-08-31]. http：//www. cqvip. com/QK/92907X/201105/39665085. html.

[2] 黎震. 图书馆节能减排现状调查与对策分析 [J]. 图书馆建设，2010，(12)：8-12.

[3] 徐敏. 绿色环保图书馆研究综述 [J]. 新世纪图书馆，2011，(2)：76-79.

[4] 王丽华，喻力明."节能环保与公共图书馆"研究文献的统计分析 [J]. 贵州学刊，2011，(2)：14-16.

[5] 劳继勇. 对图书馆节能的分析与思考 [J]. 科技情报开发与经济，2010，(16)：116-118.

[6] 唐玲. 党校图书馆的节能与环保 [J]. 经营管理者，2010，(24)：141.

[7] 伍茂戎，周屈. 低碳经济背景下高校图书馆节能减排措施初探 [J]. 农业网络信息，2010，(7)：142-145.

[8] 杨应全，郑辉昌，何勇. 浅谈高校图书馆节能管理 [J]. 科技情报开发与经济，2009，(17)：52-54.

[9] 王晖，江文芬. 试论节能型高校图书馆的建设 [J]. 内蒙古科技与经济，2009，(5)：148-149.

[10] 潘向泷. 关于图书馆建筑节能的研究与实践 [J]. 图书馆论坛，2007，(3)：147-149.

[11] 张娜. 浅谈高校图书馆的节能减排——以南京特殊教育职业技术学院为例 [J]. 科技情报开发与经济，2001，(4)：97-99.

[12] 才波，庄青. 大学图书馆建筑节能探析——以宁夏大学图书馆为例 [J]. 图书馆理论与实践，2011，(3)：80-81，112.

[13] 李红岩. 节能减排：践行图书馆"环保"责任——以郑州市图书馆新馆建设为例 [J]. 图书馆建设，2010，(12)：3-5.

[14] 张耀东. 日本福冈市综合图书馆的节能目标和能效措施 [J]. 电力需求侧管理，2008，(4)：68-69.

[15] 苗海强，乔景顺. 图书馆建筑节能设计探讨 [J]. 天中学刊，2011，(5)：38-39.

[16] 庄青. 图书馆照明节能的技术与手段 [J]. 图书馆理论与实践，2010，(6)：94-96.

[17]　洪伟. 杭州图书馆新馆照明的节能设计 [J]. 电气应用, 2009, (15): 54-57.

[18]　王幸强. 南京图书馆照明控制节能设计 [J]. 电气时代, 2008, (1): 74-75.

[19]　汪鲁才, 戴瑜兴. 学校图书馆节能照明系统设计 [J]. 照明工程学报, 2001, (1): 48-50.

[20]　潘向泷. 关于图书馆中央空调系统的节能探讨 [J]. 图书馆论坛, 2008, (4): 141-144.

[21]　戈海燕. 空调节能技术在上海某区图书馆设计中的应用 [J]. 制冷空调与电力, 2007, (6): 51-53.

[22]　邓子龙. 珠海市公共图书馆中央空调主机选型节能设计思考 [J]. 制冷, 2005, (S1): 112-113.

[23]　NI 携手上海交通大学新图书馆构建环境监测与节能系统 [J]. 电子测试, 2012, (1): 95-96.

作者简介

常峥斌, 上海第二工业大学图书馆副研究馆员, 副馆长, E-mail: zbchang@sspu.edu.cn; 郑爱芳, 上海第二工业大学图书馆助理研究员, 办公室主任; 张荣鉴, 上海第二工业大学网络中心工程师, 部主任; 马宁, 上海第二工业大学图书馆助理馆员, 副部主任。

智能搜索引擎关键技术及应用研究[*]

1 引言

技术创新服务平台的建设需要智能搜索引擎技术，虽然现阶段在互联网领域搜索引擎众多，但都是大而全，不是小而精，适用虽然广泛，但针对性不强，很难提供个性化的、精准的搜索结果。技术创新服务平台上对搜索引擎的要求，与大众的搜索引擎的需求还是不同的，处理的对象主要是专业领域的文本，重点在于解决自动语义标注的问题。面对数字资源的有效组织，笔者提出面向知识密集型片段的文本特征获取和面向网络的文本内容获取总体框架和技术，以有效地从结构化的领域专业文本和网络中的非结构化文本中提取出所需要的知识片段[1-2]。但是，虽然通过文献［1-2］中所介绍的技术方法提取出的文本片段能够反映文本知识的领域特征（面向知识密集型文本的特征获取）和反映最新的描述专业领域知识的情况（面向网络的文本内容获取技术），对知识的描述粒度却过于粗糙，没有对领域文本的内容进行精细的加工处理，对于知识内容的表现形式也过于简单，没有反映文本片段语义信息[3-4]。

为了达到对数字资源进行内容层面理解的目的，需要利用自然语言处理技术对文本片段语料进行深入加工，实施对数字资源的内容语义化，从而支持智能搜索引擎服务。数字资源的内容语义化依赖于组织语义化，即实际上利用自然语言处理相关技术将数字资源标注成语义标签的形式，达到对资源进行内容语义化的目的[5-7]。

2 问题定义

语义标注是对一组文档资源进行组织语义化的过程，是利用一个语义概念资源对数字资源上的文本片段进行标引，根据概念实体出现频次、位置和关系等因素抽取一组语义概念集合用以表现该文本片段的内容语义。语义标注的性能主要依赖于概念知识库知识是否完备和标注算法的性能是否优良。

＊ 本文系"十二五"国家科技支撑计划项目"技术创新服务平台关键技术与应用示范"（项目编号：2011BAH30B00）研究成果之一。

问题定义：依据一组语义概念资源，$S = \{P \rightarrow Q; P \in$ 语义概念集合，$Q \in$ 语义概念之间的关系$\}$，对文本片段 $T = \{D_1, D_2, D_3, \cdots, D_n\}$ 进行语义标注，得到用以表现文本片段内容的一组语义索引 $R = \{P \rightarrow T; P \in$ 语义概念集合，T 为被标注的文档$\}$。

3 技术框架与思路

3.1 技术总体框架

语义标注所利用的资源是领域的本体知识库，本体知识库中提供了概念之间网状结构的关联关系，而标注的对象是结构化半结构化的领域文本或者无结构的网络文本。通过对这些语料的初步预处理和加工，将文本切分成不同大小的领域文本片段，利用本体知识库中提供的本体知识关系，对切分后的文本资源进行标注，标注后构成的资源作为语义索引，语义索引结构为本体中出现的概念，索引到的内容就是标注的领域资源，语义标注总体框架如图 1 所示：

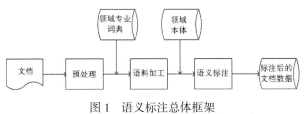

图 1　语义标注总体框架

3.2 具体标注思路

语义标注的基本思路是不按照整篇文档的内容对资源进行索引，一方面是因为整篇文档对于概念的描述过于宽泛，涉及概念的很多方面；另一方面，整篇文档的语义内容可能涉及多个概念，不容易将其概括到基本的语义内容上。本文按照段落和句子两个维度进行语义标注，对段落进行标注时注重整段内容语义的索引，对句子进行标注时主要注重相关概念的提取。

在对数字资源进行标注时，首先要考虑数字资料的来源，一般来说，领域文档的来源大部分来自经过人工校对过的领域文本，这些文本有着结构化半结构化的特征，标注的信息比较准确；另一部分数字资源来自网络领域文本，这部分资源的结构特征并不明显，标注的语料一般作为参考。然后，对数字资源进行语料加工和处理，形成用以标注的语料。在标注时，使用文本

218

向量空间模型（VSM）作为领域语料分析的基本模型，其中文档片段中的相关概念和概念的属性会被赋予较高的标注权重。标注后的规模领域语料形成语义索引结构，索引的键是领域概念及概念的属性，索引的值是领域文档的位置、文档的内容、文档的语义信息。语义标注一般是一个离线计算的过程，标注后应将领域文本的索引结构以一定的形式保存起来，以供知识检索。

4 语义标注流程及算法

4.1 领域标注语料准备

领域语料的来源主要分为知识密集型文本片段和网络领域文本。其中，知识密集型文本片段在组织上呈现结构化半结构化的特征，内容上对于知识的表述比较专业和规范，对领域内的知识内容阐述准确、全面。知识密集型文本片段的行文组织和内容阐述是有紧密关联的。文档结构的特征，如分段、标题、行文结构顺序等都和知识的本质表述，如概念之间的包含关系、概念之间的分类关系和概念之间的内在联系等有着对应的关系。对于网络领域文本而言，在结构组织上可能比较集中或稀疏，内容上对于知识的表述或者过于集中，未对知识作整体描述；或者过于概括，对于知识的描述并不准确和规范。其结构上的特征也会反映出对于知识内容描述的结构，比如，在一个领域对于某个概念集中的段落描述，反映的是对这个概念的深入表述，并不侧重于对全面知识结构的把握。两种来源的文本资料结构上各有特点，在内容描述上也是根据结构的不同而有所侧重。

知识密集型文本片段的来源主要是领域内的专业内容文本。常见的文本来源是领域知识教材、专业文献、学术论文等。

网络领域文本的主要来源是网络上与领域内容相关的文本资源。常见的文本来源有领域专业网站、领域知识综合性数据库等。

4.2 领域标注语料加工

语义标注的文本粒度是按照段落、句子划分的，因此，要对领域文档作切分处理，形成对应的段落和句子结构。切分段落的依据是段首的空格、段尾的空白和段与段之间的空行。切分成段落后，以汉字 GBK 编码中半角或全角格式的句号作为分隔符，将段落切分成句子。

对领域标注语料的加工需要针对领域文本所定制的一些工具，常见的资源有《领域专业概念词典》、《领域专业切分词典》和领域本体知识库等。对于文本资源，首先通过《领域专业切分词典》对语料内容进行切词和词性标注。依据各个领域的不同需求，制定领域内的停用词表，对切分、标注后的文本做过滤停用词等相关处理。

4.3 语义标注算法

经过初步加工后的领域语料，已经形成了段落、句子两个级别的文本片段。语义标注需要运用领域本体知识库中的相关资源，实现文本片段内容的语义化标注。

定义：对于一篇领域文档片段 D，按照文本向量空间模型，将 D 切分成词的组合 $D = \{w_1, w_2, w_3, \cdots, w_n\}$，其中这组词是已经经过《领域专业词典》切分过的，并且过滤了停用词，对于领域本体知识库 $S = \{P \rightarrow Q; P \in$ 语义概念集合，$Q \in$ 语义概念之间的关系$\}$，最后标注的结果是文档 D 的语义 $T = \{w_i, w_j; w_i \in P \times D, w_j \in Q \times D\}$。语义标注算法是试图分析领域文本片段所表现的语义，在标注过程中，主要参考的是领域概念实体或概念实体属性在文本片段中的共现，描述相关概念的文本片段一般会在文本中出现该概念相关的内容，而这部分内容是描述概念和概念的属性，所以会出现与概念和概念的属性相关的词汇。

语义标注算法同时也使用了领域本体知识库的领域数据进行标注，主要将领域本体中概念的属性 2 作为判断段落语义相关程度的因素。以铝行业本体库为例，多功能天车是一个概念，它拥有一些属性，其中包括结构 1 和结构 2。这两个属性中都有属性值，结构 1 的属性值是领域文本中对多功能天车结构的专业描述，结构 2 的属性值是对结构 1 的属性值进行切分后，自动选出与该属性最相关、且被包含在本体词表中的词语。

具体的标注特征规则如下：

- 如果领域文本片段中出现概念实体，则相较于未出现该概念实体的文本片段，该段文本与该概念实体更相关。
- 如果领域文本片段中出现概念实体，则文本片段中出现的概念实体次数越多，该段文本与该概念实体越相关。
- 如果领域文本片段中出现概念实体及其属性，则该文本片段与未出现属性的文本片段相比，更加全面地表述概念实体。
- 如果领域文本片段中出现概念实体，并且出现概念实体的属性更多，则该文本片段与出现属性比较少的文本片段相比，更加全面地表述概念实体。
- 如果领域文本片段中出现概念实体及其属性，则概念实体和概念实体属性出现的文本距离较近的文本片段，比文本距离较远的概念实体更能较为准确地表现实体。

- 如果领域文本片段中出现了多个概念实体及其属性，则概念实体本身及其属性出现次数较多的概念实体，则更能表达该段文本的语义。
- 如果领域文本片段中出现了概念实体，则文本片段中出现的概念实体的属性2的次数越多，覆盖越全，该文本片段与该概念实体越相关。

语义标注算法如下：

```
List<String> word_ list = cut_ words（text_ paragraph）；
    for（String word：word_ list）｛
        for（String class：ontology_ classes）｛
            if（class. equals（word）)｛ semantic_ set. add（class）；
            for（String property：class. getProperty（ ）)｛
                if（property. equals（word）)｛
                    semantic_ set. add（property）；
                ｝
            ｝
        ｝
    ｝
｝

semantic_ set. add（property2）；
int distance = computeSemanticDistance（semantic_ set）；
double score = computeIndexScore（semantic_ set，distance）；
saveSemanticIndex（text_ paragraph，semantic_ set，score）；
```

在针对段落的标注过程中，可能有领域文本片段出现多个概念实体的情况，在语义标注的过程中，也将该段文本标注为不同概念实体索引到的文本片段。但是，也会根据前面的标注规则，将特征更为明显的语义赋予更高的权重，这样，一份文本片段也可能被多个语义概念所索引。

语义索引中对于文档的语义索引分数计算方式如下：

$$A = \frac{class\_ count}{word\_ count}, \ B = \frac{property\_ count}{word\_ count}$$

$$C = \log\left(\frac{paragraph\_ dis}{semantic\_ dis}\right), \ D = \frac{occur\_ property2\_ count}{property2\_ count}$$

$$SemanticScore = \alpha \cdot A + \beta \cdot B + \delta \cdot C + \gamma \cdot D$$

其中，*word_ count* 是标注文档中词的个数，*class_ count* 是标注文档中出现的实体的个数，*property_ count* 是文档中出现的属性的个数，*paragraph_ dis* 是标注文档的距离（以词为单位），*semantic_ dis* 是标注文档中最近的语义关键词的距离，*property2_ count* 是该属性的属性2的词数，*occur_ property2_* *count* 是出现的属性 2 的词数。因而，*SemanticScore* 的计算参考了类名、属性名、类和属性距离、属性 2 这 4 种因素，其中 α，β，δ，γ 是权重因子。

同时，对文本进行语义索引时，利用本体概念属性词表，通过循环查找词表提取关键词，按提取的关键词从倒排索引中提取文本集合，获得文本集合并计算文本的语义分数。然后通过信息检索的向量空间模型和布尔模型计算的得分进行加权计算，得出综合分数来对倒排索引中的文件进行排名，并存储至索引库中供用户进行检索。

$$score\left(q,\,d\right)=coord\left(q,\,d\right)\times queryNorm\left(q\right)\times\sum_{tinq}\left(tf\left(tind\right)\times idf\left(t\right)^{2}\times t.getBoost\left(\ \right)\times norm\left(t,\,d\right)\ \right)^{[8]}$$

t：即 term，是指包含域信息的 term；

coord（*q*，*d*）：一次搜索可能包含多个搜索词，一篇文档中也可能包含多个搜索词，若一篇文档中包含的搜索词越多，则此文档打分越高；

queryNorm（*q*）：计算每个查询条目的方差和，此值并不影响排序，而仅仅使得不同的 query 之间的分数可以比较。

4.4　语义标注结果

语义标注的结果是形成领域的语义索引，语义索引主要保存了一个文档文本片段的 3 个主要信息：①文本粒度，分成层次级别（篇章、段落、句子）；②文本片段的内容；③文本片段的语义。

当通过语义标注算法标注过一篇文档之后，根据标注出的对应实体对应属性，向对应的标注索引文件中添加文档的记录，由于文档是经过分段处理后进行标注的，所以，实验中实际存储的是标注文档的对应位置及段落。同时，也要存储根据算法得到的对应文档对应于该本体属性的语义索引分数值。

这样，在具体的数据结构表示上，保存为一个倒排表，这个表的键为概念语义，表的值为这些索引的相关文档片段以及这组相关文档片段的语义索引分数值，文档的分数越高，表明其与该实体属性的语义越相关。

5　结果分析与应用

实验将针对语义标注的性能和结果作分析，一方面，利用领域本体标注领域语料，使用铝行业本体去标注铝行业领域文档，并且对结果作了评价，排序质量较搜索引擎有所提高。另一方面，利用标注后的语料更新领域本体，对标注后的语料进行加工处理后，生成了新的属性 2，可以填充和丰富本体，达到进化本体的目的；同时，利用本体中的概念及其属性描述，在自动撰写方面开展了应用。

5.1 利用领域本体标注领域语料

通过搜狗搜索引擎检索铝行业领域的特定检索词，利用返回的前 10 页结果作为铝行业领域的领域标注语料。检索词由两部分组成：第一部分是领域概念实体的名称，第二部分是该领域概念实体的属性，如图 2 所示：

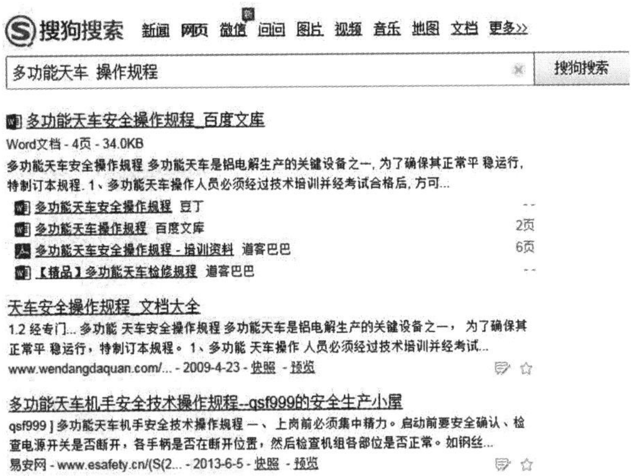

图 2　领域语料来源示例

利用现有的铝行业本体资源，分析语料内容语义之间的关系，对语料进行语义标注。针对铝行业文本资源的特点，通过分析研究和计算，将语义索引分数中的几个权重设置为 $\alpha=1$，$\beta=1$，$\delta=0.7$，$\gamma=1.5$。

通过对搜狗搜索引擎返回的结果文档进行标注，按照计算好的语义索引分数进行排序，得到关于该实体属性的一组排好序的领域文档片段集合。人工整理语料中文档语义内容与语义检索词的关联程度，按照语义相关性进行排序后，得到一组排序好的与语义检索词相关的领域文档。然后根据人工整理的语义文档顺序，分别计算搜狗搜索引擎返回的文档顺序和语义标注算法的文档顺序的逆序数，实验结果见表 1（逆序数越小越好）。

表 1　搜狗搜索引擎与智能搜索引擎逆序数对比

多功能天车	搜狗搜索引擎	语义标注算法
技术原理	43	33
维护保养	13	8

多功能天车	搜狗搜索引擎	语义标注算法
操作规程	39	18
设备故障	78	23
检修规程	63	20
设备结构	45	25
平均值	46.83	21.16

可以看到，语义标注算法将搜狗引擎与人工排序的结果的逆序数降低了55%，可以较好地提升语义相关文档的排序。其中主要原因是语义标注算法考虑了文档内容与语义之间的关联，利用领域本体库中语义实体属性2的值，可以有效地统计片段对于实体属性2的覆盖程度，同时也考虑了语义实体、属性共现和距离等因素。

5.2 利用标注后领域语料更新领域本体

通过领域本体库进行语料标注之后，得到了语义索引，即一组与实体的属性语义相关的经标注后的领域文档，按照语义索引的分数，将最能够表现领域实体属性语义的文档片段进行切分标注，即可得到该实体属性的属性2。这一组属性2是通过语义标注学习获得的，可以有效地填充本体，达到本体进化的目的。

在对铝行业领域文档进行标注之前，可以看到平台中有了初始本体属性2的相关数据，这次试验主要使用的是铝行业本体。语义标注前，统计相关的属性2的结果，如表2所示：

表2 语义标注前铝行业本体属性2统计

多功能天车属性	属性2个数
技术原理	3
维护保养	5
操作规程	4
设备故障	7
检修规程	4
设备结构	9

经过上一节实验的语义标注之后，平台会根据语义标注的分数自动选出语义最相关的文档，经过领域专业切分之后，根据属性2所定义的作用范围查看相关的实体，符合要求的被增加到平台的属性2之中，如图3所示：

表3　语义标注后铝行业本体属性2统计

多功能天车属性	属性2个数	新增个数
技术原理	9	6
维护保养	12	7
操作规程	7	3
设备故障	18	11
检修规程	9	5
设备结构	14	5

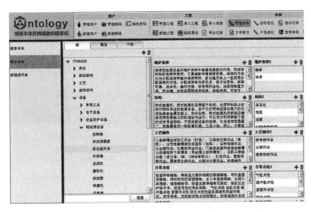

图3　语义标注后铝行业本体属性2示例

语义标注后增加的属性2的统计结果如表3所示：可以看到，经过语义标注后的语料可以更新领域本体库的数据，这样，本体知识库的内容也就得到了进化。更新后的领域本体知识库又可以更好地提升语义标注算法的性能，通过网络获得更多的领域文档。这样，领域本体库的内容和语义标注的语料都得到不断地更新、进化，形成互动，达到一体化的目的。

5.3　自动撰写

根据本体库中概念的属性组织结构来表现本体知识，而本体知识本身的属性内容是一组经过语义标注的表现该属性的领域语料集合，选出最能表现

225

该属性的语料内容作为自动撰写生成页面的内容。利用本体中的概念及其属性描述，将索引库里现有的文件以及结合爬虫抓取专业的结构化语料作为信息来源，利用 TextRank 的打分思路提取摘要，在自动撰写方面开展应用研究。TextRank 的打分思路是从 PageRank 的迭代思想中衍生的[9]。

$$WS\ (V_i)\ =\ (1-d)\ +d\times \sum_{V_j\in In(V_i)}\frac{w_{ji}}{\sum_{V_k\in Out(j)}w_{jk}}WS\ (V_j)$$

等式左边表示一个句子的权重（WS 是 weight_ sum 的缩写），右侧的求和表示每个相邻句子对本句子的贡献程度；求和的分子 w_{ji} 表示两个句子的相似程度，分母又是一个 weight_ sum，而 WS（V_j）代表上次迭代 j 的权重，整个公式是一个迭代的过程。

相似度的计算则采用 BM25 算法计算文件集的相关度矩阵[10]，对 Query 进行语素解析，生成语素 qi；对于每个搜索结果 D，计算每个语素 qi 与 D 的相关性得分；将 qi 相对于 D 的相关性得分进行加权求和，从而得到 Query 与 D 的相关性得分；以本体中概念及其属性为基础，对相关句子进行迭代投票，计算排序后输出并生成自动撰写结果，如图 4 所示：

图 4 自动撰写页面效果

6 结语

本文研究了智能搜索引擎关键技术——语义标注的相关内容，提出了利用结构化语义概念资源或集合对文本进行自动标引的方法。从语义标注的整体框架和思路开始，阐述了建立语义索引的整个流程，评价了智能搜索引擎的检索结果，还阐述了智能搜索引擎的应用，体现了本体库与语义标注语料不断更新、进化、形成互动的过程，为专业领域的语义自动标注及智能搜索引擎的构建提供了有益的参考。目前，笔者只在铝行业相关领域开展了智能搜索引擎的研究及应用，今后，计划在更多的领域及行业开展研究与应用。

参考文献：

［1］ Liu Yao, Sui Zhifang, Zhao Qingliang, et al. On automatic construction of medical ontology concept's description architecture ［J］. International Journal of Innovative Computing, Information and Control, 2012, 8 (5): 3601-3616.

［2］ Liu Yao, Chen Xuefei, Li Sujian, et al. A semantic analyzing method in the field of technological literature ［J］. ICIC Express Letters, 2011, 5 (9): 3225-3230.

［3］ Liu Yao, Zhao Yazhen. Research on ancient literature corpus creation and development of chinese traditional medicine ［J］. ICIC Express Letters, 2009, 3 (4B): 1227-1232.

［4］ Sui Zhifang, Liu Yao, Hu Yongwei. Extracting hyponymy relation between chinese terms based on term types' commonality ［J］. ICIC Express Letters, 2009, 3 (4): 1233-1238.

［5］ Kim H L, Scerri S, Breslin J G, et al. The state of the art in tag ontologies: A semantic model for tagging and folksonomies ［C］//Proceedings of the 2008 International Conference on Dublin Core and Metadata Applications. Berlin: Dublin Core Metadata Initiative, 2008: 128-137.

［6］ Specia L, Motta E. Integrating folksonomies with the Semantic Web ［M］//The Semantic Web: research and applications. Springer Berlin Heidelberg, 2007: 624-639.

［7］ Huang C C, Chuang S L, Chien L F. Using a Web-based categorization approach to generate thematic metadata from texts ［J］. ACM Transactions on Asian Language Information Processing (TALIP), 2004, 3 (3): 190-212.

［8］ McCandless M, Hatcher E, Gospodnetic O. Lucene in action: Covers apache lucene 3.0 ［M］. Connecticut: Manning Publications Co., 2010: 86-89.

［9］ 李鹏, 王斌, 石志伟, 等. Tag-TextRank: 一种基于 Tag 的网页关键词抽取方法 ［J］. 计算机研究与发展, 2012, 49 (11): 2344-2351.

［10］ Pérez-Iglesias J, Pérez-Agüera J R, Fresno V, et al. Integrating the probabilistic models BM25/BM25F into Lucene ［J/OL］. ［2015-02-01］. http://arxiv.org/abs/0911.5046.

作者简介

刘耀（ORCID: 0000-0003-3729-3866），研究员，E-mail: liuy@istic.ac.cn；郑德举，硕士；潘希阳，学士；黄毅，硕士。

作者贡献说明：

刘耀：负责提出语义标注思想、框架及标注流程；

郑德举：负责语义标注算法的代码实现；

潘希阳：负责代码优化及研究应用实现；

黄毅：负责实验的数据、分析及验证。

面向应急决策的智慧城市情报
工程实践与应用*

1　问题的提出

当前，城市公共安全形势日益严峻，各类城市突发事件的频繁发生给城市发展与智慧城市建设带来诸多社会风险与危机。为此，如何快速、准确、有效地对城市突发事件进行预测、干预、评估与恢复尤为重要。智慧应急是伴随智慧城市建设衍生而出的专有术语。智慧应急所倡导的智慧感知、智慧分析与智慧处置为城市突发事件的预防、分析、追踪、处理、决策等方面提供了科学的方法与指导[1]。从信息链的角度来看，数据是智慧应急的基本要素。从应急数据到信息、知识、情报的转换与层递，情报作为面向应急决策层面的主要资源贯穿于智慧应急整个流程之中。因此，强化情报资源在智慧应急中的支持作用至关重要。

从文献检索来看，借力智慧城市建设契机，以应急情报流为线索，从情报活动考察智慧应急是当前城市突发事件应急管理的新方向[2]。学者们强调运用新一代信息技术（如 GIS、通讯技术、物联网技术等）对城市突发事件进行预警、防范、化解和善后等全程规划管理，进而有效促进智慧城市和应急管理信息化建设形成合力[3-5]。故一些研究认为，智慧应急的重点转向为情报信息的互联互通与效率协作，而基于信息协同视角的智慧城市风险感知与智能处置可以起到积极的推动作用[6]。有学者总结，智慧应急实质上是一个综合性的信息系统工程，它的考量因素从纵向上贯穿于各条应急业务线，横向上又连通各业务环节的信息内容[7]。然而，从实践来看，目前的智慧应急信息管理面临着模式僵化的困境，城市职能部门、相关行业之间的信息壁垒、孤岛等现象普遍存在。一方面，由于城市突发事件的特殊性，应急数据的采集、分析、存储与处理面临更大挑战，尤其是面对大量信息偏差与冗余、数

　　* 本文系国家社会科学基金重大项目"智慧城市应急决策情报体系建设研究"（项目编号：13&ZD173）和武汉大学博士研究生自主科研项目（重点）"面向重大事件的智库情报机能研究"（项目编号：2015104010201，受"中央高校基本科研业务费专项资金"资助）研究成果之一。

据敏感与角色复杂、社会图景交织等问题，智慧型应急决策呈现出高度复杂性与不确定性。另一方面，在大数据环境下，传统的应急信息管理模式不再适用，以大数据为依托的突发事件海量数据知识推理与情报分析逐渐成为主流。在此背景下，我们亟须探索新型的智慧应急情报工作理念与思路，实现理论创新与方法创新。

大数据的出现推动了情报学范式的变革，在情报实践探索的新阶段，作为近年来情报学领域关注和探索的一个新兴课题，情报工程思维的出现契合了智慧应急的诸多理念。情报工程是将情报学以及相关学科的原理创造性地应用到情报研究工作所涉及的构成要素中（如数据、分析方法、情报技术），实现情报工作的规范化设计与开发[8]。如前所述，智慧应急强调实时感知、智能分析与快速响应；而情报工程重视情报服务的自动化、协同化与集成化，用于应急分析的情报服务新模式有利于改善复杂多变的应急决策环境。因此，从某种程度上来讲，应急情报工程化是智慧应急的显著特征和重要体现。依托智慧城市的优势，情报工程思维的引入能够将智慧应急提升到一个新的台阶。有鉴于此，本文立足情报学学科特色，拓展和深化情报工程思维在智慧应急中的应用，为我国智慧城市公共安全与应急管理提供借鉴。

2 智慧城市应急情报需求的工程特性

城市是多要素聚合的复杂系统，在智慧城市背景或语境下，城市各单元（个体）相互联合与关联，并通过信息化实现各要素资源利用效率的最大化。换句话说，智慧城市本身就是一个巨大的信息（情报）环境。对城市突发事件而言，情报是城市智慧应急的关键要素[9]，是城市管理者应急决策与处置的重要参考。传统的应急决策情报服务较为孤立、单一与分散，在大数据环境下，应急决策情报需求呈现出新变化，对情报服务的有效性、及时性与协同性等提出了更高的要求，主要表现在以下3点：

2.1 智能性更强

智慧城市建设重视大数据战略，随着社会处理信息方式的变化，过去一次应急数据资源的匮乏不再是智慧应急情报需求的主要方面。尤其是在非常规突发事件发生时，应急决策主体更多依赖应急情报资源的综合分析与智能化处理，其"智能性"表现在城市突发事件情报监测与预警、分析与研判、侦察与反馈等各个阶段或方面。更深层次来说，智慧应急的智能化依赖于智慧城市物联网、云计算、系统仿真等新兴技术的支撑，而基于情报融合策略的综合集成与控制能力又决定了这种应急"智能工程"的水平和程度。

230

2.2　敏捷性更高

城市突发事件演化具有不确定性，为了适应迅速变化的事件态势，提升应急决策效率，必须提高应急情报服务的"敏捷性"，即实现"快速响应"。快速响应主要体现在两个方面：一是有应对各类突发事件的情报支持基础，如应急预案的支撑、知识库的构建等；二是有落实城市智慧应急的情报集成与协同能力，这依赖于柔性的情报组织体系，以便于横向与纵向上的应急情报交流与共享[10]。在此背景下，应急情报工作遵循严密、高速、有效的计划管理，智慧应急的灵活性需要更高，面向决策的智慧应急情报需求呈现出"敏捷工程"特性。

2.3　生态性更优

城市突发事件的发生往往是多重因素长期积累所致，故此，应急情报工作是一项长期性的系统工程，其情报服务的"生态性"也必须更优。从信息生态链视角出发，与智慧应急相关的"生态系统"涉及应急情报资源、情报主体与情报环境（技术、行为等）。城市突发事件应对需要不断与城市应急职能部门、相关应急组织、外界（如城市群协调）交换物质、能量与信息，这就要求城市发展必须建设与智慧应急相关的情报体系[11]，该情报体系兼具系统性（情报互通与集成）与进化性（情报反馈与绩效评估），以实现智慧应急"生态工程"的多层次协调与运用。

3　智慧应急情报工程化运作流程分析

上文阐述了大数据时代智慧应急的情报需求工程特性。实际上，智慧应急情报（服务或研究）工作的根本任务就是要在正确的时间（事前、事中与事后）将正确的信息（应急情报）传给正确的人（应急决策主体、民众等）。情报工程具有典型的"四化"特征：大数据化、自动化、集成化与协同化。相对应，应急情报需求的智能性、敏捷性与生态性新特征，要求我们必须从工程化思维开展应急情报工作，进而服务于政府与社会。就智慧应急而言，这种情报工程化模式仍然遵循"事实数据+工具方法+专家智慧"的基本流程[12]。

3.1　事实数据

如前所述，大数据是提升智慧应急功能的重要前提与基本保障。由于事件演化的复杂性与信息的不全面，城市管理者常常面对的是严峻的决策环境。

如此情境下，应急情报工作不仅仅需要获取那些与城市突发事件直接高度相关的数据资源，还需要关注由突发事件衍生的各类数据与信息，如人际交流、网络舆情等，即用于支持智慧应急的数据资源（事实数据）需要具备大数据特征。一般而言，智慧应急大数据包括静态应急数据资源与动态应急数据资源两大类。静态应急数据资源包括权属单位基础数据（城市地理信息数据等）、历史城市突发事件应对档案资料、城市典型突发事件应急预案与知识库等；动态应急数据资源包括城市突发事件损失评估报告、应急救援队伍与物资数据、新闻媒体事件报道、社会公众网络舆情等。对具体智慧城市而言，智慧应急数据资源的分布具有多样性和复杂性，从情报工程视角出发，应急数据的标准化与集成化依赖于"平时"的调研与积累，即各类应急资源类型、资源组织、价值、可开发程度等需要按照"资源—服务—用户"的模式形成大数据应急体系，最终实现海量、大规模的应急数据深度聚合、互补、组织和应用。

3.2 工具方法

鉴于突发事件的特殊性，应急数据常常具有海量、多源、异构、跨学科等显著特征。尤其是在大数据背景下，应急情报分析与处理的难度愈加增大。"工具方法"的集成应用是智慧应急之"核"，因此，智慧应急依赖于新型数据处理分析工具和方法的集成与创新。近年来，伴随着智慧城市建设的推动，信息技术飞速发展，泛在物联网、云计算、移动互联网、GIS、卫星遥感、决策分析优化等前沿技术有效支撑了城市突发事件的应对与处置，包括突发事件情报监测与预警、应急情报分析与组织以及各城市关键系统的高效协作与协同等。智慧城市强调全面的感知、分析与整合能力，而应急情报需求的智能响应实质上就是依托智慧技术的集成与应用能力。从长远来看，融合多源异构应急数据的泛化模型与关联关系、海量应急信息聚合与分析工具与软件、智慧应急监测与识别分布式系统协同架构等在城市应急管理领域具有广阔的应用前景。总之，在工程化思维下，智慧应急情报服务重视情报工作的标准化、自动化与智能化，因此，与突发事件应急相关的工具与方法将以个别化构件的形式充实整个智慧应急的情报机能，以保障流程化的应急情报研究模式。

3.3 专家智慧

"事实数据"（数据资源）与"工具方法"为智慧应急情报工作的开展奠定了基础，但突发事件的咨询指导、处置建议、事后评估等环节仍须依赖专家智慧。可以说，应急决策的科学性离不开专家智慧的支撑（包括咨询服务与技术支撑），专家咨询团队在突发事件应急群体决策的过程中发挥着至关重要的作用。凭借较深的理论基础和应急实践经验，应急专家对突发事件的处置和应对具有敏锐的洞察能力、专业的分析判断能力与精准的情报决策能力。一般来说，应急专家智慧主要应用于应急方案（常态情况下包括"预案"）的制定、比较与修正[13]，而在具体的应急群体决策需求中，常常会面临两类问题：一方面，在重大突发事件应急活动中，决策任务的不确定性较强，如何选择合适、准确的领域专家非常关键。另一方面，针对某一特定的城市突发事件情景，应急专家意见（特征）也可能存在差异或冲突[14]。因此，在情报工程思维下，应急专家群体智慧的实时参与和协同协作尤为重要，而科学、高效的跨学科应急专家遴选（调度）与意见融合有利于最大限度地发挥专家智慧在智慧应急中的积极作用。

总之，智慧应急情报工程化运作流程的设计与实现，对应急大数据资源、专有方法工具与群体专家智慧都提出了更高的标准与要求。在此背景下，智慧应急的情报收集团队（事实数据）、情报分析团队（工具方法）与情报决策团队（专家智慧）等主体将在同一个应急情报服务平台上协同工作，更有利于发挥情报团队在应急决策中的高效、实质性作用，实现各类情报主体的互动互联、协调统一。

4 推进策略

通过上文分析，笔者认为，情报工程是智慧应急的"脉络线"，情报工程服务是智慧应急的软实力，贯穿于城市突发事件应急管理的整个流程之中。在此背景下，有必要以智慧应急为核心（"主位"），以情报工程为支撑（"述位"），通过情报工程的理论研究与实践探索，实现智慧应急的大发展与推进。

4.1 学科视角：以情报工程学的大发展推进智慧应急

从历史缘起来看，大数据的应用、信息技术的发展以及用户需求的变化推动了情报研究的范式变革与情报工程学科的诞生。然而，现代意义上的情报工程仍然处于起步阶段，也并未真正被学科化。因此，如何通过情报工程知识与方法体系的系统化，将其凝聚成支持公共决策系统的重要学科尤为必要。笔者认为，情报工程是智慧应急的重要推动力，情报工程学也是支撑智慧应急的重要学科。情报工程学具有跨学科与综合性研究的基本取向，与其相关的方法论、工具学科的系统性研究成果有利于促进智慧应急的理论与技术创新。同时，情报工程学是一门实践应用性较强的学科，情报工程化流程要素各环节（事实数据、工具方法与专家智慧）的作用和功能都可为智慧应急实践与发展所服务。例如，情报监测与应急智慧感知（基础资源体系的研究与构建可增强智慧应急的情报保障能力）、情报分析与应急智慧分析（方法工具模块化的实现为智慧分析提供了"技术可能"）、情报解读与应急智慧处置（情报工程学术领军人关联应急专家智慧），等等。总之，情报工程与突发事件智慧应急有着千丝万缕的联系。借鉴新兴领域或方向的做法[15]，可以考虑将情报工程学设置成一门相对较独立的交叉学科，并将智慧应急作为其研究的重要主题领域，既有利于提升情报工程学的学科地位，也有利于夯实智慧型应急管理模式的学科知识基础，推进智慧应急理念与思路创新。

4.2 社会视角：激活智慧应急的社会信号"众包"模式

随着信息网络社会的发展，各类社会信号填充城市社会管理空间。社会信号是关于人在其中的社会系统之信号，是对物理空间（诸如无线传感器等）概念和手段在社会空间的推广[16]。针对特定问题的社会舆情信息（来源于网站、微博、论坛等）常常具备一定的征兆性和预测性。从智慧应急角度出发，笔者认为，应急社会信号乃突发事件在网络社会上的某种映射。以此为基础，以 ACP 思想（"人工社会+计算实验+平行执行"）为核心的平行应急管理[17]与平行情报体系[18]思想在智慧应急中可能起到"中轴"作用。实际上，平行应急管理模式本身就强调网络开源信息与万维社会媒体的内在潜力与应用价值[19]，其理念核心是促使应急管理不再囿于传统的、被动的数据收集和单一的交互干预，而是升级到新型应急虚拟情报空间的培育。

对实时、海量、在线的社会信号的采集、分析与处理，是突发事件应急社会信号转变为社会情报的关键。其理念依托恰恰延伸成以网络社会为支撑的"众包"模式（通过市民、社会组织等积极参与实现"价值"共创）——在社会智能之"自组织"与"他组织"的复杂关系网络中为智慧应急提供情报决策的必要条件和基础。因此，人类情报空间[20]的激活，实际上是对作为认知主体的社会大众对突发事件实践行为的外化形式，而由"众包"模式所形成的社会情报空间的演化、推进与扩展成为智慧应急情报工程的动力与依托。从广义应急情报工程思维来看，社会信号的涌入为大型数据信息服务商提供了"契机"（如搜索引擎、互联网公司等）。例如，雅安地震事件中，百度、360 等互联网公司就利用自身信息网络条件开展应急寻人与平安报送信息服务，有开放震灾寻人数据、支持社会大众在线沟通等。因此，大数据背景下的智慧应急情报工作必须依赖于多部门的协同工作——形成各应急情报组织、社会公众广泛参与的应急信息沟通机制。总之，现今的突发事件应急情报工作转向为关注综合性、复杂性的应急情报空间处理，在网络化、平行化社会，社会信号之激活也依托于社会信号服务之激活，并最终支撑智慧型应急决策。

4.3 政府视角：从战略、示范角度贯彻智慧应急的情报工程实践

目前，国外很多中心城市都开展了与情报工程相关的智慧应急项目。以美国为代表，美国很多城市都建立了以信息主管（CIO）为核心的应急管理信息化制度，重视发挥情报服务在应急决策中的积极作用，为满足应急情报需求与实现各部门应急信息共享奠定坚实后盾。具体案例如波特兰市应急办于2010年开发的基于信息网络的一站式资源系统[21]。我国一些大中城市也开始重视互联网和大数据的发展，尝试将信息化建设融于到各项城市应急管理工作之中。如咸阳市通过整合应急数据资源、通讯资源、地理信息，构建起数据开放与资源共享的应急平台体系，智慧咸阳的"互联网+社会治理"已经成为智慧城市建设的标榜[22]。但总体上来看，当前我国城市发展正处于社会转型期，智慧城市建设的信息服务体系并未完善，而与智慧应急相关的情报工程进展仍然处于初级阶段。政府在城市突发事件应急管理中处于主导地位，从政府应急情报需求来看，政府必须鼓励、扶持大数据技术与情报工程的应用，即需要从战略、示范角度贯彻智慧应急的情报工程实践。笔者认为，可以从以下3个方面进行聚力突破或落实：第一，考虑构建智慧城市情报工程中心，并推动一批与智慧城市公共安全与应急情报服务相关的基础和应用类研究项目；第二，完善应急数据共享机制，打破传统的条块分割的应急情报服务模式，盘活各类应急情报资源，启动"行政指挥"与"应急情报"双引擎。第三，投入建设智慧城市情报工厂（应急资源数据库等）与情报服务平台，并将智慧应急作为其重要模块之一，在此基础上实现各类城市基础数据采集与汇聚、工具方法的集成与开发、应急专家智慧协同与服务。

5 结语

2015年12月20~21日，中央召开城市工作会议，旨在为"城市病"问题开良方。其中，城市安全和应急体系建设滞后问题引起了党和政府的高度重视。为了贯彻《中共中央国务院关于深入推进城市执法体制改革改进城市管理工作的指导意见》中关于"整合信息平台"与"构建智慧城市"的建议，本文从情报学学科的情报工程思维出发，对智慧城市公共安全与应急管

理问题进行了探讨。在大数据时代，智慧应急情报工作正在趋向于服务智能化、敏捷化与生态化，决策的科学性越来越依赖于情报工程化能力的提升；在具体运作模式上，智慧应急情报流程需要按照事实数据、工具方法与专家智慧的情报工程范式运转，以保证"情报产品"经得起智慧应急"技术理性"与"人文价值"的检验；情报工程的发展有助于推进智慧应急理念的深入，相关学科建设、社会纳入体系与政府政策法规是保障应急决策科学化、民主化的重要手段和方法。

总之，情报工程与智慧应急有着密切的关联性，作为一种新的思维嵌入，情报工程是智慧应急最直接、最主要的支撑力量之一，是提升智慧应急综合能力的关键。从现实来看，由于主客观原因，系统的情报工程实践与应用在智慧城市突发事件应急决策中并未得到充分体现。而在智慧城市新信息环境背景下，情报工程有助于极大提高智慧应急的决策效率和服务水平。本文对面向应急决策的智慧城市情报工程若干问题的探讨与建议，既可以丰富智慧型应急管理的研究内容，也有利于拓展大数据时代情报服务的研究范畴，对促进情报学在智慧城市公共安全与应急管理"研究阵地"上的深入有积极意义。为此，笔者认为，需要以智慧应急为"主位"，以情报工程为"述位"，构建以大数据资源为基，以情报融合为核，以专家智慧为支的智慧应急情报工程体系，最终以情报工程的大发展促进智慧应急的升级。

参考文献：

［1］ 陈於立，沙志友. GIS 与智慧应急［EB/OL］.［2016-04-08］. http：//smartcity. cin. net. cn/html/2013-07/223. html.

［2］ 李纲，李阳. 智慧城市应急决策情报体系构建研究［J］. 中国图书馆学报，2016，42（3）：39-54.

［3］ 刘晓云. 基于智慧城市视角的智慧应急管理系统研究［J］. 中国科技论坛，2013，（12）：123-128.

［4］ LEE J, JEONG Y, OH Y S, et al. An integrated approach to intelligent urban facilities management for real-time emergency response［J］. Automation in construction, 2013, 30（3）：256-264.

［5］ ASENSIO A, BLANCO T, BLASCO R, et al. Managing emergency situations in the smart city：the smart signal［J］. Sensors, 2015, 15（6）：14370-14396.

［6］ ZHOU Wanli. Emergency management of urban major hazards based on information synergy［J］. Procedia engineering, 2011（15）：1937-1941.

［7］ 甄林锋，高霖，陈於立. GIS 技术在智慧应急中的应用［J］. 中国应急救援，2015，（5）：48-51.

［8］　贺德方. 工程化思维下的科技情报研究范式——情报工程学探析［J］. 情报学报，2014，33（12）：1236-1241.

［9］　李纲，李阳. 情报视角下的城市智慧应急研究——兼谈熵理论的引入［J］. 图书与情报，2015，（1）：66-71.

［10］　COMFORT L K，KO K，ZAGORECKI A. Coordination in rapidly evolving disaster response systems：the role of information［J］. American behavioral scientist，2004，48（3）：295-313.

［11］　李纲，李阳. 关于智慧城市与城市应急决策情报体系［J］. 图书情报工作，2015，59（4）：76-82.

［12］　潘云涛，田瑞强. 工程化视角下的情报服务——国外情报工程实践的典型案例研究［J］. 情报学报，2014，33（12）：1242-1254.

［13］　李纲，叶光辉. 面向应急决策的专家参考咨询过程探讨［J］. 情报理论与实践，2015，38（6）：66-70.

［14］　叶光辉，李纲，武川. 应急参考咨询团队构建模式研究［J］. 情报学报，2015，34（7）：734-742.

［15］　陈振明. 政策科学与智库建设［J］. 中国行政管理，2014，（5）：11-15.

［16］　王飞跃. 社会信号处理与分析的基本框架：从社会传感网络到计算辩证解析方法［J］. 中国科学：信息科学，2013，（12）：1598-1611.

［17］　王飞跃. 平行应急管理系统 PeMS 的体系框架及其应用研究［J］. 中国应急管理，2007，（12）：22-28.

［18］　王飞跃. 情报 5. 0：平行时代的平行情报体系［J］. 情报学报，2015，34（6）：563-574.

［19］　段伟，曹志冬，邱晓刚，等. 平行应急管理中人工社会的语义建模［J］. 系统工程理论与实践，2012，32（5）：1010-1017.

［20］　马费成. 网络信息序化原理——Web 2. 0 机制［M］. 北京：科学出版社，2012：379-386.

［21］　钟开斌. 美国城市应急管理信息化的进展与趋势［EB/OL］.［2016-03-12］. http：//www. qstheory. cn/kj/kj/201110/t20111017_ 117018. htm.

［22］　信息技术助推应急管理创新［EB/OL］.［2016-05-17］. http：//www. xianyang. gov. cn/xyxw/jryw/335667. htm.

作者简介

李阳（ORCID：0000-0002-4479-969X），博士研究生，E-mail：731742792@ qq. com；李纲（ORCID：0000-0002-8336-4891），副主任，教授，博士生导师。

作者贡献说明：

李阳：资料收集与整理，论文撰作，后期论文修改；

李纲：设计论文主题与思路，研究框架的设计与指导。

智慧城市信息安全风险评估模型构建与实证研究*

1 引言

自从智慧城市的理念被提出以来，全球城市不约而同地投入到"智慧化"的建设中来。《中共中央关于制定国民经济和社会发展第十三个五年规划的建议》提出将支持智慧城市作为中国新型城镇化的重要发展方向。随着建设的不断深入，智慧城市的实践越来越依靠物联网、云计算等一系列新型信息技术的驱动，但是在利用信息技术推动信息融合、知识发现和推动智慧城市服务模式创新的过程中，城市中各方信息格局发生了全新转变。这一转变必然会导致智慧城市信息安全内涵与构面的重大变化，带来对信息安全的多角度冲击[1]。从信息介质、安全技术、管理制度、政策法规到公民素养，这股冲击对智慧城市信息安全形成了严峻的考验[2]。随着智慧城市建设的逐步深化，信息安全问题成为日益突出的焦点，如何才能既充分发挥信息共享、协同和融合的巨大作用，又在一定限度下维持信息安全进行稳定时，成为了智慧城市持续发展不得不解决的实际问题。

国外学者研究了智慧城市发展对城市信息安全带来的挑战[3]，通过研究智慧城市公共安全系统的需求，完善管理方法[4]，从智能设备及要素体系的角度构建智慧城市的安全系统[5]，建立了智慧城市环境中网络物理系统的风险管理框架[6]。国内研究者在对智慧城市信息安全进行研究时，大都从个人信息安全和信息安全管理两个方面进行探讨，对保障机制[7]、体系构建[2]、对策[8]等问题进行研究。目前的研究中缺乏对智慧城市信息安全具体风险的挖掘，更没有从系统的角度对其风险进行评估。

从风险评估的视角来研究信息安全需要度量要素带来的影响或损失的可能程度，因此，如何设计风险评估方法，识别各种关键风险要素并判断各要素的重要程度，从而准确度量风险值，就成为研究的关键。已有的针对信息

* 本文系国家社会科学基金项目"大数据环境下政务信息资源优化配置与服务模式创新研究"（项目编号：15BTQ051）研究成果之一。

安全的风险评估方法主要有层次分析法、模糊熵权法、贝叶斯网络、神经网络、支持向量机等一系列定性、定量的评估方法。本文提出一种利用 ward 聚类与决策树模型对智慧城市信息安全进行风险评估的方法，将定性与定量分析方法相结合，利用 ward 聚类满足决策树对分类属性的要求，利用决策树满足解释评估风险等级过程的需求。

2 智慧城市信息安全风险的基本内涵

根据我国《计算机信息系统安全保护条例》给出的定义，信息安全的内涵按照信息作用可归纳为物理安全、运行安全、数据安全和管理安全 4 个方面，而欧美信息安全管理标准则从信息保障的属性角度来描述，包含机密性、完整性、可用性、真实性和不可抵赖性。在智慧城市的新信息环境下，信息安全的内涵较传统城市信息安全内涵更大，主要体现在以下几个方面：①无处不在的智能感应节点更易受到攻击；②物联网的集群式与云计算的分布式造成了数据压力增大，同时智慧城市环境下数据损坏、丢失和失窃等安全事件造成的后果更严重；③智慧城市网络连接越来越快捷、广泛与复杂，不合法或不真实的信息内容更容易在城市网络节点中萌发、传播并恶化；④转变中的城市管理结构缺乏完善的管理制度规范；⑤以人为本的智慧城市发展要求公众参与最大化，普遍的交互使公众安全意识对智慧城市信息安全的影响越来越大。智慧城市信息安全风险存在于信息服务从采集、加工、存储到利用的每一个环节；既存在于客体中，也存在于主体中；不仅存在于提供应用服务的信息系统与人员机构之间，更广泛存在于智慧城市中每个个体之中。

基于智慧城市信息安全的多重内涵，综合已有的研究成果，本文从信息资源管理和社会信息化过程的角度来识别智慧城市的信息安全风险，将其分成 5 个相互联系的层次：智慧基础设施安全风险、数据服务安全风险、信息内容安全风险、信息管理安全风险和公众素养安全风险。其中智慧基础设施（包括物联网基础设施、通讯网络基础设施、云计算基础设施、地理空间基础设施等）是智慧城市信息安全的物理基础，数据服务安全（包括数据共享、存取、开发等过程）是在信息资源管理过程中保障信息数据可用、可信、不中断的状态，信息内容安全（包括互联网、服务器、机构数据库的海量信息）涉及信息的合法性、真实性与可控性，信息管理安全是城市各类主体在接触智慧应用项目过程中的行为准则，公众安全素养是市民使用应用服务的信息安全意识与能力的综合体现。如表 1 所示：

表1 智慧城市信息安全的基本内涵

智慧城市信息安全 风险层次	涵义
智慧基础设施安全风险	传感器、通讯与计算设备及系统的安全隔离程度、危险情况下生存性能、灾难后恢复能力
数据服务安全风险	数据可用效率、数据加密与完整性能
信息内容安全风险	信息内容合法性、真实性、可控能力
信息管理安全风险	行为准则与管理活动规范效力、安全事故追责能力
公众素养安全风险	公众信息安全意识强弱程度

3 智慧城市信息安全风险评估指标体系构建

信息安全风险识别的基本依据是客观世界的因果关联性和可能性[9]，而识别风险的主要方式是感知风险与分析风险，对于智慧城市信息安全风险，已有研究主要从信息资源[10]、信息安全需求[8]、信息产业及信息伦理[11]、多层诱发因素[12]等角度来识别。目前对智慧城市的信息安全的研究大都从信息系统或顶层设计的角度来探究，鲜有从风险因素方面讨论智慧城市信息安全。

3.1 智慧城市信息安全风险特征分析

智慧城市通过信息活动实现组织目标的过程中才会出现信息安全风险，因此以智慧城市信息活动为基础来设计风险评估指标能够系统、全面地反映智慧城市的信息安全状况。随着智慧城市信息活动需求的不断提升和智慧城市建设的不断深入，智慧城市的内外环境也在不断变化，因此智慧城市信息安全的风险也出现了越来越多的新特征。除了更严重的软硬件安全隐患，智慧城市的信息内容、信息管理、社会基础对信息安全风险的冲击也越来越严重。

3.2 智慧城市信息安全风险评估要素调查

智慧城市信息安全风险评估要素调查可以运用多种灵活方法进行，文献调查、问卷调查和访谈法是常用的要素调查方法。本文按照信息安全风险评估国家规范[9]，将智慧城市信息安全风险因素归纳为资产、威胁、脆弱性、安全措施，辅予考虑战略目标、资产价值、安全需求、残余风险和安全事件等相关因素，并把相关因素按照影响关系约简融入主要要素。在要素关系中，风险要素及属性之间存在着如下关系：

（1）智慧城市战略目标的实现对其资产具有依赖性，依赖程度越高，要求其风险越小；

（2）风险是由威胁引发的，资产面临的威胁越多则风险越大，并可能演变成为安全事件；

（3）资产的脆弱性可能暴露资产的价值，资产具有的脆弱性越多则风险越大；

（4）脆弱性是未被满足的安全需求，威胁利用脆弱性危害资产；

（5）风险的存在及对风险的认识导出安全需求；

（6）安全需求可通过安全措施得以满足，安全措施可抵御威胁，降低风险。

本文以由国家信息中心起草，国家质量监督检验检疫总局发布的《信息安全风险评估实施指南》[13]为参考标准，综合考虑信息安全风险评估要素和智慧城市信息安全风险层次的相互关系，建立评估框架，其中风险评估要素包含资产、威胁、脆弱性和安全措施，安全风险层次包含智慧基础设施安全风险、数据服务安全风险、信息内容安全风险、信息管理安全风险和公众素养安全风险，按照 5 个安全风险层次逐层设定风险评估要素，形成指标体系。

3.3 智慧城市信息安全风险评估指标体系的检验和修正

为了使智慧城市信息安全风险评估指标体系更趋合理，必须对初始指标体系进行校验。笔者采用德尔菲方法，通过问卷与访谈方法向智慧城市建设相关人员和风险评估专家征询修正意见，通过反馈信息了解专家组对智慧城市风险评估的基本判断与理解，考察不同专家对智慧城市风险评估指标体系的不同观点与解释，最后整合所有专家的意见，完成对指标体系的修正，形成智慧城市信息安全风险评估指标框架，如表 2 所示：

表 2　智慧城市信息安全风险评估指标框架

安全风险层次	资产	脆弱性	威胁	安全措施
智慧基础设施安全风险	信息设备和系统 U_1	设备安全漏洞 U_6	自然人为物理威胁 U_{11}	安全检查 U_{16}
数据服务安全风险	数据硬盘和链路 U_2	数据载体漏洞 U_7	泄露与损坏威胁 U_{12}	数据隔离与加密 U_{17}
信息内容安全风险	信息内容资源 U_3	信息内容盲区 U_8	引导与控制威胁 U_{13}	内容监督制度 U_{18}
信息管理安全风险	信息管理人员 U_4	应用业务误区 U_9	错误操作威胁 U_{14}	安全管理制度 U_{19}
公众素养安全风险	公众安全意识 U_5	安全意识薄弱区 U_{10}	社会环境威胁 U_{15}	安全知识宣传 U_{20}

为了确保风险评估的指标赋值具有一致性和准确性，本文按照 ISO27001

给出的信息安全风险评估方法[14]，将风险等级从高到低划为 VH、H、M、L 和 VL 5 个等级表示，将每个需要估值的风险评估指标按影响程度大小从 1 到 9 进行取值，其中资产的取值由保密性、完整性和可用性决定，表示对资产的依赖程度；脆弱性由资产弱点造成的严重性决定；威胁由威胁发生的可能性决定；安全措施由抵御威胁的程度决定。资产、脆弱性和威胁的值越大，风险等级就越高；安全措施的值越大，风险等级则越低。

4 利用 ward 系统聚类与 C4.5 决策树建立风险评估模型

为了区分不同城市最终所在的风险等级，必须先根据各项风险要素指标对其进行聚类。实践中类间距离的度量方法有很多，如组间与组内平均连接距离、最近与最远邻距离、重心距离、中位数距离和离差平方和距离（ward 法）等，这些方法的优缺点参见文献[15]。ward 系统聚类法的关键思想就是离差平方和的分析，使用欧氏距离的平方作为类之间距离的度量，它放弃了分类中极值的要求，倾向获取局部最优解，本文选择这种方法的原因是它擅长于处理类间界限不清晰的情况，分类效果好。首先将总体中的每一个样本都看成一类，将距离最接近的两个类合并，计算新的类与其他类的距离，重复这个合并的步骤[16]。设总体样本中共有 n 个样本，可以分成 G1、G2、...、Gk 这 k 个类，Xij 表示 Gi 中的第 j 个样本，Gi 类中含有 Ni 个样本数，Xi 表示 Gi 的重心，计算 Gi 类中样本的离差平方和为：$S_i = \sum_{j=0}^{N_i} (X_{ij} - X_i)' (X_{ij} - X_i)$，总体类内的离差平方和为：$S = \sum_{i=0}^{k} \sum_{j=0}^{N_i} (X_{ij} - X_i)' (X_{ij} - X_i)$。在每一次合并类的过程中，始终确保 S 增加的值最小，如此两两合并，直到最终把所有城市聚类成 5 个不同的聚落，则它们分别对应 5 个不同风险等级。

完成聚类后，把城市所处的类别分别标号 R1、R2、R3、R4、R5，此时由于并不知道每个城市到底处于怎样的风险等级，因此利用决策树方法来计算风险值并区分风险等级。决策树是一种类似于流程图的树结构，在风险评估模型中，每一个非终端内部节点表示对一个风险属性的测试，每一个分支代表该测试的不同输出，每一个终端结点代表一个风险等级。C4.5 算法使用信息增益率代替信息增益来选择分枝属性[17]，因此相对传统的 ID3 算法克服了偏好选择属性取值多的属性的不足。对于离散型属性 C4.5 的选择方法和 ID3 的方法是一致的，但对于连续性属性，C4.5 通过计算最佳分割阈值来对连续性数据进行分割，通过两个区间表示离散取值。C4.5 决策树的算法过程为：①将连续型属性数据集离散化，计算每个属性的信息增益率：*GainRatio*

$(A) = \dfrac{Gain\ (A)}{SplitInfo_A\ (T)}$；②使用信息增益率最大的属性作为分枝节点，迭代建立决策树的分枝，直到分枝节点中样本全部属于同一类别，或者样本数低于设置最小阈值，这样将样本数最多的类别作为终端结点的标识；③为避免拟合过度，对生成的决策树进行后置剪枝，消除噪音数据节点和孤立节点；④输出决策树，用决策树对测试数据集进行分类。此时的决策树模型已经能够对不同的智慧城市信息安全风险类别进行分类，但为了进一步精准量化每个智慧城市的风险等级，必须计算具体风险值。因为信息增益率本质上是属性在分类上的重要程度，这样对整体风险影响越大的指标，权重也就越大。笔者采用各属性在根节点上的信息增益率作为各属性的权重，通过加权后得出每个城市的具体风险值，通过具体风险值判断城市所处的相对风险等级。

5 智慧城市信息安全风险评估实证研究

2015 年 4 月 7 日，住建部公布了第 3 批国家智慧城市试点名单，目前我国智慧城市试点已达 290 个，根据中国社会科学院信息化研究中心报告，目前我国智慧城市在智慧基础设施、智慧管理、智慧人群和保障体系方面，整体建设情况普遍良好，但智慧服务方面明显建设不足。根据《2015 中国智慧城市发展水平评估报告》（以下简称《报告》）发布的内容，本文选取智慧城市发展水平排名靠前的 15 个城市——上海、北京、深圳、武汉、无锡、宁波、广州、厦门、成都、南京、西安、天津、杭州、合肥、郑州进行实证研究，从 1-15 分别编号作为研究样本，其资产类指标得分通过《报告》获取，脆弱性与威胁类指标得分来源于漏洞报告网站，安全措施类指标得分来源于各省市安全自检报告，不能得到的指标使用德尔菲法评判出得分值，整理如表 3 所示：

表 3 15 个城市原始数据集

编号	U_1	U_2	U_3	U_4	U_5	U_6	U_7	U_8	U_9	U_{10}	U_{11}	U_{12}	U_{13}	U_{14}	U_{15}	U_{16}	U_{17}	U_{18}	U_{19}	U_{20}
1	8	5	6	8	7	8	5	7	4	6	3	5	7	8	9	7	7	8	5	7
2	9	2	3	3	6	9	5	6	3	6	4	4	7	7	6	6	7	7	5	7
3	7	5	7	7	2	6	5	4	5	6	4	6	5	5	5	6	6	5	5	6
4	6	6	4	9	9	8	5	4	5	6	5	9	4	2	4	5	3	4	3	5
5	6	6	2	2	7	9	4	5	3	1	5	6	7	7	5	7	5	8	5	4
6	6	6	8	8	8	6	2	2	1	2	3	5	4	5	5	7	5	5	5	5

编号	U_1	U_2	U_3	U_4	U_5	U_6	U_7	U_8	U_9	U_{10}	U_{11}	U_{12}	U_{13}	U_{14}	U_{15}	U_{16}	U_{17}	U_{18}	U_{19}	U_{20}
7	7	8	4	6	2	8	4	5	4	6	2	5	6	7	5	7	6	6	6	6
8	7	6	2	7	7	8	3	4	3	5	1	6	5	6	8	6	7	8	5	4
9	5	5	3	5	8	5	4	4	4	4	3	2	4	3	5	6	5	5	6	6
10	5	3	5	1	6	5	4	5	4	5	3	4	6	9	7	5	7	6	6	6
11	6	2	3	9	2	6	4	5	4	4	5	6	5	8	3	4	5	3	5	5
12	7	5	1	1	6	6	6	4	5	6	4	6	7	7	4	1	3	5	4	4
13	6	5	5	3	6	4	6	4	5	5	4	3	4	6	9	7	6	7	6	6
14	5	6	8	6	9	9	8	5	4	6	6	6	9	4	2	4	5	3	5	5
15	5	6	8	4	8	8	8	5	4	7	3	6	5	9	5	3	7	6	4	5

利用相对风险等级代替绝对风险等级，通过 SPSS 统计软件对数据集进行 ward 系统聚类，使用 Z 分数做标准化处理并绘制聚类谱系图（见图 1）。将聚类结果分为 5 组：无锡、厦门、宁波为 R1 组，南京、杭州、成都为 R2 组，上海、北京、深圳、广州为 R3 组，武汉、合肥、郑州为 R4 组，西安、天津为 R5 组，将其作为分类属性加入原始数据表 3 中。

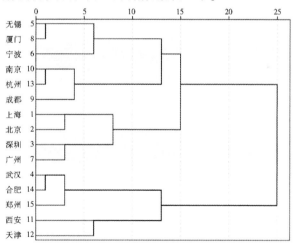

图 1　15 个城市 ward 聚类谱系图

本文使用数据分析软件 weka 来实现计算与建模过程：首先对原始数据计算每个属性的信息增益率，C4.5 决策树中对连续属性中的值按从大到小排列，取大小相邻两个值作为分割点逐个计算信息增益率，取其中最大的增益率为该属性的信息增益率。其次按照第3部分中计算步骤依次分层计算20个属性的信息增益率并排序，选择上个节点下最大信息增益率的属性作为分枝节点，直到分枝完全属于一个类别或样本数小于3，因为数据量过少故不予剪枝，最终得到一个大小为9、叶子数为5的决策树模型，见图2。ROC曲线是在交叉验证中不同判定条件下得到的结果，具体是以TP rate（真正率）为纵坐标、以FP rate（假正率）为横坐标绘制的曲线，曲线越接近左上角说明模型越有效，反之则越低效。而ROC面积是指ROC曲线下的面积，通常ROC面积在0.9以上有较高的准确率。本文经过10折交叉验证，计算出ROC面积数值达到0.917。说明分类效果显著，从而接受模型。

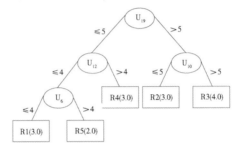

图2　智慧城市信息安全的风险评估决策树模型

从图2的决策树中可以看出，安全管理制度、泄露与损坏威胁、安全意识薄弱性和设备安全漏洞在每层决策中是影响智慧城市风险的重要指标，利用根节点上各个属性的信息增益率作为智慧城市信息安全各指标的权重，使用指标权重与表3里的数据相乘，并按照资产、脆弱性和威胁与风险正相关，安全措施与风险负相关的原则加权，得到15个智慧城市最终风险值，通过计算平均风险值可以得知分组所处风险等级（见表4）。为了进一步证明使用C4.5决策树对智慧城市信息安全进行风险评估的优越性，本文引入实践应用中较为广泛的两种分类方法——朴素贝叶斯和Logistic回归作为参照，其中朴素贝叶斯法是基于贝叶斯定理与特征条件独立假设的分类方法，Logistic回归是一种广义的线性回归分析模型。对两种方法输入与表3相同的数据集与相同的聚类分组来对风险等级进行分类，并通过10折交叉验证，所得结果见表5，表中真正率、查准率、查全率、F值、ROC面积正向反映分类效果，误报率负向反映分类效果，从中可以看出C4.5决策树的分类效果明显比这两种方法优秀。

246

表 4　15 个智慧城市的风险值与风险等级

城市	风险值	相对风险	城市	风险值	相对风险	城市	风险值	相对风险
上海	9.83	H	宁波	7.44	L	西安	7.51	M
北京	10.45	H	广州	9.33	H	天津	9.12	M
深圳	10.2	H	厦门	8.42	L	杭州	6.08	VL
武汉	10.51	VH	成都	7.31	VL	合肥	10.31	VH
无锡	6.63	L	南京	6.26	VL	郑州	11.23	VH

表 5　3 种风险等级分类方法的分类效果比较

评估方法	真正率	误报率	查准率	查全率	F 值	ROC 面积
C4.5 决策树	0.867	0.033	0.883	0.867	0.86	0.917
朴素贝叶斯	0.667	0.114	0.667	0.667	0.631	0.72
Logistic 回归	0.8	0.05	0.87	0.788	0.657	0.892

6　智慧城市信息安全风险评估结果分析与启发

根据表 4 的结果，可以看出当前我国智慧城市的信息安全发展水平不均衡：①核心城市（上海、北京、深圳、广州）的相对风险普遍较高。尽管这些城市在安全管理制度方面更加完善，但是这些城市智慧化发展水平相对较高，整个城市的运维对信息系统设备、数据、人员的依赖性更强，安全事件的后果更严重，因此这些城市比内陆城市要面临更多的不确定性风险。②中西部地区信息安全风险参差不齐，智慧城市公共数据泄露与损坏的威胁在这些城市中（武汉、合肥、郑州）比较严峻。部分城市（成都、南京、西安、天津）在信息资源共享与利用方面较为保守，故而信息安全风险较低；③沿海二线城市（无锡、宁波、厦门）的信息安全风险处于较低的水平，这些城市的政府主导能力较强，建立了统一的安全管理机构和应急机制，社会协作参与的信息安全氛围较好；④当前信息安全风险越低的智慧城市中，来自智慧基础设施的安全漏洞较少，在历史记录上有更少被证实的安全事件，在应对数据失窃、损坏和篡改等方面准备充分，同时市民的信息安全意识也更强。

从评估模型反映的重要风险要素中，可以得到一些保障智慧城市信息安全的启发：①由于智慧城市本质上是对城市服务的深度信息化，智慧基础设施、信息数据、专业人员等一系列资产的重要性会越来越高，必须持续增加对关键信息部门安全防护的资源投入，提升信息系统对数据的处理与过滤能力，以技术创新夯实信息安全的技术基础；②在充分促进信息融合与保障合理范围内数据安全的矛盾之间找到平衡点，针对智慧城市信息服务制定智慧城市信息安全防护的策略、标准和安全技术指导框架，完善信息安全风险评估、等级保护、安全测评、电子认证、应急响应等监管体系；③在智慧城市服务机构中健全信息安全管理制度，设立严格的信息行为准则，加强员工安全培训，完善信息安全责任制度；④构建智慧城市全民信息安全体系，加大投入普及安全知识，提升公众安全素养，为个人信息安全的防护提供全面的指导意见。

参考文献：

[1] 李勇. 智慧城市建设对城市信息安全的强化与冲击分析 [J]. 图书情报工作，2012，56（6）：20-24.

[2] 丁波涛. 智慧城市视野下的新型信息安全体系建构 [J]. 上海城市管理，2012，（4）：17-20.

[3] ELMAGHRABY A，LOSAVIO M. Cyber security challenges in smart cities：safety，security and privacy [J]. Journal of advanced research，2014，5（4）：491-497.

[4] KOŽUCH B，SIENKIEWICZ-MALYJUREK K. New requirements for managers of public safety systems [J]. Procedia – social and behavioral sciences，2014，149（5）：472-478.

[5] BELANCHE-GRACIA D，CASALÓ-ARIÑO L V，PÉREZ-RUEDA A. Determinants of multi-service smartcard success for smart cities development：a study based on citizens' privacy and security perceptions [J]. Government information quarterly，2015，32（2）：154-163.

[6] YASUKO F，MASAKI S，HIROSHI U. Survey on risk management based on information security psychology [J]. Lecture notes in computer science，2015，9171：396-408.

[7] 刘彦麟，张盛. 智慧城市建设中信息安全保障机制探究 [J]. 信息通信，2015，（6）：156.

[8] 董袁泉. 智慧城市中信息安全的分析以及应对措施 [J]. 微型机与应用，2014，（23）：16-18.

[9] GB/T 20984-2007. 信息安全风险评估规范 [S]. 北京：中华人民共和国国家质量监督检验检疫总局，2007.

[10] 满晓元. 智慧城市信息安全风险及评估方法 [J]. 电子世界，2013，（23）：77-78.

[11] 邓贤峰. "智慧城市"建设的风险分析 [J]. 财经界，2011，（1）：106-109.

[12] 张立超，刘怡君，李娟娟. 智慧城市视野下的城市风险识别研究——以智慧北京建设为例 [J]. 中国科技论坛，2014，（11）：46-51.

[13] GB/T 31509-2015. 信息安全风险评估实施指南 [S]. 北京：中华人民共和国国家

质量监督检验检疫总局，2015.

[14] ISO/IEC 27001：2005，Information technology-security techniques-information security management systems-requirements［S］. Geneva：International Organization for Standardization，2005.

[15] 李卫东. 应用多元统计分析［M］. 北京：北京大学出版社，2008.

[16] 何跃，王猛. 基于灰色关联与 Ward 系统聚类的国民幸福评价［J］. 统计与决策，2012，(5)：42-45.

[17] QUINLAN J R. C4. 5：Programs for machine learning［M］. San Mateo：Morgan Kaufmann Puhlishers Inc，1993：17-42.

作者简介

邹凯，副院长，教授，博士；向尚（ORCID：0000-0001-9135-7301），硕士研究生，通讯作者，E-mail：xiangshang165@ 163. com；张中青扬（OR-CID：0000-0003-1599-0898），硕士研究生；毛太田（ORCID：0000-0001-6514-680X），教授，博士。

作者贡献说明：

邹凯：提出研究思路，设计研究框架，起草与修订论文；

向尚：采集、清洗、分析数据，起草与修订论文；

张中青扬：修订论文；

毛太田：修订论文。

服　务　篇

基于 SoLoMo 的智慧自助图书馆服务体系研究*

1　引言

2008 年 4 月，深圳首个"城市街区 24 小时自助图书馆（self-service library）"投入使用，增添了城市的文化气息。自助图书馆包含书架、还书箱和电脑操作台等，能存放几百本图书，可以在任何时间为周边的读者提供办理借书证、借书和还书等服务[1]。自助图书馆因其数字化、分布范围广、节约高效等特点，受到广泛好评。近年来，北京、南京、武汉等地陆续在街头、社区、地铁等公共场所安放了自助图书馆，满足了广大市民的阅读需求，但在实际应用中也暴露出一些不足[2-5]，主要表现在：①读者对周边自助图书馆所含图书类目不清楚；②读者对周边自助图书馆和阅读场所的位置分布不明确，一方面无法获取便于借还图书的路线，另一方面不能得知周边可供阅读的场所的信息；③缺乏传统图书馆中读者间的沟通交流形式，不利于知识的传播和创新。

自助图书馆只有充分利用各种先进的信息技术和理念，把握好变革所带来的机遇，才能更好地发挥自身优势，为知识传播贡献力量[6]。KPCB 风险投资公司合伙人、北美创业投资教父 D. John 于 2011 年提出互联网前沿理论 SoLoMo 模式，即"social（社交）"、"local（本地化）"与"mobile（移动）"三者的无缝整合[7]，体现了基于位置的服务（location based service，LBS）和社交网络（social network service，SNS）的技术集成，可以认为"SoLoMo = LBS+SNS"[8]。其提出是以快速发展的移动互联网和庞大的移动终端用户量为背景的。移动终端的盛行推动了社交网络的发展，同时也催生了基于地理位置的本地化服务[9]。SoLoMo 的特点在于重新构筑了人类生存的信息与知识环境，意味着泛在知识环境时代的到来，知识创造、传播和利用的方式发生了根本性的改变，呈现出简单、方便、个性化、智能化等特征[10]。本文针对自

* 本文系国家社会科学基金重点项目"基于语义的馆藏资源深度聚合与可视化展示研究"（项目编号：11AZD090）研究成果之一。

助图书馆存在的不足，以 SoLoMo 模式为指导，提出智慧自助图书馆服务架构和移动应用框架，以期提升自助图书馆的个性化服务水平，促进智慧图书馆的发展。

2 SoLoMo 理念在自助图书馆中的应用优势

SoLoMo 体现了"社交网络、本地位置、移动互联"的技术集成，可以看做是利用移动设备、结合 LBS 和 SNS 特点而提供的个性化网络服务。某个以 SoLoMo 模式开发的手机应用在了解用户特点、感知用户情境的基础上，根据用户所在的位置，能够为用户提供个性化服务，实现用户与其好友间的分享、交流。自助图书馆中应用 SoLoMo 思想，体现了将最新的理念成果投入到自助图书馆的建设中。通过分析 SoLoMo 理念和自助图书馆的特点，可以发现，SoLoMo 在自助图书馆中的应用有三大优势。

2.1 随时获取馆藏信息

馆藏建设是图书馆建设中最基本的环节，自助图书馆也不例外。自助图书馆的城区布局在一定程度上能弥补传统公共图书馆因地域分散而造成的馆藏资源分散、闲置的问题。而结合 SoLoMo 思想，以移动设备为依托，构建虚拟馆藏，打破自助图书馆在时空上的限制，使读者能明确自助图书馆的书目信息，进而能够充分、自由地获取馆藏信息。物理馆藏结合虚拟馆藏，并融入基于 GPS 定位的本地化服务，能帮助读者找到所借图书的地理位置和前往路线，提高自助图书馆馆藏的使用价值[11]。

2.2 多元化的服务方式

Lib2.0 的核心思想是图书馆服务要以读者为主导，应用先进技术和理念创新服务，满足读者的知识文化需求[12]。自助图书馆的分布式馆藏占地面积小，节约了空间消耗，但同时失去了传统公共图书馆良好的阅读环境，并且缺乏可供读者进行知识交流的平台。在 SoLoMo 模式下，自助图书馆不仅能够实现传统图书馆提供的查询服务，还依托 Local 向读者提供周边可供阅读的场所信息及路线，能够有效地解决自助图书馆缺乏阅读场所的问题。而通过 Social 构建读者之间的沟通渠道，可以帮助读者发现具有共同阅读偏好的书友，实现彼此间的知识分享与交流。简言之，SoLoMo 模式的应用充分发挥了现实与虚拟、线上与线下相结合的优势，实现了面向读者的自助图书馆服务方式的多元化，使其能够真正围绕读者的阅读需求拓展相关服务。

2.3　知识传播能力增强

传统公共图书馆在一定地域范围内分布较单一，而自助图书馆分布在城市的大街小巷，增加了知识源的分布密度，增强了知识的传播效果。在SoLoMo 模式下，自助图书馆的知识传播效果将更加明显。每个人原本只是一个分散的知识传播节点，在读者社交网络的推动下，个体作为中心节点与其他节点相连结，使知识交流的方式趋于多元化，新的社交网络不断形成，从而使个体知识的传播不断向外扩展[13]，提高了自助图书馆作为知识传播源促进知识交流与分享的能力。

可见，SoLoMo 理念在自助图书馆中的应用，既可以弥补其原有不足，又可以满足读者多元化需求，提升自助图书馆面向读者的知识服务效果。

3　基于 SoLoMo 的智慧自助图书馆服务体系方案设计

智慧图书馆的核心要素是使图书馆能够提供书书相连、书人相连、人人相连，并在任何时间、地点和条件下可使用的图书馆[14]。也就是说，要促成馆藏资源的数字化，促进馆际信息的共享，实现对馆藏的规范化管理。此外，读者不论在何时、何地，都能通过某种方式获取所需的馆藏资源，实现彼此间的交流学习，使得馆员能够真正地以读者为中心，按需提供服务。在SoLoMo 模式下，自助图书馆由冰冷的机器变为智慧图书馆的构想成为可能。

3.1　基于 SoLoMo 的智慧自助图书馆服务架构

本文基于智慧图书馆的核心思想，借鉴 Web 服务架构方法和移动应用开发技术，引入 SoLoMo 理念，构建了智慧自助图书馆服务架构，如图 1 所示：

从图 1 可以看出，基于 SoLoMo 的智慧自助图书馆服务架构，集合 LBS 和SNS 的特点，利用移动终端设备，为读者提供基于个性化需求的阅读服务。移动终端（即 mobile）是 SoLoMo 理念的基础，也是自助图书馆服务架构实现的前提。开发移动应用 App，将自助图书馆通过中心服务器和移动终端的应用系统相连，可以为读者提供基本的搜索和预约服务，向读者推荐他们可能喜欢的图书，并提供基于读者位置的社交服务，丰富自助图书馆自身之外的多元功能，从而更好地满足读者的个性化阅读需求。

移动终端的 GPS 定位和地图 API 导航能基于读者所在位置为其提供个性化服务（即 local），如帮助读者获取前往周边自助图书馆的线路，方便其借阅和归还图书；根据读者位置，定位周边适合阅读的场所，如咖啡厅、公共图书馆、公园等，从而弥补自助图书馆不能提供阅读场所的缺点。通过挖掘每

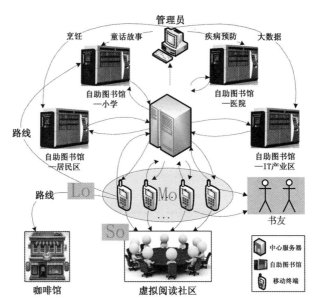

图 1　基于 SoLoMo 的智慧自助图书馆服务架构

个自助图书馆周边读者的阅读记录，获取群体借阅特征，比如小学周边的自助图书馆，童话类图书的借阅量可能比较大；医院附近的自助图书馆，疾病预防类的图书或许很受欢迎；某些公司附近的自助图书馆，公司相关业务方面的书籍需求可能会多一点等，根据这些特征重新配置自助图书馆某些类型的图书，不仅可实现根据读者所在位置提供个性化的服务，还将会大大提高该分布点图书的借阅率。

　　自助图书馆与传统公共图书馆相比，缺乏可供读者交流互动的场所，而虚拟阅读社区可以弥补这一不足，为读者提供社交网络服务（即 social）。通过社交网络服务，读者可以找到具有共同阅读爱好的书友，一起讨论和分享知识。读者发表读后感后，好友可以进行评论，发表自己的见解，从而使得自助图书馆不再是一台提供单一服务的冰冷机器，而是可以对知识发表看法的自由空间，也是可以进行交流的社交网络。此外，应建立自助图书馆管理员和读者间的联系以增进读者同"馆员"的交流。自助图书馆管理员向用户推介新进图书和阅读推广活动的消息，促进读者参与实地读书活动，这不仅能够增强读者之间的交流与分享，还能促进读者和"馆员"之间的互动交流。读者可以向"馆员"推荐图书和反馈意见，以促进自助图书馆的发展。

　　此外，智慧自助图书馆服务架构的建立与实施，可帮助管理员减轻工作

256

负担，提高工作效率。管理员通过中心服务器可以获取所有读者的总体借阅数据以及每个分布点的借阅数据。通过挖掘整体图书借阅情况，可为购置新书提供决策支持，如侧重购买阅读量较大的图书种类，尽可能满足读者多层次的需求。

3.2 智慧自助图书馆移动应用框架

为了实现上述基于 SoLoMo 的智慧自助图书馆服务架构，运用软件系统开发的基本思想，采用分层框架设计，构建面向读者的移动应用框架，从而细化智慧自助图书馆服务架构，为进一步开发移动 App 奠定基础。具体见图 2。

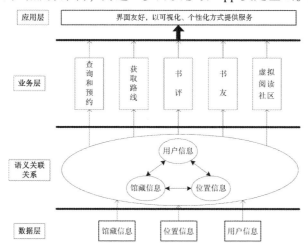

图 2 智慧自助图书馆移动应用框架

智慧自助图书馆移动应用框架以基础数据源为基础，不断向上层扩展，融合数据库、移动 App 开发、可视化、SoLoMo 中 LBS 和 SNS 等相关技术，构建面向读者的自助图书馆智慧移动应用。该框架结构层次清晰，各层既独立内聚，又通过接口相互耦合，方便系统的维护和功能扩展。

3.3 移动应用框架层次结构

智慧自助图书馆移动应用框架分为 4 层——数据层、语义关联层、业务层、应用层，具体内容如下：

3.3.1 数据层 该层包含移动应用框架的数据来源，可分为馆藏信息、位置信息和用户信息。馆藏信息主要来自各个自助图书馆动态馆藏数据的集成，是提供移动应用系统的基础数据源。将读者动态位置和自助图书馆位置信息归类为位置信息，二者的数据描述相同，便于建立"读者—自助图书馆"之间的空间联系。用户信息则包含读者基本信息和借阅信息，囊括了读者的个人基本情况，如工作、阅读偏好等，结合图书借阅记录和书评，有助于语义关联层挖掘"读者—读者"、"读者—图书"之间的联系。

3.3.2　语义关联层　语义关系是概念之间关联性的体现，对于表现知识因子之间的相互联系以及在语义推理、知识组织系统互操作等方面都有重要的作用[15]。在数据层的基础上构建语义关系，可使图书、读者、自助图书馆的某些属性相关联，真正实现书与书、人与人、人与书的关联，为此构建的语义关联关系，进一步为构建业务层的各个功能提供便利（见图3）。

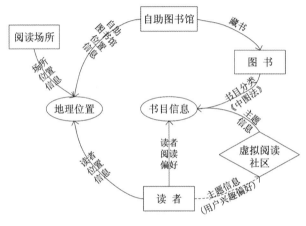

图3　语义关联关系

在图3中，自助图书馆、阅读场所和读者都有共同属性——"地理位置"，可以使读者和自助图书馆以及阅读场所相关联，借助某两个具体地理位置标识，通过位置导航技术进一步推算其的交通路线，读者可参照路线前往自助图书馆借书，亦可查询可供阅读的场所路线及阅读后返程路线。自助图书馆中的馆藏书目具有"书目信息"属性，通过《中国图书馆分类法》（以下简称《中图法》）图书分类体系进行标注，将读者的阅读偏好以及虚拟阅读社区的主题信息相对应，使得读者、图书、虚拟阅读社区联系到一起，读者之间通过相似的阅读偏好和图书借阅记录结交书友，也可以通过主题信息在虚拟社区一起交流和分享阅读感悟。因此，通过"地理位置"和"书目信息"属性将所有实体联系在一起，构成各数据源的语义关联关系，为实现基于 LBS 和 SNS 的服务提供了可能。

3.3.3　业务层　数据层和语义关联层是实现智慧自助图书馆移动应用

框架的基础，业务层则是实现移动应用框架的核心。在数据层和语义关联层的基础上，运用技术和算法来规划移动应用的各个功能，如搜索和预约、路线获取、书评、书友和虚拟阅读社区。

（1）搜索和预约。读者在搜索接口输入图书名称后，系统将其和中心服务器的书目数据库进行匹配，若匹配成功，则返回图书的信息如作者、出版时间、出版社、简介、被借状态以及所藏自助图书馆分布点和地址等。若该书被借出，而读者想预约该书，则进入预约程序，系统会记录此事件，一旦归还，系统在一定时间内会自动为预约者锁定该书等待其借阅。

（2）路线获取。百度 LBS 开发平台是由百度提供的一个基于地理位置的本地生活信息搜索和分享平台，提供了 Android 与 IOS 基于各种主流编程语言开发接口和 Web 服务 API 和开源的代码库等，方便开发者充分利用百度地图资源丰富自己的移动应用[16]。借助百度地图 API，基于语义关联层中用户和自助图书馆的地理位置信息，读者可以搜索借阅和归还图书的路线，以及查找周边适宜阅读的场所路线，如咖啡馆、公园等。据此，读者在借还图书和查询适宜的阅读环境时，可以轻松获取可供选择的路线。

（3）书评。自助图书馆提供的书目信息仅仅是读者搜索、了解图书时使用的最基本的功能，还需要辅以书评帮助读者快速地找到好书。而通过阅读他人的书评，可以帮助读者深入理解图书的思想内涵，提升阅读效果。读者读完一本书后，写下心得体会，是对自己学习和思想的总结；同时，分享书评打开了读者之间交流的大门，促进了个体知识的传播和互动。

（4）书友。语义关联层的读者"偏好"属性按照《中图法》的分类体系进行设置，便于读者发现具有相同阅读爱好的书友[17]。此外，通过读者的借阅历史，分析读者的动态阅读偏好，系统亦可向其推荐书友。读者的借阅图书包含"类别"属性，并且与读者阅读"偏好"相对应，这种关系可作为书友推荐的基础。融合读者的位置信息，对潜在书友进行位置排序，最终为读者推荐相对兴趣趋同度最大且距离最近的潜在书友。

（5）虚拟阅读社区。SNS 可以认为是将现实生活的社交关系搬到互联网中，根据不同条件聚合人际关系而创建的虚拟社区[18]。构建自助图书馆移动应用的虚拟社区，既要有像豆瓣读书中的小组和话题，方便读者参与感兴趣的阅读话题，又要包含读者个人的书友圈子，有利于读者和书友之间的私密交流。这样既可弥补自助图书馆缺乏沟通和交流的不足，又能够满足读者分享知识、进行社交的需求。

3.3.4　应用层　业务层提供了 social 和 local 的个性化服务实现方案，

应用层以友好的用户体验为目的，运用信息可视化相关原理和技术，将业务层复杂的逻辑关系和操作处理结果以简单易读的方式呈现在读者的移动终端上，从而便于读者操作和理解，轻松使用智慧自助图书馆移动应用。

4 智慧自助图书馆移动应用

为了验证上述智慧自助图书馆服务架构和移动应用框架的实施效果，笔者设计并开发了智慧自助图书馆移动 App，实现了部分核心功能，以为日后实际应用推广奠定基础。

智慧自助图书馆移动 App 的具体实现可分为 App Server 端和 App 客户端。App Server 端主要负责逻辑和数据的处理，以文字、图片等方式，向用户推送消息和提供交互服务。App 客户端主要是通过界面展示实现同用户的业务交互，由 App 客户端提出交互请求，发送至 App Server 端，经过 App Server 端的处理，返回至 App 客户端，以友好的形式展现给用户。

本次智慧自助图书馆移动应用的 App Server 端采用 PHP 框架搭建 Server 端，环境配置如下：①操作系统：Windows 7；②数据库：Mysql 5.6；③Web 服务器：Apache Tomcat 7.0。

智慧自助图书馆移动应用的 App 客户端使用 cordova 跨平台开发框架创建 Android 应用。采用 jQuery Mobile 移动 Web 框架对 Web 网站进行布局和美化，当与 App Server 端进行数据对接后，则以 Apache Cordova 为工具将 Web 网站发布为以 ".apk" 为后缀的移动 App，用户即可安装该 App 进行智慧自助图书馆的所有操作。

该 App 主要分为四大功能：搜索、消息、书评和书友。在搜索功能界面进行书目查询时，读者输入特定检索词，App Server 端将检索结果返回用户 App 客户端，用户点击列表中某一本书，即可在新页面中查看该书的详细信息，包括该书的版本信息、馆藏信息、内容介绍以及相关读者发表的书评；消息功能又分为系统消息、好友消息和讨论组消息，构成一个虚拟的交流空间，使得读者的阅读生活不再仅仅是自己的阅读，还有同他人的互动交流，以此形成自己专有的阅读社交网络；书评是阅读时引发共鸣的感悟和体会，读者可以自己撰写书评，也可以同他人分享，听取他人的看法，有助于开阔思维以及结交志同道合的书友。图 4 所示的书友界面上，读者可以查看已有的书友，发消息给他们，也可以添加新的书友，系统则会为读者推荐具有相似阅读偏好且距离最近的潜在书友。

图 4　书友界面

5　结语

本文借鉴最新互联网应用模式 SoLoMo 理念，构建了基于 SoLoMo 的智慧自助图书馆服务架构和移动应用框架，并以该服务体系和移动应用框架为指导，开发了智慧自助图书馆移动 App。本研究增加了自助图书馆为读者提供智能化和个性化服务的功能，弥补了现有城市街区 24 小时自助图书馆的不足。今后的研究将在此基础上，结合自助图书馆实际建设和发展情况，进一步完善和增强智慧自助图书馆移动 App 的功能，使之投入实际应用，从而在整体上建立其服务体系，发挥智慧自助图书馆的最大价值，为智慧城市的建设增添色彩。

参考文献：

［1］　吴晞，王林. 人文关怀·现代科技·自助图书馆——深圳图书馆"城市街区自助图书馆系统"介绍［J］. 中国图书馆学报，2008，（4）：92-94.

［2］　胡春波，陆幸幸. 大陆地区 24 小时自助图书馆调查与反思［J］. 图书馆杂志，2012，（7）：48-50.

［3］　胡大琴. 城市街区自助图书馆文献资源建设探讨［J］. 图书馆论坛，2010，（4）：51-53.

［4］　王世伟. 当代全球图书馆事业面临的难题与挑战［J］. 中国图书馆学报，2008，（1）：13-15，32.

［5］　何韵. Web2.0 带给图书馆的机遇与挑战［J］. 图书情报工作，2006，50（9）：136-139.

［6］　张晓林. 颠覆数字图书馆的大趋势［J］. 中国图书馆学报，2011，（5）：4-12.

［7］　陈云海. 移动互联网 SoLoMo 应用模式分析［J］. 电信科学，2012，（3）：18-22.

［8］　谢蓉，刘炜. SoLoMo 与智慧图书馆［J］. 大学图书馆学报，2012，（3）：5-10，79.

［9］　朱曼曼，朱江. SoLoMo 概念及其在图书馆服务中的应用［J］. 图书馆学研究，2013，（12）：57-61.

［10］　白才进，王红. SoLoMo 环境下图书馆发展变革［J］. 图书馆学研究，2012，（5）：23-26.

［11］　周慧. SoLoMo：3G 时代移动图书馆建设推广新模式［J］. 图书馆工作与研究，2012，（6）：51-53.

［12］　陈越，李丽萍，黄闽. Lib2.0 模式下图书馆理念的创新［J］. 现代情报，2007，（8）：34-35.

［13］　王红. 基于 SoLoMo 的图书馆生存环境与功能定位［J］. 现代情报，2013，（3）：29-32.

［14］　王世伟. 未来图书馆的新模式——智慧图书馆［J］. 图书馆建设，2011，（12）：1-5.

［15］　王知津，赵梦菊. 论知识组织系统中的语义关系（上）［J］. 图书馆工作与研究，2014，（8）：65-69.

［16］　百度. LBS 开放平台［EB/OL］.［2015-01-28］. http：//developer. baidu. com/map/index. php？title＝首页.

［17］　马海兵，王兰成，肖辉，等. 基于《中国图书馆分类法》的用户兴趣建模方法［J］. 图书情报工作，2007，51（8）：65-68.

［18］　王捷. SNS 带给图书馆的机遇和挑战［J］. 图书馆理论与实践，2012，（5）：26-28.

作者简介

夏立新（ORCID：0000-0002-4162-2282），教授，博士生导师；白阳（ORCID：0000-0003-4166-9440），硕士研究生，通讯作者，E-mail：baiy@mails. ccnu. edu. cn；李成龙（ORCID：0000-0001-8822-345X），博士研究生。

作者贡献说明：

夏立新：负责提出研究方向与方法；

白阳：负责论文起草与撰写；

李成龙：负责论文的修订。

区域集群式信息服务协同体系与
智慧城市深度融合之探讨[*]

党的十八大提出"美丽中国"的建设目标就是在科技创新、中西部发展战略驱动下，构建科技创新体系，提高区域自主创新能力。而智慧城市将从技术应用、资源整合、知识创新、管理服务等方面成为"美丽中国"的具体体现，成为区域自主创新体系的重要组成部分。本文侧重探讨信息服务体系在智慧城市发展中的形态特征，设计构建中原经济区建设的集群式信息服务体系模型，使之成为区域自主创新体系的重要组成部分，推进信息资源共享和信息服务与政府、科研、企业、城市的深度融合，支撑中西部地区崛起和服务全国大局，实现科技创新服务平台和智慧城市建设的总体目标。

1 智慧城市与信息服务体系的关系

1.1 智慧城市的界定与发展

2007 年欧盟在《欧盟智慧城市报告》中提出智慧城市的创新构想，从六大坐标维度对智慧城市进行了定义，即智慧经济、智慧流动、智慧环境、智慧人群、智慧居住和智慧管理[1]。2009 年 IBM 提出智慧城市的 4 个特征：全面感知——遍布各处的传感器和智能设备组成"物联网"，对城市运行的核心系统进行测量、监控和分析；充分整合——"物联网"与互联网系统完全连接和融合，将数据整合为城市核心系统的运行全图，提供智慧的基础设施；激励创新——鼓励政府、企业和个人在智慧基础设施之上进行科技和业务的创新应用，为城市提供源源不断的发展动力；协同运作——基于智慧的基础设施，城市里的各个关键系统和参与者进行和谐高效的协作，达成城市运行的最佳状态[2]。吉林大学赵大鹏在其博士论文《中国智慧城市建设问题研究》中系统、详细解析了国内外关于智慧城市的概念和属性[3]。

* 本文系 2013 年河南省哲学社会科学规划项目"河南省信息服务体系与创新能力评价研究"（项目编号：2013BZH005）和教育厅科学技术研究重点项目"河南省高校科技创新能力评价与信息服务体系研究"（项目编号：14A870004）研究成果之一。

智慧城市已成为全球城市关注的热点，目前全球（不含中国）约有 300 余个城市正在建设智慧城市，截至 2013 年我国已经批准 193 座智慧城市建设试点城市。展现在人们面前的智慧城市是以互联网、云计算、大数据等现代信息技术为基础，以整合、协同的方式管理城市的运行，提高城市的智能化程度，以达到让城市中各个功能彼此协调运作，诠释着以人为本的价值内涵和泛在、整合、智慧、创新的美好愿景。

1.2　信息服务体系与智慧城市的融合

在智慧城市蓬勃发展的大环境下，信息服务体系逐渐成为了其中一个重要的环节，2011 年中国图书馆年会上王世伟教授提出：当一个公共图书馆既重视信息技术的重要作用，又重视用户的知识服务和公共文化的社会与环境担当；既重视文献资源的智能管理，又将读者参与式的互动管理与服务等融入其中，并将以上要素作为共同推动公共图书馆可持续发展并追求更高品质的图书馆服务时，这样的公共图书馆可以被定义为"智慧图书馆"。他分析了智慧图书馆的主要特征：以数字化、网络化和智能化的信息技术设施为基础，以社会、环境、管理为核心要素，以泛在、绿色、惠民为主要特征的现代城市可持续发展韬略。体现出其外在特征是泛在，即智能技术支持下的无所不在、无时不在的人与知识、知识与知识、人与人的网络数字联系；其内在特征是以人为本的可持续发展，以满足日益增长的读者的知识需求[4]。

把智慧图书馆的主要特征延伸到信息服务体系，则是将信息服务与智慧城市建设有机结合起来的整体[5]。可以说智慧城市是大数据时代信息技术支撑、知识创新环境下的城市形态深度融合的产物，那么，信息服务体系就应该作为智慧城市信息技术和知识创新的重要组成部分，形成一个个城市区域内信息资源的高度整合、服务体的优势互补和集群化的发展模式，实现泛在网络化和智能化的联合协同式信息共享和服务共享，体现出绿色、泛在、协同的综合发展态势。其核心是大数据时代的信息资源、信息挖掘、信息网络、信息共享、信息服务和信息用户。在智能信息系统的支撑下，构建信息资源从数据获取、存储、处理、挖掘到开放共享的完整信息服务链。信息服务体系与智慧城市深度融合的关键技术包括：

- 以物联网技术为核心，实现馆藏资源精准获取与推送服务的智能化。如图书馆 RFID 系统利用物联网相关技术，将文献资源准确定位，满足用户快速获取的需求。
- 以移动互联网为核心，实现信息服务的泛在化。移动互联网使智慧城市环境下的信息服务具有了泛在化的特征，打破了时空界限，向 any user、an-

ytime、anywhere、any library、any information resource 的"5A"方向发展。

• 以云计算为核心，实现信息服务的便捷提供。云计算的理念是将信息资源放在大数据中，根据用户需求进行弹性分配，对于智慧城市来讲，云计算的应用将使得资源的分配更加高效，用户获取信息资源更加便捷。

• 以大数据为核心，实现信息服务的深层开发。大数据挖掘就是基于人工智能、数据库、可视化等技术从大量的、不完全的、有噪声的、模糊的、随机的实际应用数据中挖掘出有用的潜在信息和知识，应用于信息管理、查询优化、决策支持和过程控制等。

在智慧城市建设中大数据资源是保障，数据挖掘是手段，服务共享是方式，信息用户是对象，融合协同是目标，整合形成信息服务大系统。使云计算技术和大数据环境下的数据变成有价值的信息，使有价值的信息凝练成知识，使更广泛的人群享有信息平等的权利，获得可以超越地域空间限制的、实时的信息"全景图"，并具备自我学习、自我创新、自我管理的功能。

2 信息服务体系在智慧城市发展中的形态特征

2.1 集群性特征

美国哈佛大学教授迈克尔·波特在《国家竞争优势》一书中将产业集群定义为在某一特定领域内互相联系的，在地理位置上集中的公司和机构集合，它包括一批对竞争起着重要作用的、相互联系的产业和其他实体，经常向下延伸至销售渠道和客户，还包括专业化培训、教育、信息研究和技术支持的政府与其他机构[6]。把产业集群的理念引入信息服务体系就是把各类型图书馆在特定的地域范围按照一定的专业信息集中，按地域组成信息集群，构成一个类似生物有机体的信息群落，形成强劲、持续信息竞争优势的服务网络。信息集群强调的是信息空间集群后的一种结果：提供更精准的服务。

信息服务体系作为智慧城市重要组成部分，集群化建设将成为信息服务产业发展的新主题与新动力，是区域信息化发展的龙头和核心，是提高区域信息竞争力的有效途径。尤其是中西部地区的信息服务体系更应向地域横向联合、整合地域资源、服务地域用户的方向发展，突出集群式的特点。其发展目标是：形成信息资源的高度整合，服务体系的优势互补和集群化发展，实现网络化和智能化的联合协同式信息服务。

集群式信息服务体系的组织结构是以地区性的有效联合为突破点，实现横向联合和纵向贯通的网状体制和服务链式运行机制。构建思路是：把高校图书馆、公共图书馆、情报所的信息资源整合在一个平台中，构建区域性

"三位一体"优势互补、资源共享，既有纵向贯通又有横向联合的集群式服务体系；建立本地区信息服务体系的用户链、需求链、资源链、服务链、价值链，实现服务链式的运行机制。其意义在于：①建设区域性信息服务平台，支撑地区创新体系，提供信息保障，提升政治、经济、文化发展综合实力。②以点带面，消弭、缩小地区与地区间的信息鸿沟差距。③起到承上启下的作用，向上实现与国家、国际信息机构资源和服务的融合，即可成为本地区信息保障的后援又可将本地区的特色资源向外推广，纳入国家科学数据中心与共享服务网，从而走向世界；向下形成辐射，使各行业、各地市的基层单位用户共享与省级图书情报机构相同的、平等的资源和服务。④构建区域性集群式结构框架、网络框架、资源框架、服务框架，将信息资源和服务整合在一个共享平台中，可有效节约时间、经费、精力、人力，提高质量、效益，形成资源共享，优势互补的网络服务能力。

2.2 协同性特征

协同是指两个或两个以上的不同资源或个体，协同一致地完成一个共同目标的过程或能力。协同系统是指由许多子系统组成的、能以自组织方式形成宏观的空间、时间或功能有序结构的开放系统。智慧城市的协同体现在：以"智能、互联、协同"为基础的协同管理、协同服务、协同运营的运行机制。信息服务系统的协同性是在智慧城市大协同机制下的具体体现。

集群式信息服务体系的协同性运行机制是，在一个特定地域内以用户信息需求为中心，构建起具有资源共享、知识创新的信息服务平台，实现个性化、全方位、高层次的服务模式。只有改变区域内的"信息孤岛"现象，在区域集群联合的体制下，实现区域内信息服务机构的协同分工合作，整合、挖掘、揭示不同类型的信息资源，形成实体信息资源和虚拟信息资源的聚合体，才能建立资源共享的服务平台，全方位满足泛在知识环境下用户的高层次信息需求，形成智慧城市大数据、大集成、大协同的共享格局。

集群式信息服务体系的协同体现在：资源整合、泛在环境、服务共享3个方面。①资源整合：整合国家级（如 NSTL）和行业系统级（如 CSDL、CALIS）资源与服务，整合本地区馆藏资源和特色数据库，整合网络资源和导航数据库，整合各种类型的文献资源和多媒体资源，实现网络虚拟资源与本地实体资源的有机结合，形成大数据环境下的知识网络，构建面向本地区科研、教育、技术开发和社会发展的区域综合信息集成保障系统。②泛在环境：在泛在学习、泛在网络、泛在知识的环境下，以用户需求为中心，以个性化服务为目标，以网络化、智能化、多样化服务为手段，使任何人可以在任何地方、任何时间获取所需的任何信息。③信息共享：包括资源共享、知识共享、服务共享。要实现共享的目标，就要构建起包括组织、网络、资源、用户、服务等框架要素在内的体系结构，实现组织体系、功能模块与运行机制的优化设计，形成一个地区信息高度集成、科学合理的资源共享和服务共享平台。

2.3 服务共享增值性特征

共享是指资源的共同分享及利用。资源共享、服务共享是集群协同服务体系追寻的目标，一个区域性集群式信息服务体系除了在泛在环境下满足各类用户群体的不同需求外，更要注重发挥资源、人员优势，拓宽服务内容，深化服务层次，为区域的经济发展、政府决策和科技创新提供及时、全面、可靠、准确的数据支撑和跟踪服务，而深层次的信息服务体现着与智慧城市建设深度融合的作用和价值。

深层次的信息服务应该突出三大功能：①科技创新能力评价功能。利用资源和人员优势，采用文献计量、聚类整合、统计分析的方法，开展对本区域内科研机构、学科专家、重点学科科研产出能力和学术影响力的绩效评价分析。将评价对象置于领域大环境中进行横向、纵向比较，最后给出统计数据与定性分析相结合的评价结论。这种绩效评价有助于对地域学术水平和学科建设提供更详尽、客观的数据支撑；有助于掌握学术研究、学科发展的现状，找出发展中的差距；以点带面，促进其他学科的建设和发展；为提升区域发展竞争力和政府决策能力提供及时、可靠、准确的参考依据。②情报调研服务功能。利用资源和人员优势，开展本区域科技创新项目需求的定题跟踪、科技查新、情报分析、信息保障等全方位、多层次的情报服务。根据不同学科不同用户的需求，利用信息资源调研该领域的研究现状、热点以及发展趋势，以此占领学科发展的制高点，提高地区科学创新和知识创新能力。③全民信息素养提升功能。一个地区受众群体信息素养的高低决定地区的科技创新能力和水平，为此应该充分研究各种信息用户的不同信息需求，打破现有高校信息素质教育的局限性，制定适合本地区多层次、多领域信息素养教育的整体方案和不同层次的评价指标体系。立足于提升地域性全民信息素养有利于在更深层次上推进智慧城市建设的发展，而且具有活动半径小、响应速度快、效果周期短等显著特点。通过提高全民信息素质达到改变地域内信息素质、信息化水平低的现象，逐步缩小区域之间、城乡之间和不同社会群体之间信息能力和应用水平的差距，消弭"数字鸿沟"，创造平等和协的社会环境，同时有助于完善民众终身学习、更新知识，提高信息自我获取利用的能力，从而造就更多的创新型人才。

3 集群式信息服务体系的构建模型

3.1 "矩阵"与区域集群式信息服务体系的组织结构

基于"矩阵"理论构建区域集群式信息服务体系结构模型：即在 m 行（横排）上实现高校系统、情报系统、公共信息服务系统的横向联合；在 n 列（竖排）上构成组织、技术、资源、人员、服务、用户等多个集成元素，每个矩阵交叉点都能够形成各个集成元素面向地域内各类用户群的全方位立体辐射的矩阵式结构[7]。

模型构建功能：①在组织结构上，构成核心管理层——横向管理层——纵向贯通层结构，形成跨部门、跨地区、跨学科、分布式、多层次的空间矩阵，实现地域性高校、公共馆和情报所"三位一体"的横向联合模式、各系统的梯级（三级）纵向贯通模式、各单元馆的点对点协作模式，体现出一个地区集群式信息服务体系的横向联合和纵向贯通的协调与分工的关系。②在运行机制上，体现出信息技术、信息资源、信息服务在集群之间快速有序的流动循环和信息集群组织间流程的协调运转机制。③在信息保障上，向上实现与国家和国际机构的联合，补充本地资源的不足，形成本地区信息资源保障体系；向下辐射系统基层单位和站点，面向政府、企事业、科研机构、社会公众等各类用户群体，实现本地区内全方位、深层次、无缝链接的资源共享辐射力和保障力。④在服务效果上，体现出泛在环境下服务共享的增值能力。

3.2 集群式信息服务体系的构建要素

将集群式信息服务体系（用 A 表示）的构成分为以下 6 个主要集成元素：

A_1 表示组织元素：a_{11}＝信息服务体系管理中心，a_{12}＝高校系统信息服务中心，a_{13}＝情报系统信息服务中心，a_{14}＝公共系统信息服务中心，a_{15}＝政府咨询部门，a_{16}＝企业信息部门，a_{17}＝行业信息机构。

A_2 表示技术元素：a_{21}＝计算机，a_{22}＝通信网络，a_{23}＝数据挖掘，a_{24}＝大数据，a_{25}＝WEB2.0，a_{26}＝RFID，a_{27}＝云服务，a_{28}＝移动服务。

A_3 表示资源元素：a_{31}＝自建数据，a_{32}＝购置数据，a_{33}＝网络资源，a_{34}＝多媒体资源，a_{35}＝资源导航，a_{36}＝搜索引擎。

A_4 表示人员元素：a_{41}＝管理人员，a_{42}＝技术人员，a_{43}＝参考咨询人员。

A_5 表示服务元素：a_{51} = 借阅服务，a_{52} = 文献传递，a_{53} = 资源检索，a_{54} = 科技查新，a_{55} = 查收查引，a_{56} = 学科服务，a_{57} = 信息分析，a_{58} = 在线咨询，a_{59} = 教学培训。

A_6 表示用户元素：a_{61} = 政府用户，a_{62} = 企业用户，a_{63} = 教育用户，a_{64} = 科研用户，a_{65} = 社会用户。

集群式信息服务体系构成要素中各个元素的具体说明如下：

组织元素中，集群式信息服务体系首先要以一个区域内的高校图书馆系统、公共图书馆系统、科技信息研究所系统 3 个体系为核心实现横向联合，实现 3 个系统的资源、人员、技术整合，建立"三位一体"的信息保障服务体系。此外，还要将一个地域内的可能提供信息服务的机构包容在内，构成一个地区的集群式信息服务机构；

技术元素中，实现区域集群式协同信息服务，需要依靠现代化的信息技术手段才能实现，主要包括以下几个方面：

（1）计算机硬件：包括高性能服务器集群、存储虚拟化和网络虚拟化技术等一切服务于大规模信息处理的计算机硬件技术。

（2）通信网络：包括有线宽带、无线 WIFI、3G 和 4G 网络的建设与覆盖。

（3）数据挖掘：即利用数据挖掘技术实现资源的高度整合，基于开放获取的资源整合是区域间各机构进行协同工作的一个基本方法。针对数字化资源、分布式管理和智能化服务 3 大要素而建立的资源整合系统，可以将不同机构的数字资源进行加工整理，并且能够实现统一的检索和获取。

（4）大数据：包括数据存储、数据挖掘、数据分析、数据展现等多项与数据科学相关的技术。作为密集型数据存储和利用的图书情报机构拥有丰富的大数据资源，包括网络信息资源、数据库资源、用户记录数据、借阅数据等。利用分布式计算的方法从大数据中获得有价值的知识，掌握用户潜在的需求并实现服务的提升和转变。

（5）Web 2.0：基于 Web 2.0 技术，实现信息服务体系的 RSS 个性内容定制、发布信息的博客和微博、提供知识服务的 SNS 社交网站与 IM 即时通信、WIKI 协作管理等交互式网络应用。

（6）RFID：无线射频识别技术彻底改变传统的服务模式，实现图书馆图书的智能化管理：三维的定位、自助借还、导航归架、馆藏盘点、自助办证、安全控制等。

（7）云服务：将资源进行虚拟划分，按照用户需求进行分配的分布式服务。图书馆的云服务主要分为私有云、公有云和公私混合云服务三种。区域内的信息服务可以选择一个馆藏量较大、信息资源较为丰富的机构作为提供资源的公共云，其他机构则无需再建设庞大的数据资源库，而是直接将链接定位到公共云的资源位置，就可以实现资源的访问和共享。

（8）移动服务：利用日益发达的无线通信网络进行信息共享和知识服务，包括移动图书馆、移动知识平台、移动 OA 等服务。

在以上集群式的协同信息服务体系所涉及的技术中，（1）、（2）是硬件网络基础条件；（3）～（6）是实现数据挖掘、资源整合和资源管理的应用技术；（7）～（8）是实现服务的手段。

资源元素中，自建数据是各信息机构的馆藏和特色资源；购置数据是自订购或联合采购的国内外数据库资源；网络资源是一切来自网络数据的总和；多媒体资源包括图像、声频、视频等媒体资源；资源导航按不同的形式揭示资源；搜索引擎采用数据挖掘技术发现和搜索资源。资源是实现信息服务的保障条件，将一切可以搜集到的资源整合在一个平台中即可构成一个地域内的实体资源和虚拟资源的协同共享。

人员元素中，一个地域内构成的集群式信息服务体系对管理人员、技术人员和参考咨询人员的聘用应采用分布式的集中管理模式，集中各个信息服务机构的优势兵力通过统一服务平台实现资源和服务共享。

服务元素中，可采用到馆服务、网络服务、在线服务、移动服务等方式实现借阅服务、文献传递、资源检索、科技查新、查收查引、学科服务、信息分析、在线咨询、教学培训等内容的服务。

用户元素中，包括：政府用户、企业用户、教育用户、科研用户、社会用户。一个地域内的不同用户群体都应拥有信息平等的权利，同时也应该根据不同的用户群体的信息需求，注重全民的信息素养教育和提高自我服务能力。

3.3 集群式信息服务体系的构建模型

将以上矩阵结构的元素用矩阵式表示为：

$$
A = \begin{pmatrix} A_1 \\ A_2 \\ A_3 \\ A_4 \\ A_5 \\ A_6 \end{pmatrix} = \begin{pmatrix}
a_{11} & a_{12} & a_{13} & a_{14} & a_{15} & a_{16} & a_{17} & 0 & 0 \\
a_{21} & a_{22} & a_{23} & a_{24} & a_{25} & a_{26} & a_{27} & a_{28} & 0 \\
a_{31} & a_{32} & a_{33} & a_{34} & a_{35} & a_{36} & 0 & 0 & 0 \\
a_{41} & a_{42} & a_{43} & 0 & 0 & 0 & 0 & 0 & 0 \\
a_{51} & a_{52} & a_{53} & a_{54} & a_{55} & a_{56} & a_{57} & a_{58} & a_{59} \\
a_{61} & a_{62} & a_{63} & a_{64} & a_{65} & 0 & 0 & 0 & 0
\end{pmatrix}
$$

即：集群式信息服务体系 =

服务体系管理中心	高校系统服务中心	情报系统服务中心	公共系统服务中心	政府咨询部门	企业信息部门	行业信息机构	
计算机终端	通信网络	数据挖掘	大数据	Web 2.0	RFID	云服务	移动服务
自建数据	购置数据	网络资源	多媒体资源	资源导航	搜索引擎		
管理人员	技术人员	参考咨询人员					
借阅服务	文献传递	资源检索	科技查新	查收查引	学科服务	信息分析	在线咨询 教学培训
政府用户	企业用户	教育用户	科研用户	社会用户			

4 结　语

本文研究智慧城市与信息服务体系的关系，并设计出区域集群式信息服务体系模型，将一个地域内的组织、技术、资源、人员、服务、用户等集成元素有效整合在一个矩阵模型中，充分体现出信息服务体系在智慧城市大环境下的集群联合、泛在协同、共享增值的优势和特点。构建区域集群式信息服务体系必将推进区域创新、知识创新和信息化发展的进程，实现区域性泛在、整合、智慧、深层次的信息服务与智慧城市的深度融合。

参考文献：

[1]　上海社会科学院信息研究所. 智慧城市论丛［M］. 上海：上海社会科学院出版社，2011.

[2]　Rudolf G, Fertner C, Kramar H, et al. Smart cities-ranking of European medium-sized cities［EB/OL］.［2013-05-02］. http：//www. smart-cities. eu/download/smart_cities_ final_ report. pdf.

[3]　赵大鹏. 中国智慧城市建设问题研究［D］. 长春：吉林大学，2013.

[4]　王世伟. 未来图书馆的新模式——智慧图书馆［J］. 图书馆建设，2011，（12）：1-5.

[5]　肖应旭. 面向智慧城市的信息服务体系构建与运行模式研究［D］. 长春：吉林大学，2012.

[6]　陈柳钦. 波特的产业集群竞争优势理论述评［J］. 中共济南市委党校学报，2007，（4）：15-19.

[7]　吴志红，翟运开，朱榕. 集群式信息服务体系矩阵模型与服务链式运行机制研究［J］. 图书情报工作，2011，55（23）：54-58.

作者简介

吴志红，郑州大学图书馆研究馆员，通讯作者，E- mail：wzh001@ zzu. edu. cn；赵元斌，郑州大学信息管理学院硕士；韩秀珍，郑州大学信息管理学院硕士研究生。

272

智慧城市演进发展及信息服务
平台构建研究*

城市发展日益受到土地、空间、能源和清洁水等资源短缺的约束，城市人口膨胀、环境保护等问题面临的压力也越来越大。能耗、环境等问题日益突出，使用传统的技术和管理方法已经难以有效解决，目前发达国家正在研究如何创新性地使用新一代信息技术[1]、知识[2]和智能技术[3]手段来重新审视城市的本质、城市发展目标的定位、城市功能的培育、城市结构的调整、城市形象与特色等一系列现代城市发展中的关键问题，特别是通过智慧传感和城市智能决策平台来解决节能、环保、水资源短缺等问题。智慧城市（smart city）建设已成为一种潮流，受到社会的广泛关注，其独特的魅力也征服了世界各地政府，他们竞相提出了智慧城市发展目标，同时智慧城市建设也成为我国各地政府"十二五"规划中的重要内容。

在学术领域中，国外学者 Arun Mahizhnan[4]结合新加坡政府在智慧城市建设中的做法，运用案例研究方法对新加坡如何利用智慧城市的建设促进国家经济发展进行了分析；Jean Philippe[5]认为信息和通信技术（information and communication technology，简称 ICT）可以更好地促进智慧城市的发展，并提出可以利用智慧物网络对环境进行监控；Sung AhKim[6]构建了一个集成信息监控模型以实现智慧城市发展中对能量使用的监控。王世伟[7]从创新未来城市发展的顶层设计入手，从多角度提出了我国智慧城市建设的思路；邓贤峰[8]给出智慧城市建设的评价指标体系，并以"智慧南京"为例进行了案例分析；袁文蔚等[9]从技术和人本两个角度对我国上海、宁波等 5 个城市智慧城市战略规划文件做了内容分析，提出中国智慧城市建设和发展的政策建议。从国内外文献的研究现状来看，国外智慧城市研究逐渐关注智慧城市建设中ICT 这一"使能"技术，而我国目前的研究从建设策略的角度进行分析的相对较多。那么，我国智慧城市建设中的关键基础性问题是什么？如何构建其

---

* 本文系教育部人文社会科学青年基金"低碳经济下产业技术链的演进及创新机制研究（项目编号：10YJC6300250）"、吉林省科技发展计划"低碳经济下吉林省新能源产业链的构建及发展对策研究"（项目编号：20110636）和吉林大学"985 工程"项目研究成果之一。

核心能力以满足智慧城市建设发展的需求？其构建过程中关键基础性问题的影响因素是什么？针对这些方面的理论及实践性的研究成果相对较少。

本文的研究目标在于洞察我国智慧城市在演进发展中的瓶颈，归纳分析其发展中的关键基础性问题，从智慧城市建设发展中信息服务平台构建的视角，提出满足智慧城市信息服务平台发展的总体框架，分析其构建中的 5 个关键信息服务能力，并结合国外在智慧城市建设中的实践，分析平台构建中的影响因素。本文的研究对推动我国智慧城市建设进程和促进更美好的宜居城市发展具有一定的理论和现实意义。

1 智慧城市的演进及特征

1.1 智慧城市的内涵

IBM 认为智慧城市是运用信息和通信技术手段感测、分析、整合城市运行核心系统的各项关键信息，从而对包括民生、环保、公共安全、城市服务、工商业活动在内的各种需求做出智能响应[10]。IBM 定义的实质是强调用先进的信息技术，实现城市智慧式管理和运行，进而为城市居民创造更美好的生活，促进城市的和谐、可持续成长。美国学者 Patrizia Lombardi[11] 认为智慧城市是通过参与式治理，对人力资本、社会资本、传统和现代的通信基础设施进行投资，促进经济的可持续增长，提高居民生活质量以及对自然资源进行可持续综合管理。意大利和荷兰学者结合维也纳大学评价欧洲大中型城市的 6 个维度（即智慧经济、智慧运输、智慧环境、智慧居民、智慧生活和智慧管理），认为智慧城市是通过人力、社会资本、交通和信息通讯基础设置的投资，来推动可持续经济增长和高质量城市生活[12]。

在综合上述研究的基础上，笔者认为，所谓"智慧城市"就是城市信息化，即运用信息技术和通信技术手段感测、分析、整合城市运行核心系统的各项关键信息，从而对于包括民生、环保、公共安全、城市服务、工商业活动在内的各种需求做出智能的响应，为人类创造更美好的城市生活。

1.2 智慧城市的演进

在过去的 10 年中，世界上有大约 1 000 多个城市围绕智慧城市的建设开展了相关课题的研究和政策的制定，以维护城市的可持续发展[11]。纵观这些智慧城市的建设历程，大致可以分为 3 个阶段：①第一阶段为信息化城市建设阶段，这一阶段的特点是注重信息基础设施和信息通信技术的建设，如光纤铺设、卫星站点修建、跨国海底光缆接通、带宽扩展和网络架构等。②第二阶段是数字城市建设阶段，城市建设的主要资源围绕用户电子文档建设、数据库建设、信息传递、互联网的应用开发等。③第 3 阶段演进为智慧城市阶段，该阶段主要资源用于使城市的信息网络实现自动监控、信息自动采集、自动分析处理和自动决策等。这一阶段的特点是注重运用信息与通信技术推动社会、环境与管理的协调发展，其着力点是整合、惠民、绿色。智慧城市的 3 个发展阶段是前后紧密相续或互相交叉、交融的。总体而言，智慧城市是智慧地球的体现形式，是数字城市建设的延续，其演进发展的历程受到 ICT 发展的巨大推动，是城市信息化发展到更高阶段的必然产物。

1.3 智慧城市的特征

智慧城市是人的智慧与信息通信技术紧密结合的产物，因此它的重要特征主要体现在具有更强的智慧性地发现问题、解决问题的能力。具体来说，国内外智慧城市的发展体现出如下特征[12-13]：①更深入的智慧化。城市拥有海量的信息资源，通过分布在城市重要的基础设施、城市公共环境中的传感系统、自动监测和监控设施联网以及分布在城市中各个角落的个人、组织、政府信息系统，实现城市海量信息与数据的实时收集与存储。②更全面的互联互通。通过城市高带宽的固定网络、无线网络、移动通信网络以及实时在线连接，帮助用户从全局的角度分析并实时解决问题，从而彻底改变城市管理与运作方式。③更有效的交换共享。通过管理体制的创新保障，构建身份认证、目录交换、结算清分、信用评估等技术平台的系统性建设，从而促进分布在城市不同角落的海量数据的流转、交换、共享、对比，为应用提供良好的协同工作环境。④更协同的关联应用。以政府、城乡居民、企业的互动为核心来构建公共管理与服务平台，从而为政府协同办公、城市协同治理、面向城市居民的协同式服务、面向企业的协同式管理等提供更加智能、高效的决策支持系统和创新应用模式。

2 智慧城市的国内外发展

2.1 国外智慧城市发展

智慧城市已被世界各国确定为金融危机后振兴经济的关键策略。美国的亚特兰大、波士顿、拉斯维加斯、洛杉矶、旧金山、西雅图、费城、奥斯汀、克利夫兰、马里恩、匹兹堡、密尔沃基等城市都在建设无线网络，新加坡和韩国的首尔、仁川、釜山等 6 个城市以及马来西亚的吉隆坡、澳大利亚的悉尼等都在积极地推进智慧城市的建设[4]。

2006年，新加坡实施了"智慧国2015"计划，着力构建新一代资讯通信基础设施，发展有全球竞争力的信息通信产业，培养有全球竞争力的信息化人才，利用信息通信技术提升数字媒体与娱乐、教育培训、医疗卫生、金融服务、贸易和物流产业、旅游零售和电子政务九大领域的发展水平。前不久，新加坡又将云计算、商业分析、绿色通信技术等纳入"智慧国2015计划"[12,14]。

2009年6月，英国发布了《数字英国》（Digital Britain）计划，利用移动的网络优势和信息化产品，为分布在城市中的企业提供方便、快捷、有效的统一语音、数据、视频的多媒体应用平台。英国智慧城市的建设，主要是注重发展应对世界气候变化的各种智能和环境友好型技术与方案，把分散的、各自为政的信息化系统、物联网系统整合起来，提升为一个具有较好协同能力和调控能力的有机整体，"绿色环境"是英国城市智慧化的目标之一[15]。

2009年9月，美国迪比克市与IBM共同宣布，将在美国建设第一个智慧城市。IBM采用一系列新技术武装迪比克市，将其完全数字化并将城市的所有资源都连接起来，可以侦测、分析和整合各种数据，并智能化地响应市民的需求，降低城市的能耗和成本，使其更适合居住和商业的发展[16]。

2.2 国内智慧城市发展

中国北京、天津、青岛、武汉、上海、南京、杭州、广州、深圳、扬州、厦门等城市已经明确了智慧城市的发展计划并已处在建设之中。从地域分布来看，这些城市主要集中在长三角、珠三角和环渤海地区。

北京作为智慧城市的试点城市，建设动力主要有来自交通及社会管理的压力以及科技经济发展带来的新机遇。在被符号化的城市形象下，北京的一举一动可能都在传递智慧城市的未来趋势。2012年3月16日，北京市经济信息化委员会发布了《智慧北京行动纲要》[17]，提出了城市智能运行行动计划、市民数字生活行动计划、企业网络运营行动计划、政府整合服务行动计划、信息基础设施提升行动计划、智慧共用平台建设行动计划以及应用与产业对接行动计划、发展环境创新八大行动计划。

上海市《推进智慧城市建设行动计划》指出，新一代信息技术产业将成为智慧城市发展的有力支撑，上海将以企业为主，重点实施云计算、物联网、TD-LTE、高端软件、集成电路、下一代网络、车联网、信息服务8个专项。上海市政府围绕世博、亚太信息枢纽、3G网络建设等领域，有效推进设备制造、网络运营、内容服务、用户终端等产业的持续健康发展，为上海经济的进一步提升服务，并推动智慧门户、智慧政务、智慧医疗、三网融合创新四大应用工程，发挥示范作用，推进"智慧上海"建设。

深圳市充分发挥信息通信产业发达、RFID 相关技术领先、电信业务及信息化基础设施优良等优势，通过建设信息通信基础设施、认证、安全等平台和示范工程，加快产业关键技术攻关，构建城市发展的智慧环境。

2.3 我国智慧城市发展中的关键瓶颈

2012 年 6 月，全国信息技术标准化技术委员会[18]对我国开展智慧城市建设的典型城市及 IT 系统企业进行了深入的调研，发现我国北京、上海、深圳等智慧城市的建设与北美和欧洲国家相比确实取得了一定的进展，但很多城市在发展中也遇到了一些问题，其存在的关键瓶颈表现在以下三个方面：①很多城市在建设过程中缺乏统一的行业标准、建设标准和评估标准等建设指导（占调查比例的 72%），不同系统之间接口复杂，不易实现系统互联互通和信息的共享协同，有形成"智能孤岛"的可能。②在数字城市向智慧城市演进的过程中，缺少城市部门间的协同协作（占调查比例的 64%），造成城市信息在业务流转时由于各类数据资源分散，独立运行，缺乏有效的组织和管理，致使无法实现城市信息共享，不能为政府综合决策提供一站式在线信息综合服务。③智慧城市建设缺乏统筹管理和顶层规划（占调查比例的 62%），存在着低水平信息应用系统重复建设、实用主义现象严重的情况，造成投入成本过高、资源利用率低等后果。全国信息技术标准化技术委员会调查代表性城市在智慧城市建设发展中遇到的问题见图 1，笔者将调查统计结果中的前 3 个作为目前我国智慧城市发展中的关键瓶颈。

从目前我国智慧城市演进中所遇到的关键瓶颈来看，如何从整体城市可持续发展角度和顶层规划入手，构建智慧城市综合信息服务平台，促进行业标准化建设，充分发挥核心技术的作用并促进产品的自主创新，消除部门内部"智能孤岛"，实现技术统筹应用，是目前我国智慧城市建设发展中从"系统角度"开始着手的关键基础性问题。同时，智慧城市信息服务平台的构建对推进"数字城市"向"智慧城市"的演进发展，促进信息系统集成和后续功能扩充，实现城市发展中智慧性地发现问题和解决问题将起到关键的作用。

3 智慧城市信息服务平台构建

3.1 智慧城市信息服务平台的整体框架模型

智慧城市从顶层设计的角度需要构建信息服务平台的整体框架，以便服

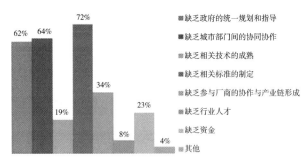

图 1　我国智慧城市发展的问题及挑战

资料来源：我国智慧城市建设及 SOA 应用、标准化情况调研报告（2012 年 6 月）

务于城市数据中心，实现智慧城市应用系统的不断扩充，解决不同系统之间的接口问题和当前我国智慧城市发展中的信息系统共享、"智能孤岛" 和顶层规划等瓶颈问题。

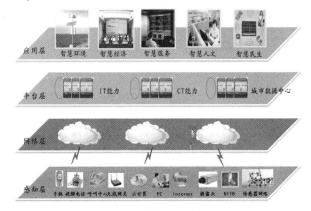

图 2　智慧城市建设的整体框架模型

　　智慧城市信息服务平台整体架构模型可以分为 4 层，即应用层、平台层、网络层及感知层（见图 2）：①应用层是最顶层，是国内外智慧城市在应用层面建设的核心内容，包括智慧环境、智慧经济、智慧服务、智慧人文和智慧生活 5 个维度。各维度的具体建设内容及建设关键点见表 1。这一环节是指导智慧城市建设目标、发展方向及体现智慧城市建设效果的关键。②平台层提供各种公用机柜、电源、主机、存储、系统软件、虚拟化软件等，其中系统软件包括操作系统、数据库、中间件。在资源服务利用与提供方面，该平台层的数据不仅可供自用，而且能够在集成、整合的基础上为城市各方面提供大量的基础数据，还能提供包括主机托管、主机租赁、整机租赁和虚拟主机服务的平台底层服务资源。③网络层连接了中心机房、政务网络、广播电视网络、运营商网络、各项业务专网（包括电力数据网络、金融专网）等，并向上述网络以及互联网发布相关信息。同时完成大量的数据路由与交换，汇聚接入本

地的服务资源，接入城市所有能协调的外部网络，提供外部对公共平台的访问。④感知层可以利用手机、视频电话、呼叫中心、无线网关、云计算、RFID 技术、传感器网络等，进行城市各种数据和事件的实时测量、采集、事件收集、数据抓取和识别。

智慧城市建设的整体框架可以帮助明确智慧城市在信息服务平台构建中的重点领域和建设的主要内容，为创造面向未来的智慧城市系统框架奠定信息服务和高效决策的基础。

表1 智慧城市建设应用层的5个维度建设内容

维度	建设内容	建设关键点
智慧环境	智慧基础设施	家庭光纤接入率
		无限网络覆盖率
		主要公共场所 WLAN 覆盖率
		下一代广播电视网（NGB）覆盖率
	智慧化环保监控	户均网络接入水平
		环境质量自动化监测比例
		重点污染源监控比例
	智慧能源	碳排放指标
		家庭智能表具安装率
		企业智能化能源管理比例
		道路路灯智能化管理比例
		新能源汽车比例
		建筑物数字节能比例
智慧经济	信息产业发展水平	信息服务业增加值占地区生产总值比重
		信息服务业从业人员占社会从业人员总数的比例
		电子商务交易额占商品销售总额的比重
	企业信息化水平	工业化和信息化融合指数
		企业网站建站率
		企业电子商务行为率
		企业信息化系统使用率

维度	建设内容	建设关键点
智慧服务	智慧医疗	市民电子健康档案建档率
		电子病历使用率
		医院间资源和信息共享率
	智慧教育	城市人均教育支出水平（占 GDP）
		家校信息化互动率
		网络教学比例
	智慧交通	市民对交通信息的关注率
		公交站牌电子化率
		城市道路传感终端安装率
		停车诱导系统覆盖率
	智慧化政府	行政审批项目网上办理比例
		政府公务行为全程电子监察率
		政府非涉密公文网上流转率
		企业和政府网络互动率
		市民与政府网络互动率
智慧人文	智慧社区管理	社区信息服务系统覆盖率
		社区服务信息推送率
		社区老人信息化监护服务覆盖率
		居民小区安全监控传感器安装率
	市民文化科学素养	城市公众科学素养达标率
		市民信息化宣传培训水平
智慧民生	智慧化公共安全管理	食品药品追溯系统覆盖率
		自然灾害预警发布率
		重大突发事件应急系统建设率
		户籍人口及常住人口信息跟踪
	生活便捷感	交通信息获取便捷度
		城市就医方便程度
		政府服务的便捷程度
		图书馆资源的便捷程度
		社区信息服务的便捷程度

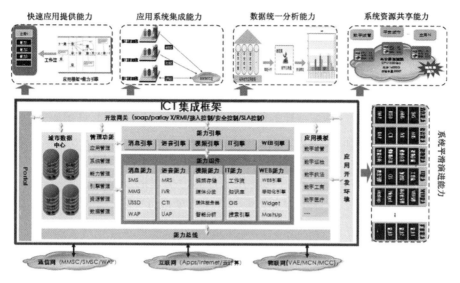

图3 智慧城市信息服务平台的核心能力

3.2 智慧城市信息服务平台的核心能力

在智慧城市信息服务平台整体框架构建的过程中，需要快速的应用提供能力、应用系统集成能力、数据统一分析能力、系统资源共享能力、系统平滑演进能力，并通过ICT集成框架，为智慧城市的演进提供综合的应用支撑和管理（见图3）：①在构建快速的应用提供能力方面，通过应用模版（包括数字城管、数字巡警、数字执法、数字工商、数字医疗等）和能力引擎（包括消息引擎、语音引擎、视频引擎、IT引擎和Web引擎），提供基于工作流引擎的工作环境，从而提供快速的应用交付能力。②在构建应用系统集成能力方面，需定义系统标准接口，以便支持多层次的第三方应用系统的数据集成、能力集成和应用集成。③在构建数据统一分析能力方面，通过城市仪表盘为决策者提供各种城市应用数据，在进行实时数据分析后，通过城市仪表盘灵活地展现城市数据分析视图，便于城市不同应用层面决策者开展统一的指挥调度。④在构建系统资源共享能力方面，数据中心管理员按需分配计算资源给各类智慧城市的不同应用，以提供计算能力及海量存储资源，然后各应用按照计算资源的租用数量、实际占用量进行统计。这种系统资源共享能力的优势在于容量性价比极高、绿色节能、简化管理，可实现系统平滑的可持续发展及扩充。⑤在构建系统平滑演进能力方面，能支持消息能力、语音

281

能力、视频能力、IT 能力、Web 能力、扩展能力等不同时期的建设能力需求，以便能够支持智慧城市不同信息系统的分期建设，实现系统的可成长和可持续扩充的建设需求。

3.3 智慧城市信息服务平台能力构建中的影响因素

智慧城市信息服务平台核心能力在建设的过程中，受到各种因素的影响，这些因素对智慧城市的演进发展、瓶颈问题的解决和信息服务平台核心能力构建起到关键作用。本文从 3 个维度即技术因素维度、制度因素维度和人文因素维度，对影响智慧城市信息服务平台能力构建的影响因素进行了分析，同时，将智慧城市演进中的服务特征与 3 个维度进行关联，如图 4 所示：

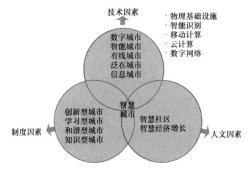

图 4　智慧城市信息服务平台构建中的影响因素维度

- 技术因素。在智慧城市演进过程中所经历了数字城市、智能城市、有线城市、泛在城市和信息城市，这些城市建设的信息服务内容需要有一定的物理基础设施、智能识别、移动计算、云计算和数字网络技术的支持。智能识别、移动计算、云计算是影响智慧城市信息服务平台构建的核心技术。其中智能识别技术又包括视频识别技术 RFID、条码识别技术以及传感识别、视频识别和无线定位测量技术。

- 制度因素。智慧城市演进过程中涉及创新型城市、学习型城市、和谐型城市和知识型城市的演进历程。尽管智慧城市信息服务平台在构建中有一些共同之处，但由于全球每个城市各自的基础不同、环境不同、需求不同、文化不同及经济制度不同，因此在信息服务平台构建中只采用一种新技术去适应不同国家制度背景的需求是行不通的，应当采用因地制宜、因城而宜的原则，根据需要由各地政府度身定制相关的政府政策并采取一定的制度导向，以体现实事求是的精神和实践上的可操作性。

282

● 人文因素。智慧城市演进过程中需要智慧社区和智慧经济的增长，其中人文因素包括人文素质的提升和社会资金的投入。智慧城市信息服务平台的建设要让市民在任何时间、任何地点，通过任意的网络和设备即可获得所需要的信息和相关服务。因此在建设中最大的挑战是观念上的，必须意识到这样一种需求，即设计一个平台，从而将所有技术应用于面向市民的公共服务，而非他用。

4 结　论

从城市演进发展角度来看，智慧城市是一个全新的理念，是城市化进程的必然选择，其核心特征是将信息资源作为重要的生产要素，来推动经济转型升级，再创城市发展的新优势。智慧城市信息服务平台构建是推动智慧城市演进进程中的关键基础性问题，对实现由信息化城市向数字城市，再向智慧型城市演进具有重要的推动作用。纵观国内外智慧城市演进发展的关键及我国智慧城市建设中存在的问题和遇到的瓶颈，从整体城市可持续发展角度和顶层规划入手，构建智慧城市信息服务平台，是当前我国智慧城市演进发展中的关键基础性问题。

在本文的研究中，仅就智慧城市信息服务平台构建中的整体框架、服务能力和影响因素3个关键问题进行了分析，没有结合典型城市信息服务平台构建进行案例分析，同时对于信息服务平台构建的具体指标和信息服务平台构建中影响因素的实证研究，还有待进一步的研究。本文的研究，在理论层面可延展智慧城市理论体系框架，推动以信息服务平台作为智慧城市演进发展的关键基础性问题的建设，为智慧城市纵深化理论研究指明新的方向；在实践层面可进一步指导我国智慧城市的构建，从而更好地推动我国低碳经济建设，推动中国政府提出的"资源节约型、环境友好型社会"的实现。

参考文献：

［1］　Sproull L, Patterson J F. Making information cities livable ［J］. Communications of the ACM, 2004, 47 (2): 33-37.

［2］　Dirks S, Gurdgiev C, Keeling M. Smarter cities for smarter growth: How cities can optimize their systems for the talent-based economy ［OL］. ［2010-12-10］. http: //public. dhe. ibm. com/common/ssi/ecm/en/gbe03348usen/ GBE03348USEN. PDF.

［3］　Malek J A. Informative global community development index of informative smart city ［C］ //Proceedings of the 8th WSEAS International Conference on Education and Educational Technology. Genora: University of Genora, 2009.

[4] Mahizhnan A. Smart cities: The Singapore case [J]. Cities, 1999, 16 (1): 13-18.

[5] Vasseur J P, Dunkels A. Smart cities and urban networks [M] //Interconnecting Smart Objects with IP. Elsevier, 2010: 335-351.

[6] Kim S A, Shin D, Choe Y, et al. Integrated energy monitoring and visualization system for smart green city development: Designing a spatial information integrated energy monitoring model in the context of massive data management on a Web based platform [J]. Automation in Construction, 2012, 22 (3): 51-59.

[7] 王世伟. 说"智慧城市" [J]. 图书情报工作, 2012, 56 (2): 5-9.

[8] 邓贤峰. "智慧城市"评价指标体系研究 [J]. 发展研究, 2010, (12): 111-116.

[9] 袁文蔚, 郑磊. 中国智慧城市战略规划比较研究 [J]. 电子政务, 2012, (4): 54 -63.

[10] Qin Honghua, Li Hanqing, Zhao Xia. Development status of domestic and foreign smart city [J]. Global Presence, 2010, (9): 50-52.

[11] Lombardi P, Giordano S, Caragliu A. An advanced triple-helix network model for smart cities performance [OL]. [2012-06-04]. ftp://zappa. ubvu. vu. nl/ 20110045. pdf.

[12] Pan Jin-Gu, Lin Yu-Fan, Chuang Su-Yi, et al. From governance to service-Smart city evaluations in Taiwan [C] //2011 International Joint Conference on Service Sciences. Taiwan: Yuan Ze University, 2011: 334-337.

[13] Caragliu A, Bo C D, Nijkamp P. Smart cities in Europe [C] //3rd Central European Conference in Regional Science - CERS. Bratislava: University of Econamics, 2009: 45-57.

[14] Conceptualizing smart city with dimensions of technology, people, and institutions [C] //The Proceedings of the 12th Annual International Conference on Digital Government Research. New York: City University of New York, 2011: 282-291.

[15] 张陶新, 杨英, 喻理. 智慧城市的理论与实践研究 [J]. 湖南工业大学学报（社会科学版）, 2012, 17 (1): 1-7.

[16] Anthopoulos L, Tsoukalas I A. The implementation model of a digital city [J]. Journal of EGovernment, 2 (2): 91-110.

[17] 崔婧.《智慧北京行动纲要》诞生记 [OL]. [2012-04-12]. http://miit. ccidnet. com/art/32683/20120412/3764959_ 1. html.

[18] 全国信息技术标准化技术委员会 SOA 标准工作组. 我国智慧城市建设及 SOA 应用、标准化情况调研报告 [R]. [2012-06-18] http://www. nits. gov. cn/Up-loadFile/soa/File/%E6% 88% 91% E5% 9B% BD% E6% 99% BA% E6% 85% A7% E5% 9F% 8E% E5% B8% 82% E5% BB% BA% E8% AE% BE% E5% 8F% 8ASOA% E5% BA% 94% E7% 94% A8% E3% 80% 81% E6% A0% 87% E5% 87% 86% E5% 8C% 96% E6% 83%

85% E5% 86% B5% E8% B0% 83% E7% A0% 94% E6% 8A% A5% E5% 91% 8A.pdf2012：16.

作者简介

王晰巍，女，1975年生，教授，博士生导师，发表论文50余篇。

王　维，女，1987年生，硕士研究生，发表论文2篇。

李连子，女，1988年生，硕士研究生，发表论文2篇。

支持开放、合作和交互的国家科学图书馆智慧中心服务实践

专业图书馆的发展历经文献服务和信息服务时期，现在正朝着全面的知识服务的方向快速发展。数字图书馆的建设在高效率地满足用户的信息检索、信息获取方面的需求的同时，也导致实体图书馆到馆读者大幅度减少，图书馆物理空间的利用率明显下降。以中国科学院国家科学图书馆（以下简称"国科图"）为例，近几年到馆读者的数量以及图书借阅册数都呈现出较为明显的下降趋势。如何充分利用图书馆的物理空间为用户提供知识服务就成为网络环境下专业图书馆必须认真思考的问题。

与公共图书馆不同，专业图书馆主要为用户提供专业的信息和知识，用户到馆也主要以获取知识为主，但是，不能因此而忽略用户对于图书馆物理空间的要求。而且，随着社会发展节奏的加快，面对面的交流正在变成一种稀缺资源，人和人之间的交流正在经历一种线下–线上–线下线上并重的过程。尤其是线上的交流不再局限于固定的终端时，人们对于空间、环境以及面对面交流的需求就变得越来越强烈，车库咖啡的出现和兴起就是一个很好的证明[1]。

1 智慧中心概况

1.1 建设背景

国内外有不少图书馆曾经或正在探索如何对馆内物理空间进行开发和利用，例如：初期的 IC（Information Commons）和 LC（Learning Commons），还有现在形态各异的 RC（Research Commons）以及知识实验室（Knowledge Lab，K-Lab）等，都是利用图书馆的物理空间，并结合虚拟空间推出的一种服务模式[2-3]。上述几种探索都在图书馆发挥了积极的作用，尤其是在高校图书馆，这种舒适的物理环境非常适合学习和交流，受到在校大学生的普遍欢迎。但是，上述几类服务模式也存在服务对象单一，或者是服务形式和内容单一的问题，已经不能满足读者日益多元化的需求。图书馆，尤其是专业图书馆需要提供一种多元服务集成的空间环境。这些服务不一定拘泥于特定的

服务对象，而且，这种立足于图书馆物理空间的服务是整合了资源、设备和服务的综合性的、复杂的服务模式和服务系统，能够按照到馆用户的需求，最大限度地发挥图书馆物理空间的作用，满足多层次用户的多元化的需求。

国科图是国内较早开始重视发挥图书馆物理空间作用的专业图书馆[4]，从 2006 年建设并投入运营的信息共享空间（IC）到 2010 年建设的学习共享空间（LC），都是充分利用图书馆的物理空间进行服务模式转变的探索和尝试[4-6]。2012 年，国科图提出"区域服务一线"的战略规划，吹响了为地方科技和地方经济服务的号角。在区域服务一线战略的指引下，国科图在原有信息共享空间和学习共享空间的基础上，根据国科图为用户提供知识服务的发展方向，再次对物理空间进行了调整和改造，建成国科图开放智慧中心。

1.2　环境设备

在空间布局方面，智慧中心根据空间功能划分为七大区域：学习共享空间、协同创新实验室、知识服务体验区、协同共享交流研讨服务区、产品展示区、影厅和咖啡厅，总的服务面积达到 1 000 平方米，可以满足科研和企业不同规模、不同层次的需求。在空间配置方面，智慧中心尽量做到多功能和灵活组合。因此，为满足读者的学习、研讨、召开会议等需求，智慧中心各部分功能区之间的界限并没有非常清晰和刚性地分开，而是模糊的和柔性的。通过桌椅和移动书架等的组合摆放就可以形成不同的功能区。智慧中心的桌椅都选择轻便、结实的材料，随时可以根据用户的需求实现快速、柔性和灵活配置。例如：学习区在平时可以是个人阅读和学习的地方，如果需要讨论和交流，则可以把部分桌椅拼合起来，并配备相应的可移动的设备，成为一个可以移动的交流研讨区。

针对用户，尤其是年轻用户"永远在线，永远和别人在交互"的特点[7]，智慧中心提供了高速的网络设备资源。除有线网外，智慧中心还实现了全空间的无线网覆盖。手机用户、平板电脑用户等持各种不同移动终端的人在智慧中心可以通过无线网络进行信息的查找、网上冲浪、博客或者微博的撰写，以虚拟的方式与别人进行交流。因此，在智慧中心，用户既可以通过高速网络进行信息挖掘、获取，也可以通过小组协作学习的方式对某一问题进行深入研讨。

2　智慧中心的服务实践

国科图总馆在完成智慧中心的空间布局和改造以后，尝试进行了多项服务实践。

2.1 支持科技创新与创业，打造科技创新早期项目服务平台

为充分利用国科图的科技信息优势、地理优势、智力优势，为科技创新和创业者提供早期项目信息服务，智慧中心联合多家企业，不定期举办与创业有关的活动，例如：钛媒体（TMT）专场项目对接会、医疗健康类企业投融资项目对接会、创业实战培训公开课、电子穿戴设备项目分享专场等。通过这些活动的举办，在智慧中心营造创新创业氛围，为下一步对科技创新和创业者提供科技信息服务创造条件。智慧中心对于创新创业的支持，不仅仅体现在场地支持上，还包括利用国科图的资源和能力对相关服务予以支持，这一点在活动中也得到了验证。例如，产业技术信息服务团队多次在活动中现场分享移动互联网中的技术趋势分析和竞争格局产品，同时也对团队的产品目录进行了展示。

开放平台创新大赛是大数据时代科技创新的重要方式。为支持创新创业，激发大众智慧，智慧中心积极尝试，联合主办方，共同举办首届中国互联网数据平台数据挖掘大赛决赛。智慧中心在活动的支持和服务方面发挥了积极的作用。通过联合举办活动，智慧中心对创新大赛的运作、流程等有了一定程度的了解，也为下一步举办类似的开放平台创新大赛积累了经验。

2.2 探索知识服务，支持科学研究

在数字化、网络化时代，如何对知识进行发现、组织、管理等，是摆在众多科研人员和研究生面前的问题。但是，使用什么样的工具以及如何使用这些工具解决问题是图书馆为用户提供知识服务的一项重要内容。因此，智慧中心在往期先进知识工具体验活动的基础上，充分调研读者的实际需求，根据读者调查的结果，精心设计主题，组织师资力量，推出先进知识工具体验活动，得到了广大读者的积极响应。

根据用户的实际需求，智慧中心组织了以下工具的体验活动：①与科研做图相关的工具（如 Origin 软件）的使用；②与科研写作相关的工具（如EndNote 软件和 NoteExpress 软件）的使用；③与信息管理相关的工具（如 E划通）的使用；④与信息分析相关的工具（如 TDA、TI）的使用；⑤与信息检索相关的工具（如 Web of Knowledge）的使用，等等。与普通培训不同的地方是，除现场演示外，这种工具体验式培训注重实际操作，馆员可以在现场发现用户使用这些工具时存在的问题，并现场予以解决，有效提高了培训的效率。

2.3　搭建信息交流与协同协作空间

智慧中心特别注重发挥物理空间的作用，为到馆用户提供信息交流和协作的平台，为用户提供无处不在的信息展示和信息交流的途径。

2.3.1　信息墙　为充分展示信息，增加与用户的互动性，智慧中心以信息墙的方式向用户提供与科技、文化等相关的信息。信息墙的硬件建设包括国科图中庭的一块大屏幕和三块可以触摸的电子屏。其内容由馆员分不同的栏目进行内容建设，例如，"科技新闻"栏目定期收集国内外最近的科技进展，以图片和文字的形式滚动播出；"每日资讯"则提前收集京区各文化单位近期的讲座、演出等活动进行提前预报，方便到馆读者了解相关信息并作出选择；"艺术欣赏"以图片类资源为主，通过收集精美的自然地理类、文艺类图片进行展示，给读者以视觉冲击和艺术享受。"成果展示"栏目则关注国内国际最新的科技成果报道与图片展示，同时也对图书馆的一些可以公开的情报信息、查新结果、科研成果、定题检索等成果进行展示，形成图书馆的成果信息发布中心。

2.3.2　科技展览　通过合作或者自制的方式，以每月一期的频率在中庭定期展示与科学研究、技术、文化等相关的、以科学普及为目的的内容，例如：展示科研大装置的"走近北京正负电子对撞机"展览、从科技史的角度展示中国飞天技术发展的"中国古代飞天梦"展览，以及展示中国海洋国土的"中国海岛"图片展等，这些展览的内容一方面有效揭示了国科图的馆藏资源，另一方面展览内容的制作对于馆员素质的提高也有显著作用。到馆读者通过参观展览增长了知识，开阔了视野。

2.3.3　学术讨论空间　智慧中心充分利用物理空间资源，通过组织不同类型的交流、讨论等活动，营造开放交流、协同学习的氛围。例如，邀请企业负责人就3D打印的发展趋势进行讨论、交流；针对中学生举办信息素质教育活动，开展分组学习和讨论；邀请外国驻华大使馆的工作人员就出国留学访问等问题举行留学说明会；组织关于专利申请、检索、分析方法的培训、讨论等。这些活动的举办，在提高智慧中心空间利用率的同时，也在图书馆基本建立了学习、讨论、交流的氛围，为下一步智慧成果的产生奠定了基础。

2.3.4　新产品展示空间　智慧中心充分利用空间进行新产品和新技术的展示，购置了使用不同电脑操作系统的平板电脑和苹果笔记本电脑，使到馆用户能够体验这些新产品和新技术。这些新产品与信息墙的展示内容可以互补，共同组成了智慧中心的集成展示系统。

3 思考及建议

纵观国内外图书馆对于物理空间的开发利用，从开始的信息共享空间、学习共享空间到研究共享空间等，都是充分利用物理空间作为载体，满足读者的学习、协作和交互方面的需求。信息共享空间强调使用户在图书馆能够获取信息一站式服务，学习共享空间侧重于实现读者的协同式学习，研究共享空间则为读者提供了一个知识创新、发展与研究的活动空间，支持高校研究生、教师与科研人员之间的交互、协同和探索研究。最近上海图书馆的"创·新空间"为未来图书馆的发展提出了新的思路[8]。

与上述几种类型的空间相同，国科图的智慧中心也是把物理空间作为一种服务的载体。但是，与上述空间不同的是，智慧中心作为一种新型的服务模式，首先强调的是为用户搭建一个开放的平台[9]，这种开放不仅仅是指物理空间对所有用户都开放，更多地是强调用户的开放学习、开放讨论、开放交流。重要的是，智慧中心支持用户开放创新。因为在网络环境下，有越来越多的开放内容：信息是开放的，数据是开放的，封闭式的科研或者创新不仅效率低下，而且严重浪费智力资源，已经不能适应新形势下对创新的要求。开放成为网络时代进行创新的必然。

其次，智慧中心强调智慧，但这种智慧并不是指图书馆的智慧，或者并不仅仅是图书馆的知识产品所蕴含的智慧。更重要的是，通过支持开放创新，汇集大众智慧，开拓用户的思维。换言之，智慧中心希望用户在图书馆不仅是被动地接受服务，而且通过图书馆的服务和用户之间的交流，能够形成正反馈，形成新创意、发现新机会，能够激发用户的创新意识和创新激情，这也是智慧中心最终服务成果的一种体现。

因此，智慧中心是支持开放创新的一种新型的服务模式，其服务实践也是围绕这种模式转型所进行的探索和尝试。虽然这些实践工作在实际服务过程中取得了一定的效果，但是，作为一种新型的服务模式，智慧中心在服务规划、服务机制和服务专业性及服务宣传等方面还需要优化和完善。

3.1 加强服务规划和设计，形成多种服务模式的融合

智慧中心建成以后的一些服务实践虽然取得了较好的效果，但是服务内容缺乏内在关联，需要增强规划，增加系统性设计。例如：一些创业和投资活动的确活跃了图书馆的物理空间，也让很多读者知道国科图可以对相关的活动做服务和支持，但是活动的主题、频次都还不固定，部分活动的举办在主题上还比较分散。从已经举办的一些创业与投资活动来看，其基本集中在

移动互联网方面的创业投资，其他方面较少涉及。而且，移动互联网涵盖的范围也比较广泛，每一期的活动缺少聚焦。从长远来看，对于智慧中心的品牌形成作用有限。从活动的形式上来看，目前在智慧中心举办的部分创业与投资活动，基本上限于创业投（融）资对接会，形式较为单一。

智慧中心需要在以后的创业与投资活动中融入更多的活动设计，如以合作的形式举办活动，逐渐从场地提供者的角色转变为策划者+场地提供者的角色。应充分利用中国科学院内的科技资源，按照不同的产业、不同的领域进行分类，通过为院内的科技项目寻找投资，使院内的科技成果真正地转化为生产力。此外，国科图应当充分利用全国科学院联盟的科技资源，通过活动为各省科学院的科技成果寻找投资和融资渠道。智慧中心还应积极与中关村各产业联盟建立合作关系，通过创业与投资活动促进技术创新和产业发展，为地方科技和地方经济发展做出贡献。

在活动的形式方面，应该更加多样化，例如：智慧中心可以考虑单独或者与企业联合，组织一些相关的技术研发趋势沙龙、创业沙龙、技术发展分析讲座等；组织创业辅导课、创业经验分享会、求职经验分享会等，让更多的人来图书馆不是因为活动，而是因为在图书馆可以感受创新创业的氛围，得到创业支持，可以与更多创业的人群进行交流，激发创业的灵感。举办上述活动，可以丰富和活跃阵地服务，使未来到馆读者的增加成为常态。

加强服务规划和设计的另一面是要不断优化服务策略。对服务和活动进行筛选，增加和优化受关注和受欢迎程度较高的活动；对关注度和受欢迎程度不高的活动应当进行原因分析，有针对性地加以改进。

3.2 探索建立智慧中心的服务和管理机制

智慧中心在探索各项服务实践的同时，也遇到了一些新的问题。例如：哪些类型的活动是可以支持的，如何管理空间和设备，如何对服务成果进行认定和登记等。针对各种类型的问题，需要根据智慧中心的各项服务内容，制定明确合理的服务政策和管理规范。因此，开放的智慧中心在丰富服务内容、提高服务效果的同时，应当重视机制建设，探索建立有效的工作机制、宣传机制、成果管理机制等。通过机制建设，在为用户提供优质高效服务的同时，也能实行有效的图书馆管理。例如：某项目在智慧中心举办的创业与投资活动中得到了支持，或者企业获得了融资，或者创业者由一个创意最后形成一个企业等，都可以视之为智慧中心的服务成果。如何对这些成果进行管理、共享和传播等，则需要有一套有效的和成熟的机制。因此，建立有效的服务机制和管理机制，是智慧中心未来应当着重考虑的问题。

3.3 提高智慧中心服务的专业性，加强团队建设

智慧中心的服务对象主要是科研人员、研究生以及创新创业人才。因此，一方面应当充分利用国科图的资源，经过馆员的分析、整理及加工，形成知识产品，为上述人员提供知识服务。例如：针对科研人员和研究生在科研过程中的知识发现、挖掘、管理、利用方面的问题，组织更多的先进知识工具体验活动以及相关知识竞赛；针对创新创业人才的需求，组织创新创业知识展；针对一些战略新兴产业，定期发布技术趋势分析报告，让创新创业人才了解行业发展趋势。另一方面，智慧中心可通过策划、组织图书馆开放技术创新大赛、图书馆开放数据创新大赛等活动，挖掘数据潜能和智慧潜能。围绕智慧中心的发展目标，智慧中心可以订购创新创业、职业发展、励志类的图书，并提供导读。同时，智慧中心应当与国科图馆内的区域信息服务有机融合起来，使馆内的服务有机、无缝地集成嵌入到智慧中心。例如：产业技术信息服务可以把智慧中心的服务作为抓手，把握创新性企业的需求，为企业提供项目评估，为科研机构和个人用户提供科技信息咨询等服务。在这种情况下，智慧中心举办的各种活动既可以充当了解服务需求的入口，同时也可以成为宣传和展示服务成果的出口。

开放智慧中心是立足于物理空间的服务模式的转型，它对智慧中心图书馆员的素质提出了更高的要求，因此，智慧中心馆员的角色和职责在服务中显得尤为重要。在团队建设方面，需要在智慧中心设立专职的服务岗位。智慧中心图书馆员不仅仅是服务的组织和策划者，在多数情况下还应该积极参与到服务中，直接为用户提供知识服务，例如为用户提供信息素质教育的咨询和培训服务。这就要求智慧中心服务团队本身应当有较强的学习能力、表达能力和沟通能力。服务团队需要不断地学习，加强自身能力的培养。只有图书馆员自身有较高的素质和能力，才能在新型环境下提供高效的服务，而不仅仅是一个场地的"看管者"和"服务员"。

3.4 加强服务的宣传

企业想要做大做强，离不开广告宣传和营销。同样的，图书馆服务想要形成品牌效应，也要不断扩大宣传，提高影响力。如果把整个国科图的区域服务看成是一个企业的话，智慧中心的角色无疑应当是市场部和销售部。国科图应把为区域经济和地方科技提供服务作为一项战略规划，加强宣传工作，并增强宣传工作的连贯性和系统性。

智慧中心的宣传应是线上和线下的有机结合：①在线下举办各种活动本

身是一种很好的宣传。通过举办不同形式的活动，方便到馆的科研人员、创业者、投资人了解智慧中心，了解图书馆，得到实际的支持和服务。②线上活动的宣传可以充分利用第三方开放平台，例如微博和微信等时下主流的信息传播媒介进行宣传，让更多的图书馆潜在用户了解图书馆的资源和服务。另外，条件成熟时，通过拍摄视频、微电影等对智慧中心进行宣传，是较好的补充渠道。

在发挥活动宣传和网络新媒体宣传功效的同时，不应忽略对到馆用户的宣传。智慧中心应充分利用馆内的资源，通过信息墙、宣传栏、墙报的形式进行服务的宣传和展示，在空间的布置方面设立无处不在的展示区。展示区的内容可包括智慧中心的服务理念、服务内容、最新活动、联系方式等，其中部分内容应定期更新，通过颜色、形状等的变换提示读者关注其变化。这些定期更新的展示内容可以给新用户耳目一新的感觉，同时也可以吸引常到馆的用户对这些内容进行长期关注。

4 结　语

国科图开放智慧中心是为适应新的用户信息环境（知识和资源网络化、电子化和数字化）和满足用户的新需求而创建的一种新型服务模式。这种服务模式以开放的物理空间和设备为基础，配以虚拟的数字化信息环境，以满足用户的交互协作、个性化学习和知识创新需求为手段，以知识服务为目的，激发和汇聚大众智慧，支持开放创新，推进科学知识和科学文化的传播。未来图书馆物理空间+虚拟环境的发展模式必将成为图书馆（至少是专业图书馆）的发展趋势，图书馆也将成为知识社会和创新社会的核心组成部分。

参考文献：

［1］ 车库咖啡：创业者开放创业平台［EB/OL］.［2012-09-07］. http：//www. techweb. com. cn/xinrui/2011-05-11/1032411. shtml.

［2］ 王敏. 高校图书馆构建信息共享空间的思考［J］. 高校图书情报论坛，2011，10（1）：50-52.

［3］ 杜少霞. 国内学习共享空间研究综述［J］. 农业图书情报学刊，2012，24（4）：164-167，170.

［4］ 孙玉玲，赵瑾. 面向研究生的集成信息服务——中国科学院国家科学图书馆总馆 IC 案例研究［J］. 图书馆建设，2009，（3）：56-60.

［5］ 孙玉玲，陈朝晖，赵瑾，等. 基于 IC 的图书馆读者互动服务研究——以中国科学院国家科学图书馆 IC 为例［J］. 图书馆建设，2010，（11）：63-66.

［6］　彭小花. 从信息共享空间到学习共享空间——以中国科学院国家科学图书馆 IC&LC
　　　　为例［J］. 图书馆学研究，2012，（20）：72-77.

［7］　Retrofitting school libraries for 21st century learners［EB/OL］.［2012-09-07］.
　　　　http：//www. ala. org/aasl/sites/ala. org. aasl/files/content/aaslissues/toolkits/bldngl-
　　　　vl/retrofitting. ppt.

［8］　创·新空间［EB/OL］.［2013-08-22］. http：//video. sina. com. cn/v/b/10833725
　　　　9-1769240357. html.

［9］　孙莉薇. 图书馆创意空间是一种新的服务模式——访国家科学图书馆馆长张晓林
　　　　［N］. 图书馆报，2013-07-26（A19）.

作者简介

王保成，中国科学院国家科学图书馆副研究馆员，文献服务部主任，E-
mail：wangbc@ mail. las. ac. cn；

孙九胜，中国科学院国家科学图书馆馆员；莫晓霞，中国科学院国家科
学图书馆馆员；董华，中国科学院国家科学图书馆馆员。

图书馆作为开放智慧服务中心的模式研究[*]

1 引　言

　　图书馆是一个不断生长的社会有机体，图书馆服务一直适应着社会需求的变化而发生着变革。随着互联网技术的快速发展，传统图书馆正面临多重挑战。智能终端技术的不断发展、各类无线通讯技术的日趋成熟以及互联网平台的进一步建设，拓展了用户获取信息的渠道，越来越少的用户依赖图书馆来获取书目信息、图书期刊、参考咨询等信息服务，而更多的是通过移动终端和互联网，比如苹果、谷歌和亚马逊公司提供的电子书和数据库平台等来获取所需资源，这给现有的图书馆服务带来了巨大的生存压力，图书馆迫切需要寻找全新的服务模式以应对需求的变化。但困境和挑战中也孕育着机遇和创新，迅速发展的互联网环境也为图书馆向智慧服务中心转型提供了基础和支撑，使图书馆的服务模式更加智能、广泛，为图书馆创新服务手段、拓宽服务范围带来了非常多的可能性。

　　在这种情况下，图书馆探索以"开放智慧服务中心"为代表的新型智能化服务形式势在必行。国内外不少图书馆及其他组织机构已经开展了相关实践，本文在案例分析的基础上，提出了图书馆开展新型信息服务的基本模式——开放智慧服务中心，并初步探究了图书馆作为开放智慧服务中心的资源、技术和服务模式，以期从贴近图书馆实际建设的层面，为图书馆阵地服务转型提供指导和参考。

2　开放智慧服务中心

　　"开放智慧服务中心"是未来图书馆的新模式，目前相关的理论研究还处于初始阶段，相关文献主要涉及两方面内容。

---

　　* 本文系中国科学院国家科学图书馆 2012 年度文献情报战略调研项目"图书馆作为开放智慧中心的形态、趋势与挑战"（项目编号：院 1216）研究成果之一。

2.1 智慧图书馆

"智慧图书馆"的探索率先出现在欧美的大学图书馆、公共图书馆和博物馆中。芬兰奥卢大学图书馆在 2003 年前后提供了一项称为"SmartLibray"的新服务[1]。该馆的学者在题为《智慧图书馆：基于位置感知的移动图书馆服务》[2]的会议论文中指出，Smart Library 是一个不受空间限制的、可被感知的移动图书馆服务，它可以帮助用户找到所需图书和相关资料。澳大利亚昆士兰州也探讨了智慧图书馆与智慧社区建筑的关系问题[3]。2004 年，米勒等学者在题为《智慧图书馆：强调科学计算的图书馆的 SQE 最佳实践》[4]的国际会议研究报告中认为，智慧图书馆是指运用大量软件质量工程的实践，力图使用户和开发人员避免犯各类错误，包括使用、配置、安装中的错误以及因应用程序的变化而导致的绩效下降等方面的错误。另外，加拿大渥太华的一些图书馆、博物馆、大学和公共图书馆在 2004 年以前就已经建立起以"智慧图书馆"（Sm@rtLibrary）命名的联盟，利用同一个搜索引擎为读者提供一站式服务[5]。

国内学者也在新兴技术研究的基础上，从图书馆的发展方向和目标出发，探索智慧图书馆的理念和建设。上海社会科学院信息研究所王世伟在 2011 年中国图书馆年会上作了题为《智慧图书馆初探》的演讲，并发表文章《未来图书馆的新模式——智慧图书馆》[6]，认为"数字化、网络化和智能化是智慧图书馆的信息技术基础，人与物的互通相联是智慧图书馆的核心要素，而以人为本、绿色发展、方便读者则是智慧图书馆的灵魂与精髓"。之后，王世伟[7]给出了智慧图书馆的定义："智慧图书馆是以数字化、网络化、智能化的信息技术为基础，以互联、高效、便利为主要特征，以绿色发展和数字惠民为本质追求，是现代图书馆科学发展的理念与实践"，并论述了智慧图书馆的三大特点：①互联的图书馆，具体分为全面感知的图书馆、立体互联的图书馆、共享协同的图书馆；②高效的图书馆，具体分为节能低碳的图书馆、灵敏便捷的图书馆、整合集群的图书馆；③便利的图书馆，具体分为无线泛在的图书馆、就近一体的图书馆、个性互动的图书馆。在此基础上，王世伟[8]又进一步论述了广泛互联的图书馆（包括馆馆相联的图书馆、网网相联的图书馆、库库相联的图书馆、人物相联的图书馆）和融合共享的图书馆（包括三网融合的图书馆、跨界融合的图书馆、新旧融合的图书馆、多样融合的图书馆）的具体内涵。

另外，严栋[9]从感知计算的角度，认为"智慧图书馆=图书馆+物联网+

云计算+智慧化设备"，通过物联网来实现智慧化的服务和管理。阮孟禹[10]也从物联网的角度认为，智慧图书馆是建立在物联网和数字图书馆的基础上发展起来的新型图书馆。董晓霞等[11]从数字图书馆服务的角度，认为智慧图书馆是充分利用 ICT 技术，不仅可实现各种信息的电算化，还可远程进行阅览图书等资料、预约座位等操作的数字图书馆。陈鸿鹄[12]从智能建筑的角度定义的智慧图书馆是把智能技术运用在图书馆建设之中形成的一种现代化建筑，是智能建筑与高度自动化管理的数字图书馆的有机结合和创新。乌恩[13]、刘丽斌[14]等人也对智慧图书馆的概念、特征做了论述。

2.2 图书馆智慧服务

"智慧服务"理念是适应信息时代与图书馆网络化环境下新特点的新型服务理念。柯平曾说："图书馆服务的发展是在不断提升的，有三个台阶：一是文献服务，二是信息服务，三是知识服务。这一路径反映了服务从依赖资源、技术与工具到越来越依赖图书馆人的智慧。"在智慧图书馆环境下，图书馆服务的台阶应该增加一个，即第四个——智慧服务[13]。学者对于图书馆智慧服务的探讨也还处于初级阶段。

梁光德[15]从知识服务的角度出发阐释了"智慧服务"的概念：智慧服务就是建立在知识服务基础上的运用创造性智慧对知识进行搜寻、组织、分析、重组，形成实用性的知识增值产品，有效支持用户的知识应用和知识创新，并将知识转化为生产力的服务。它的特征是：以知识运用能力为核心，以知识创造为本质，以知识团队为服务对象。朱秋婷等[16]强调基于和谐理念的图书馆智慧服务模式应使馆员、资源和读者三者平衡，良好互动。

王杉[17]分析了图书馆智慧服务的三种形态：①技术与智能性的图书馆智慧服务：智慧图书馆；②从知识服务出发的图书馆智慧服务：智慧之学与公共智慧服务；③作为价值理念与职业精神的图书馆智慧服务：图书馆员的智慧素养，并认为第三种形态，作为价值理念与职业精神的图书馆智慧服务，即图书馆和图书馆员的人文智慧，才是最恰当的、最值得倡导的图书馆智慧服务。张延贤等[18]也提出了类似观点。

乌恩[13]阐释了智慧服务特征并构建了智慧服务平台（见图 1）。王凤芝[19]阐述了信息时代图书馆智慧服务模式生成路径。展学毓[20]提出了构建高校图书馆智慧信息服务模式的原则，并介绍了模式中智慧资源加工、智慧资源存储和智慧资源搜索与整合三个重要模块。方文[21]阐述了高校图书馆智慧服务的特点及实现智慧化服务的有效途径。林静[22]提出了高校图书馆构建智慧化服务平台的目标、原则、内容。裴嫣珺[23]介绍了高校图书馆智慧信息服务系统的组成和构建原则并分析了构建模式。

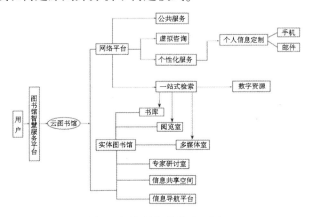

图 1　图书馆智慧服务平台

2.3　开放智慧服务中心

在以上两个相关概念基础上，本文提出了"开放智慧服务中心"的概念。"开放智慧服务中心"与"智慧图书馆"有联系也有区别：基本理念是相同的，都是用来描述未来图书馆的智能化新模式，但本质追求并不完全相同。对应于上文王世伟给出的"智慧图书馆"的定义，本文对"开放智慧服务中心"概念的解释是：开放智慧服务中心是以数字化、网络化、智能化的信息技术为基础，体现互联、高效、便利的特征，强调服务的舒适体验，以促进协同创新为本质目标，更接近科学创造理念本身的图书馆服务模式。

从内涵广度上看，"开放智慧服务中心"也比"智慧图书馆"范围更广，更接近"智慧服务"的概念，它不仅定位于技术、智能、互联的方向上，更偏向"智慧服务"的知识服务、智慧服务和价值理念层面；它不仅限定在图书馆范围内，也涵盖了其他组织机构如博物馆、高校以及创客空间等，这些组织机构的服务模式也会对未来图书馆建设有借鉴意义。因此，笔者在收集实践案例时不仅调研了国内外图书馆，还对相关组织机构进行了调研。

3　案例调研结果

国内外有一些图书馆及博物馆等其他组织机构已开展了智慧服务的相关实践，笔者在已有的理论研究的指导下，调研了在这方面进行了探索实践的机构，调研对象不仅包括高校图书馆、公共图书馆，还涵盖了博物馆、高校以及创客空间等机构，调研内容是每个机构已经开展的具体的智慧服务。最终收集实践案例 42 个，调研机构列表及相应的案例要点如表 1 所示：

表 1　调研的机构及案例要点

调研机构	案例要点	调研机构	案例要点
德雷克塞尔校园图书馆	学习平台、创造空间	芬兰赫尔辛基市公共图书馆	协作空间
圣保罗公共图书馆	运行 3M 系统"云图书馆"	布伦特伍德公共图书馆	儿童图书馆空间
大英图书馆	iPad 应用、纸版书电子化	达拉斯公共图书馆 Lochwood 分馆	儿童世界
佛吉尼亚联邦大学（VCU）James Branch Cabell 图书馆	学习空间、自习室预订	西雅尔图书馆	儿童区域
麻省理工学院和媒体图书馆	Scratch（支持想法·分享·创造的程序）	匹兹堡-阿勒格尼的卡内基图书馆	儿童书屋
佛罗里达州立大学无书图书馆	无书图书馆、移动设备	布鲁克斯公共图书馆	信息共享空间
萨福克郡公共图书馆	交互式地图、找最近的图书馆	路易斯安那州立大学卫生科学中心 Ische 图书馆	健康科学空间
北约克郡超级移动图书馆	移动图书馆	明尼苏达大学	在线课程培训
波特兰公共图书馆	"便携式"图书馆、流动图书馆	雪城大学的 Lauren Britton Smedley 和法耶特维尔公共图书馆	制造空间、3D 打印机
非营利组织及麻省理工学院、西蒙斯图书馆研究院	虚拟的街道学习室 Uni "书立方"	美国韦斯特波特图书馆	开发 New Maker 空间
德州理工大学图书馆	GroupWorks、Q 控件、个人图书馆员	北卡罗莱纳州立大学图书馆	基于游戏的移动学习
密歇根大学计算机与视频游戏档案馆	实体游戏	美国西湖高中图书馆	用 iPad 进行教学辅助工作

调研机构	案例要点	调研机构	案例要点
加利福尼亚大学 Santa Cruz 中心	实体游戏及视频	谷歌总部 Googleplex	共享的工作区
英国埃克塞特大学	开放潜在课程、增强现实环境	Earl Swensson 公司	园林主题
麻省理工学院教学组	"Environment Detective" 增强现实游戏	伦敦博物馆	NFC 标签
英国本古里安大学可视化多媒体实验室	3D 图像	新加坡亚洲文明博物馆	增强现实应用、定位游戏和互动技术等的 "ACM Terracotta Warriors" 综合多媒体平台
爱丁堡大学	科学数据管理在线培训课程	美国自然历史博物	BIPS 多媒体导览平台
卡尔加里大学泰勒家庭数字图书馆（TFDL）	学习共享空间、电子咖啡馆、成果展览中心、媒体编辑室	史密森博物学院	Go Smithsonian Trek 游戏应用
美国伊利诺伊州科基（Skokie）公共图书馆	数字媒体实验室	纽约大都会博物馆	手机侦探 APP、谋杀案游戏
芝加哥公共图书馆	YOUmedia 实验室	北京创客空间（Beijing Maxpace）	民间创客空间
纽约公共图书馆	免费实验室——Fayetteville 短期外借	上海新车间	民间创客空间

本文在以上案例基础上，对每个案例从资源、技术和服务三方面进行分解分析，并对总体案例进行归纳总结，从而得出开放智慧服务中心的资源模式、技术模式和服务模式，最终形成图书馆作为开放智慧服务中心的综合模式。

4 开放智慧服务中心模式

本文认为，从数字图书馆发展的三大要素——资源、技术和服务来看，

"开放智慧服务中心"是以舒适的物理空间和虚拟的网上空间为基础，资源上"开放共享、虚实整合"，技术上"体验优先、智能辅助"，服务上"多元参与、学习协作"，以实现"提升用户体验、促进协作创新"为最终目标。如图2所示：

图2　开放智慧服务中心要素

4.1　资源模式——"开放共享，虚实整合"

在资源层面，"开放共享、虚实结合"是目前图书馆资源建设已经呈现出来的特点，开放智慧服务中心要继承和发展这个特点——发展就在于资源类型的扩展。

相比传统图书馆，开放智慧服务中心的资源不只包括实体图书、电子资料等传统资料，又出现了新的资源类型，包括3D图书和3D模型，图书馆可以利用增强现实技术将现存的电子图书转化为3D版本。3D图书和3D模型比传统资料类型更能帮助用户理解信息内容。

此外，开放智慧服务中心把物理空间也作为一类新的重要资源。开放智慧服务中心的重要服务形式之一就是提供一个学习和创造知识的物理空间，本文将这类物理空间称为阵地，相应服务称为阵地服务。开放智慧服务中心的建设要以舒适的物理空间为基础。"舒适性"是开放智慧服务中心强调的特点，而这一特点并不是传统服务所强调的。舒适性主要体现在阵地服务上，比如轻松随意的学习空间、配有网络等设备的休闲咖啡馆等。阵地空间的舒适性不仅体现在桌椅的舒服度、设备的齐全度，如提供Wi-Fi的无线网络环境等，更体现在空间的自由度上，空间布局需要有很大的灵活性，够"自由"才能够舒适。整个空间一般是开放的，可采用可移动的屏风和屏幕使用户自由组合和布置，以适应不同类型的用户进驻其中。如美国明尼阿波里斯市中心图书馆楼内的空气和电力系统都建在地板下，空间没有横梁和其他结构的阻碍，周末两天之内就可以对空间进行一次全新布置。这样的设计不仅能吸引用户、提升用户体验，更能提供激发知识创新的环境，促进用户之间的交流与合作，以激发开放智慧服务中心所倡导的"智慧"成分。

开放智慧服务中心在资源上呈现的"开放共享、虚实结合"特点包括了阵地空间的内容。开放存取一直是数字图书馆建设的指导思想之一，开放智慧服务中心所指的"开放"有了更广的内涵，除了电子资源的网络开放和共享，还包括阵地空间的对外服务。图书馆为用户提供一个开放、轻松、自由的物理环境，以及各种先进的电子设备，用户可以在这个环境中交流思想、交流知识、交流经验，以达到物理方式上更为直接的开放和共享。而虚实整合也不仅指实体馆藏资源和电子资源的结合，还加入了阵地空间资源。

4.2 技术模式——"体验优先，智能辅助"

智慧服务相比于传统服务更要提高服务质量和用户体验。开放智慧服务中心要更好地支撑服务体验，就要借助新技术和先进工具，来改善服务方式、提升用户体验。在技术模式上，开放智慧服务中心要"体验优先，智能辅助"，突出"智能"特点。

4.2.1 智能技术 技术是实现"智能"的基础，调研结果发现，识别、处理、传输和显示四方面用到的主要技术及在图书馆中的具体应用如表 2 所示：

表 2 开放智慧服务中心用到的基础技术及具体应用

功能	技术	应用
识别	射频识别（RFID）	美国达连湾图书馆没有设置流通台，使用图书馆中心的 RFID 终端实现顾客自己扫描书籍进行借阅与归还[24]
	二维码识别（QR）	德克萨斯科技大学图书馆的 QR 码应用于整个图书馆，可指导用户最好地获得需要的内容，书架上的 QR 码还与移动站点以及咨询图书馆员相连接[25]
	近场通信（NFC）	斯克兰顿大学提出 NFC 标签用于图书馆的可能性[26]，用户可以使用 NFC 智能手机来支付打印费和罚款，还可以通过扫描书的封面上的 NFC 标签获取评论信息等

功能	技术	应用
处理	云技术	美国圣保罗图书馆试运行了 3M 公司开发的"云图书馆"系统[27]，大英图书馆与微软合作将 4 万本名著原版电子书存储在云中[28]
	大数据处理技术	Tesco 的忠诚计划产生了大量的顾客数据，以帮助公司在促销和客户战略分割等方面做出决策；亚马逊使用协同过滤技术对客户数据进行处理，以加强其推荐引擎"你可能会喜欢"的预测功能
传输	无线通信技术	美国 Fountaindale 图书馆 Wi-Fi 覆盖三层图书馆[29]，提供无线学习环境
显示	增强现实	泰国促进科学与技术教学研究所（IPST）为高中生开发基于地理课本的增强图书，运用 3D 模型、动画和其他多媒体扩充现有的课本，是增强图书的最新的应用示范[30]
	多重宽屏显示	协作学习中，将每个成员的电脑分享显示到多重宽屏显示器上，并通过无线输入设备（如无线键鼠），让每位成员都有机会参与其中进行手动输入，增强协作学习的分享体验。还可以采用旋转显示器展示动态的雕塑、陶瓷和绘画等各种艺术和项目，激发用户的创作灵感[31]

4.2.2 智能工具与平台　除了需要最底层的基础技术做支撑以外，智能工具与平台也是"智能辅助"的重要部分。工具和平台的引入可以扩大图书馆服务的内容和范围，吸引用户，提供给用户更酷炫的使用体验。开放智慧服务中心建设实践需要的工具和平台有以下几种：

● 移动智能终端。在传统图书馆服务中，纸质文献是图书馆传递信息的载体，而在电子化、数字化的服务环境中，集数字化和智能化于一体的智能型服务终端自然成为开放智慧服务中心建设的不二选择，且往往更倾向于具有移动性能的终端，如智能手机、平板电脑、电子书阅读器等。典型代表是 iPad，佛罗里达州立大学图书馆使用 iPad 终端进行文献供给与信息推送服务[32]，美国西湖高中的学校图书馆也推出"1∶1"iPad 项目[33]。

● 智能硬件。图书馆要提供一些最基本的办公硬件设施供用户学习和作业，如计算机和打印机等，这在大部分图书馆都已经属于基本配备，而开放智慧服务中心需要的是更高科技的硬件工具，比如多重宽屏显示器和可视化幕墙。芝加哥公共图书馆的"YOUmedia 实验室"专门为喜爱媒体制作的用户提供的可绘制彩色的荧光屏和 3D 打印机[34]等，可以提供更好的视觉效果，更好地协助用户完成任务。

• 智能系统软件。图书馆需要更高效的软件来管理自身资源和用户服务。对于电子馆藏管理，互联网公司 3M 推出了"云图书馆系统"，系统将可获取的电子书目录通过终端的公告栏推送给需要的用户[35]，方便了用户借阅；还有大英图书馆推出的 Bibliolabs 软件，可以实现文献的电子化转化，并且支持在诸如 iPad 之类的移动终端读取这些文献[36]。对于用户管理，弗吉尼亚联邦大学图书情报系和波尔州立大学图书馆合作开发了 OpenRoom 软件，用于完成学习空间的预定与管理工作[37]。还有支持用户个性化学习的各种网络平台等。

技术和工具上呈现的"智能"特点，使图书馆保有了时代特色，也提高了用户兴趣，提升了用户体验，使用户查找目标信息更快速方便，获取知识更酷炫有趣。

4.3 服务模式——"多元参与，学习协作"

开放智慧服务中心与传统图书馆的不同之处主要体现在服务上。开放智慧服务中心的服务模式从服务提供方（即图书馆）和服务接收方（即用户）两个角度来说，分别是"多元参与"和鼓励"学习协作"。

4.3.1 服务方——"多元参与" 就服务提供方即图书馆而言，服务人员要"多元参与"。多元参与才能提供更多样的服务方式，也才能使用户更融入图书馆的服务。"多元参与"的具体表现形式有以下几方面。第一，服务人员不再仅是图书馆员，结合机构特点和业务目标，应包括工作人员、馆员、教师、专家和志愿者。志愿者的加入使用户也加入到了智慧中心的建设团队中来。专家和志愿者的作用在真人图书馆中最为明显，真人图书馆是近些年来国内外图书馆界兴起的全新的服务方式，以"用户服务用户"为理念，图书馆请有特殊兴趣和经验的专家及志愿者担任"图书"，来回答读者问题，或者实际参与到一个项目和课题中去。第二，图书馆在建设开放智慧服务中心的实践中也需要与电子运营商（诸如谷歌、亚马逊等）、咖啡供应商或者相关学校部门合作提供电子书阅读、电子咖啡厅等服务，这也是"多元参与"的内容。

4.3.2 用户方——"学习协作" 就服务接收方即用户而言，服务中倡导"学习协作"。作为开放智慧服务中心的图书馆，其服务内容及形式与传统图书馆相比有了很大变化。按智慧加工成分由少到多、从传统到新潮的程度，将服务内容分为信息、知识、学习和阵地四大类。信息类服务包括传统馆藏及其数字化衍生资源，如电子书和 3D 图书等；知识类服务是将信息进一步加工的知识通过某种方式传递给用户，如一对一参考咨询、嵌入式咨询和真人图书馆等。这两类服务，都是传统服务的内容，只是在服务形式上应用新技术和工具使用户获取服务的体验更好。区分传统图书馆服务与开放智慧服务中心服务的重点在后两类服务上，即学习类和阵地类，这两类服务对于传统图书馆是全新的服务形式。

- 学习类服务。学习类服务不再是直接将信息或知识传递给用户，而是提供一个用户自主学习的工具或平台，倡导用户主动"学习"。用户通过体验式学习或参加线上培训等方式从中获取知识。体验式学习服务有两种典型形式：一是游戏服务。这种服务使用户通过趣味性的游戏锻炼思维，获取知识和启发。如英国埃克塞特大学开发的"The Click"增强现实游戏（涉及角色扮演、团队协作等）和麻省理工学院教学组开发的"Environment Detective"游戏。二是增强现实环境体验，利用智能终端帮助用户随时随地学习。如英国埃克塞特大学的"开放潜在课程"项目，旨在创建一种校园增强现实环境，从而使得校园内智能手机用户能够在动植物身上直接获取科学数据[8]。在线学习培训是更直接的用户学习方式。如爱丁堡大学开发了旨在传播科学数据管理的经典范例的在线培训课程，支持研究数据过程中的真实生活故事和场景等优秀的案例呈现，如今可供博士生免费使用[38]。学习类服务目前主要是国外图书馆及教育机构提供，值得国内图书馆界借鉴和学习。

- 阵地类服务。阵地类服务是指图书馆提供一个学习和创造知识的场所。这个场所可以是基于一个主题，或者针对一类用户，可以配备电脑、图书馆员及学习软件和工具，也可以仅提供一个舒适的环境和场所。阵地服务提供开放、自由、舒适又具有启发性、实用性的用户交流场所，鼓励用户进行协作学习并进行知识创造。

这类服务中最直接体现"协同创新"宗旨的就是协同工作室和学习共享空间，这是专门为协作学习设计的阵地空间。学习共享空间融汇了自由的无线通讯，可促进沟通与协作的灵活工作集群和舒适的家具、艺术和设计，集合自助制图服务，彩色图像，音频、视频编辑器和其他产品和演示软件，满足用户的学习需求，使用户感到轻松并激发其创新力，支持相互学习。协同工作室也提供类似环境来支持团队工作。做这类尝试的有美国明尼苏达州的部分社区图书馆、赫尔辛基公共图书馆等。

此外，还有基于用户群的阵地空间，如美国明尼阿波里斯市中心图书馆建立的青少年使用室和达拉斯公共图书馆的儿童空间等；基于主题的阵地空间，如数字媒体实验室，芝加哥公共图书馆设置的YOUmedia实验室就是个典型的例子；还有创客空间或制造空间，国内开展较好的有北京创客空间（Beijing Maxpace）和上海新车间（XinCheJian），而国外已经有很多图书馆在馆内嵌入此类空间服务。另外，提供 Wi-Fi 等网络设备的休闲咖啡室也是一种舒适度比较高的阵地服务形式。

学习类服务和阵地类服务都为实现"学习协作"提供了基础和氛围，倡导用户在图书馆进行自主学习、协同合作及智慧创作，是图书馆作为开放智慧服务中心的重要特征，也是开放智慧服务中心的理想服务模式。

4.4 目标——"提升用户体验，促进协作创新"

开放智慧服务中心的目标有两个：一是提升传统服务，即"提升用户体验"，是指在原有图书馆服务的基础上改善服务内容和方式，提高服务质量，使用户享受更周到、更舒适、更高效的服务；二是树立新式服务宗旨和概念，即"促进协作创新"，这是开放智慧服务中心强调的、原有图书馆服务缺乏的重要宗旨。图书馆服务不再只是提供信息、知识给用户这样一个单向的过程，更要提供一个环境鼓励用户自主学习及用户间的交流共享，使用户通过自主学习或与他人合作的方式在图书馆里完成知识创造。促进协作创新是开放智慧服务中心的最终目标。

4.5 综合模式

基于开放智慧服务中心的资源模式、技术模式和服务模式以及目标，图书馆作为开放智慧服务中心的综合模式可概括为：

开放智慧服务中心要强调用户感官体验；引入 3D 版本图书、阵地空间等新型资源；引入专家和志愿者以及合作运营商等第三方实行"多元参与"提供服务；应用移动互联等新技术和新工具，优化提升图书借还等传统服务，开展游戏服务、阵地服务等新型服务，激励用户自主学习和协作以最终达到创新的目标。

5 结 语

信息技术、网络技术的进步给图书馆革新带来了压力，同时也带来了机遇，图书馆要抓住机遇迎接挑战才能一直蓬勃发展、服务大众。"开放智慧服务中心"代表了未来图书馆服务尤其是到馆服务领域的新动向。探索以"开放智慧服务中心"为代表的图书馆新模式是时代和环境的要求。很多有前瞻性意识的图书馆及相关组织机构都已进行了相关尝试。本文在调研国内外开放智慧服务中心的探索实践案例的基础上，归纳分析出图书馆作为开放智慧服务中心的模式，以期对转型中的图书馆建设有一定的实际借鉴意义。但由于调研范围有限，结论存在不全面的问题，进一步调研与深入完善将是本研究的后续工作。

参考文献：

［1］ Dynamic localisation of books and collections：Second version of SmartLibrary is being test-ed［EB/OL］.［2012-04-10］. http：//virtuaalikampus. oulu. fi/English/smartlibrary. html.

［2］ Aittola M，Ryhanen T，Ojala T. Smart Library：Location-aware mobile library service ［C］//Proceedings of the 5th International Symposium on Human-Computer Interaction with Mobile Devices and Services（Mobile HCI）. Udine：Springer，2003：411-415.

［3］ Raunik A，Browning R. Smart libraries build smart communities in Queensland［EB/OL］.［2013-07-15］. http：//conferences. alia. org. au/online2003/papers/raunik. html.

［4］ Miller M C，Reus J F，Matzke R P，et al. Smart Libraries：Best SQE practices for li-braries with an emphasis on scientific computing［C］//Proceedings of the Nuclear Explo-sives Code Developer's Conference（NECDC）. Livermore：Lawrence Livermore National Laboratory，2004.

［5］ Can't find what you're looking for using Smart Library［EB/OL］.［2012-04-15］. http：//biblioottawalibrary. ca/en/main/find/catalog/looking/smart.

［6］ 王世伟. 未来图书馆的新模式——智慧图书馆［J］. 图书馆建设，2011，（12）：1-5.

［7］ 王世伟. 论智慧图书馆的三大特点［J］. 中国图书馆学报，2012，（6）：23-28.

［8］ 王世伟. 再论智慧图书馆［J］. 图书馆杂志，2012，31（11）：2-7.

［9］ 严栋. 基于物联网的智慧图书馆［J］. 图书馆学刊，2010，（7）：8-10.

［10］ 阮孟禹. "智慧"语境下的智慧图书馆刍议［J］. 中共福建省委党校学报，2011，（12）：111-114.

［11］ 董晓霞，龚向阳，张若林，等. 智慧图书馆的定义、设计和实现［J］. 现代图书情报技术，2011，（2）：76-80.

［12］ 陈鸿鹄. 智能图书馆设计思想及结构初探［J］. 现代情报，2006，26（1）：116-118.

［13］ 乌恩. 智慧图书馆及其服务模式的构建［J］. 情报资料工作，2012，（5）：102-104.

［14］ 刘丽斌. 智慧图书馆探析［J］. 图书馆建设，2013，（3）：87-89.

［15］ 梁光德. 智慧服务——知识经济时代图书馆服务新理念［J］. 图书馆学研究，2011，（6）：88-92.

［16］ 朱秩婷，牛晓辉，苏万鹏，等. 基于和谐理念的图书馆智慧服务模式研究［J］. 黑龙江科技信息，2012，（2）：159.

［17］　王杉. 对图书馆智慧服务三种形态的分析与评价［J］. 新世纪图书馆, 2013,（4）: 13-17.

［18］　张延贤, 王梅. 图书馆智慧服务的概念、内涵与分析［J］. 现代情报, 2013, 33（4）: 34-38.

［19］　王凤芝. 信息时代图书馆智慧服务模式的构建［J］. 黑龙江史志, 2013,（9）: 192, 196.

［20］　展学毓. 构建高校图书馆智慧信息服务模式［J］. 长春理工大学学报, 2012, 7（11）: 162-163.

［21］　方文. 论信息时代高校图书馆的智慧服务［J］. 南昌教育学院学报, 2012, 27（11）: 73-75.

［22］　林静. 高校图书馆智慧服务平台构建策略.［J］. 牡丹江教育学院学报, 2013,（3）: 179-180.

［23］　裴嫣珺. 高校图书馆智慧信息服务模式初探［D］. 上海: 华东师范大学, 2011.

［24］　Jackowicz-Korczyński J. Library as a place of training live a long teaching: Use information and multimedia new technology for personal development: Self-creation and self-promotion［EB/OL］.［2012-04-20］. http://www. library20. com/forum/topics/library-as-a-place-of-training-live-a-long-teaching-use.

［25］　Syma C, Paschel A, Callender D. SmartLibrary: Innovations, mobility and personalized services［EB/OL］.［2012-04-20］. http://libraryconnect. elsevier. com/articles/marketing-advocacy-roi/2011-06/smartlibrary-innovations-mobility-and-personalized-services.

［26］　Roche R. A librarian's field guide to near field communication［EB/OL］.［2012-04-20］. http://plablog. org/2012/03/a-librarians-field-guide-to-near-field-communication. html.

［27］　Moylan M. Libraries turn to cloud for e-book lending［EB/OL］.［2012-04-20］. http://minnesota. publicradio. org/display/web/2012/01/25/3m - ebook - cloud - library/? refid=0.

［28］　British Library offers e-classics app for iPad［EB/OL］.［2012-04-20］. http://www. bbc. com/news/technology-14376722.

［29］　Fountaindale Public Library main page［EB/OL］.［2012-04-20］. http://www. fountaindale. org/.

［30］　Kequy M. Tech watch report: Augmented reality for smartphones［EB/OL］.［2012-04-20］. http://blog. observatory. jisc. ac. uk/2011/04/08/techwatch - report - augmented-reality-for-smartphones/.

［31］　Educause. Commons 2. 0: Library spaces designed for collaborative learning［EB/OL］.［2012-04-20］. http://www. educause. edu/EDUCAUSE + Quarterly/EDUCAUSE Quarterly Magazin e Volum /Commons20LibrarySpacesDesigned /162265.

［32］ Quiroga T. Library without books is on UF 'wish list' ［EB/OL］. ［2012-04-02］. http：//www. gainesville. com/article/20111105/ARTICLES/111109701/1002/news? tc =ar.

［33］ Foote C. iPads for everyone： How a small library program became a runaway hit and reached more than 4，100 kids and teachers ［EB/OL］. ［2012-11-02］. http：//www. thedigitalshift. com/2012/10/ebooks/ipads-for-everyone-how-a-small-library-program -became-a-runaway-hit-and-reached-more-than-4100-kids-and-teachers/.

［34］ King D L, Porter M. Create a library "Tech Shop" ［EB/OL］. ［2012-04-18］. http：//americanlibrariesmagazine. org/columns/outsidein/create-library-tech-shop.

［35］ 3M annouces Cloud Library e-book lending service ［EB/OL］. ［2012-04-02］. http：//lcolm. net/2012/04/26/3m-annouces-cloud-library-e-book-lending-service/.

［36］ BiblioLabs and the British Library announce British Library 19th century historical collection app for iPad ［EB/OL］. ［2012-04-15］. http：//pressandpolicy. bl. uk/content/ Detail. aspx? ReleaseID=1270&NewsAreaID=2.

［37］ Doherty M T, White E R. Room reservations at VCU Libraries ［EB/OL］. ［2012-04-15］. http：//crln. acrl. org/content/73/3/142. full.

［38］ Open resource to support PhD scholars with research data management ［EB/OL］. ［2012 -04-15］. http：//www. jisc. ac. uk/news/stories/2011/10/datacourse. aspx.

作者简介

李一平，中国科学院国家科学图书馆、中国科学院大学硕士研究生，E-mail：liyiping@ mail. las. ac. cn；

徐迎，中国科学院国家科学图书馆、中国科学院大学硕士研究生；

邓玉，中国科学院国家科学图书馆、中国科学院大学硕士研究生；

刘细文，中国科学院国家科学图书馆研究员。